예비교사를 위한 **글쓰기 기초**

예비교사를 위한 글쓰기 기초

2016년 7월 29일 초판 1쇄 인쇄
2016년 8월 10일 초판 1쇄 발행

지은이 이경화·박영민·박형우·안부영
펴낸이 윤철호·김천희
펴낸곳 (주)사회평론아카데미
편집 고하영·김지산
디자인 김진운
본문조판 디자인 시
마케팅 정세림·남궁경민

등록번호 2013-000247(2013년 8월 23일)
전화 02-2191-1128
팩스 02-326-1626
주소 03978 서울특별시 마포구 월드컵북로 12길 17

ISBN 979-11-85617-77-0 93700

예비교사를 위한

글쓰기 기초

이경화 · 박영민 · 박형우 · 안부영 지음

사회평론

머리말

현대는 소통의 시대이다. 소통의 방식에는 여러 가지가 있다. 즉각적인 반응을 그 특징으로 삼았던 음성 언어를 통한 소통은 이제 문자 언어를 통한 소통에 그 영역을 일부 내주고 있다. 휴대전화 단말기나 인터넷 사이트를 통해 우리는 얼마나 즉각적인 문자 언어 소통을 하고 있는가!

이제는 누구라도 문자 언어를 중심으로 한 소통 능력을 향상시키는 데 소홀해서는 안 된다. 이 책은 문자 언어를 통해 자신을 드러내는 일을 가장 자주 반복하며 앞으로도 그러한 일을 수행해야 하는 대학생들과, 소통이 중심축을 이룰 미래 사회의 구성원을 길러 내는 교사들에 초점을 맞추었다. 대학생들은 강의를 들으면서 강의 내용에 대해 자신의 생각을 보태어 여러 가지 형식으로 글쓰기를 한다. 그들의 글쓰기는 곧 학점과 직결되며, 이는 그들의 직업 선택에 영향을 미치는 요소가 된다. 미래 사회의 주역으로 성장할 초·중·고등학생들에게 소통 능력을 지도해야 하는 현장 교사들 역시 글쓰기 지도의 막중한 책임에서 자유롭지 못하다. 학생들이 학교에서 배운 글쓰기 원리를 토대로 원활하게 자신의 생각을 표현할 수 있는 능력을 갖추어야만 미래 사회에 능동적인 구성원이 될 수 있기 때문이다. 대학생이면서 예비교사인 사범대, 교육대 학생들은 이 책의 주요한 독자이다. 이들은 그 자신에게 필요한 글쓰기 능력을 갖추어야 할 뿐만 아니라 그것을 바탕으로 학생들을 지도할 수 있어야 한다.

이 책을 준비한 집필자들로서는 글쓰기 능력을 기르는 과정에서 이 책이 도움이 되기를 바라는 마음이 간절하다. 글쓰기 능력 신장에 관한 실용서들은 이미 많이 나와 있다. 그러나 이 책은 세 가지 점에서 여타의 글쓰기 실용서와 다르다.

첫째, 학생들의 글쓰기 사례를 제시하였다는 점이다. 대학생이 실제로 작성한 글을 제시하여 대학생들이 어떤 글쓰기를 하고 있는지를 보여 주고, 그것의 잘된 점과 잘못된 점을 분석하여 스스로의 글쓰기를 평가할 수 있는 안목을 가질 수 있도록 하였다. 한편, 대학생뿐만 아니라 중·고등학생이 작성한 글도 수록하고 있다. 중·고등학생들이 작성한 글은 내용과 구성이 간단하고 명료해서 '좋은 글'이 지니고 있는 특징을 파악하는 데 효과적인 면이 있다. 물론 단점도 뚜렷하므로 무엇을 수정하고 무엇을 보완해야 하는지를 파악하고 연습해 보는 데에도 유용하다. 물론 중·고등학생 글을 같이 수록한 데에는 좀 더 근본적인 이유가 있다. 교사는 자신이 스스로 글을 잘 쓸 수 있는 소양도 갖추어야 하지만, 학교에서 학생들에게 글쓰기를 지도할 수 있는 안목도 갖추어야 하기 때문이다. 이러한 안목을 갖추는 데에는 전문가의 글도 좋지만 중·고등학생이 작성한 글을 직접 살펴보는 것도 필요하다. 충분하지는 않지만 이 책에 수록한 학생 글을 통해서 현재 학생들은 어떤 수준의 글을 어떻게 쓰는지, 학생들이 쓴 글에는 어떤 특징이 있는지를 효과적으로 익힐 수 있을 것이다.

둘째, 글의 유형별로 원리를 제공하였다는 점이다. 글쓰기의 원리는 대체로 일치하지만, 글의 유형에 따라 좀 더 강하게 부각시켜야 하는 요소가 있다. 이 책에서는 이러한 점에 주목하여 대학생들이 많이 접하는 글의 유형을 선별하고, 각각의 유형에 알맞은 글쓰기 원리를 안내하고 있다.

셋째, 연습문제를 제시하였다는 점이다. 각 장의 끝에 연습문제를 제시하여 앞에서 익힌 글쓰기 원리를 실제 적용해 볼 수 있도록 하였다.

이 책은 한국교원대학교 교육연구원 교수학습센터의 2010년 과제인 '교실친화적 교사 양성을 위한 좋은 글쓰기 첫걸음'을 바탕으로 하였으며, 독자에게 보다 가까이 다가가기 위해 꼭 필요한 내용을 추가하여 세상에 내놓게 되었다. 요약문, 리포트, 논술문 외에도 비평문, 기행문, 수필과 다양한 장르의 실제 사례(모범 사례와 수정이 필요한 사례) 및 분석 내용, 연습 문제 등이 추가되어 글쓰기를 어려워하는 사람도 글쓰기 원리를 보다 쉽게 이해할 수 있도록 하였다.

이 책을 준비하면서 필자들은 여러 사람에게 많은 빚을 질 수밖에 없었다. 우선, 우리나라 문단의 거목인 여러 전문 필자들에게 더할 나위 없이 큰 빚을 졌다. 이분들의 글을 인용하지 않고서는 문자 소통의 중요한 특징, 글쓰기의 중요한 요소, 글쓰기의 바람직한 태도를 안내할 수 없었다. 또한, 글쓰기의 실제적인 사례를 보여 주기 위해서 학생들이 작성한 글도 일부 인용하였다. 실명을 일일이 밝힐 수는 없지만, 이 책에 글을 수록할 수 있도록 흔쾌히 동의해 준 학생들에게 감사의 뜻을 전한다.

그리고 꼼꼼히 윤문해 준 한국교원대학교 대학원생들과 송민주, 이경남, 강서희, 심선연, 유정오, 신유경, 박혜림 선생님에게 고마움을 전한다. 또 이 책의 발행과 편집을 맡아 준 사회평론아카데미 윤철호 사장님과 편집진에게도 감사의 말씀을 전한다.

모든 사람이 쉽게 익혀
자기 생각을 풀어 쓸 수 있을 때가 오기를 바라면서
집필자 일동
2016. 5.

차례

머리말   4

1부 원리 중심의 글쓰기

1장 좋은 글의 요건   10

2장 좋은 문장 쓰기의 원리 22

3장 문단 구성의 원리   61

4장 글쓰기 윤리   79

2부 사례 중심의 글쓰기

5장 요약문 쓰기   102

6장 리포트 쓰기   132

7장 비평문 쓰기   157

8장 논술문 쓰기   180

9장 기행문 쓰기   207

10장 수필 쓰기   226

참고문헌   245

1부

원리 중심의 글쓰기

1장 좋은 글의 요건

2장 좋은 문장 쓰기의 원리

3장 문단 구성의 원리

4장 글쓰기 윤리

1장 | 좋은 글의 요건

좋은 글은 독자가 잘 이해할 수 있거나 독자에게 재미와 감동을 주거나 다양한 내용을 서로 관련지어 전개하면서 독자의 흥미를 자극하는 글이다.

'좋은 글'이란 어떤 것일까? 좋은 글이란 내용이 좋으면서도 형식적 요건에 맞는 글을 의미한다. 내용이 좋다는 것은 무엇을 의미할까? 이 질문에 답을 하기 위해서는 '좋지 않은 글'에 대해 생각해 보아야 하겠다.

먼저, 읽어서 이해가 되지 않거나 공감이 되지 않는 글은 좋은 글이 아니다. 도대체 무슨 말을 하는지 이해가 되지 않는 글이나, 어떤 별나라 이야기를 하는 것처럼 필자 자신만의 생각에 빠져 있는 글은 독자가 이해할 수 없을 뿐더러 재미와 감동도 주지 못한다. 또, 단조롭게 동일한 내용을 반복하거나 서로 관련 없는 내용을 주저리주저리 늘어놓은 글도 좋지 않은 글이다.

좋은 글은 앞서 말한 좋지 않은 글과 반대되는데, 독자가 잘 이해할 수 있거나 독자에게 재미와 감동을 주거나 다양한 내용을 서로 관련지어 전개하면서 독자의 흥미를 자극하는 글이다. 이러한 좋은 글을 쓰기 위해 어떤 점에 주의를 기울여야 하는지 살펴보도록 하자.

1. 읽을 사람을 생각하며 쓰라

글을 쓴다는 것은 어떤 사람이 그것을 읽게 하려는 것이다. 어떠한 글도 그 글을 읽을 사람이 없지 않다. 일기도 시간이 흐르면 글을 쓴 이가 스스로 독자가 되어 읽을 것이다. 박완서의 『한 말씀만 하소서』처럼 작가의 개인적 심경을 적은 일기가 책으로 출판되기도 한다. 이처럼 한 편의 글을 쓴다는 것은 결국 그 글을 '누군가'가 읽는다는 것을 전제한다.

여기서 우리는 좋은 글의 첫 번째 요건을 찾을 수 있다. 그것은 바로 읽을 사람을 고려하여 글을 쓰는 것이다. 읽을 사람을 고려한다는 것은 읽을 사람이 기대하는 내용이나 요구하는 내용은 무엇일지, 글을 통해 알고 싶어 하는 내용은 무엇일지, 그 사람이 쉽게 이해할 수 있는 표현은 어떤 것이 있을지를 고려하면서 글을 쓴다는 것을 의미한다. 실제로 능숙한 필자는 조용한 책상에서 혼자 글을 쓰지만, 머릿속으로는 '예상 독자가 기대하는 내용이나 요구하는 내용은 무엇일까?', '내 글을 통해서 무엇을 알게 될까?', '이렇게 쓰면 독자들이 잘 이해할 수 있을까?' 등을 끊임없이 생각하면서 글을 완성해 간다. 만약 글을 써 나가는 필자의 머릿속을 현미경으로 들여다볼 수 있다면, 예상 독자를 떠올려 그들이 요구하는 것과 끊임없이 소통하는 모습을 발견할 수 있을 것이다.

쓰기가 미숙한 사람들은 능숙한 필자들이 하는 것처럼 읽을 사람을 잘 고려하지 못한다. 미숙한 필자는 자신의 생각을 자신의 방식대로 표현해서 예상 독자의 요구나 기대를 충족하지도 못하고 자신의 생각이나 느낌을 충실하게 전달하는 데에도 실패하는 경우가 많다. 예상 독자의 요구나 기대를 반영하지 못한 채 필자 자신의 방식대로만 쓴 글을 '필자 중심의 글'이라고 부른다. 글을 쓴 필자에게 말로 설명을 들으면 이해할 수 있는데 글로는 무슨 뜻인지 파악하기 어려운 글이 바로 필자 중심의 글이라고 할 수 있다. 좋은 글을 쓰기 위해서는 필자 중심의 글에서 벗어나 독자 중심의 글로 나아가야 한다. 신영복의 다음 글에서는 예상 독자를 잘 고려하고 있는 능숙한 필자의 모습을 확인할 수 있다.

예시글

드높은 삶을 지향하는 진정한 합격자가 되십시오
– 새 출발점에 선 당신에게

'예비 합격자' 명단에서 당신의 이름을 보고 축하를 해야 하나 말아야 하나 망설여 왔습니다. 1등만을 기억하는 세상에서 수능 점수 100점으로 예비 합격한 당신을 축하할 자신이 내게도 없었습니다. 지금쯤 당신은 어느 대학의 합격자가 되어 대학 생활을 시작하고 있거나, 아니면 기술 학원에 등록을 해 두었는지도 모릅니다만 어쨌든 나는 당신과의 약속을 지키기 위하여 축하의 편지를 씁니다. 이제 대학 입시라는 우리 시대의 잔혹한 통과 의례를 일단 마쳤기 때문입니다.

(중략)

나는 당신이 대학의 강의실에서 이 편지를 읽든 아니면 어느 공장의 작업대 옆에서 읽든 상관하지 않습니다. 어느 곳에 있건 탁이 아닌 발을 상대하고 있다면 상관없다고 생각합니다.

만일 당신이 사회의 현장에 있다면 당신은 당신의 살아 있는 발로 서 있는 것입니다. 그리고 만일 당신이 대학의 교정에 있다면 당신은 더 많은 발을 깨달을 수 있는 곳에 서 있는 것입니다. 대학은 기존의 이데올로기를 재생산하는 '종속의 땅'이기도 하지만 그 연쇄의 고리를 끊을 수 있는 '가능성의 땅'이기도 하기 때문입니다.

당신은 그동안 못했던 일을 하고, 만나고 싶은 사람을 만나고, 가고 싶은 곳을 찾아가겠다고 했습니다. 대학이 안겨 줄 자유와 낭만에 대한 당신의 꿈을 모르지 않습니다. 지금까지 얽매여 있던 당신의 질곡을 모르지 않습니다. 당신은 지금 그러한 꿈이 사라졌다고 실망하고 있지나 않은지 걱정됩니다.

그러나 '자유와 낭만'은 그러한 것이 아닙니다. 자유와 낭만은 '관계의 건설 공간'이란 말을 나는 좋아합니다.

우리들이 맺는 인간관계의 넓이가 곧 우리들이 누릴 수 있는 자유와 낭만의 크기입니다. 그러기에 그것은 우리들의 일상에 내장되어 있는 '안이한 연루'를 결별하고 사회와 역사와 미래를 보듬는 너른 품을 키우는 공간이어야 합니다.

그리하여 당신이 그동안 만들지 않고도 공부할 수 있게 해 준 수많은 사람들의 얼굴을 만나는 연대의 장소입니다. 우리 사회를 지탱하고 있는 발의 임자를 깨닫게 하는 '교실'입니다. 만약, 당신이 대학이 아닌 다른 현장에 있다면 더 쉽게 그들의 얼굴을 만날 수 있습니다. 당신이 바로 그 사람이 될 수 있기 때문입니다.

(후략)

— 신영복, 『나무야 나무야』, 돌베개, 1996, pp. 90~93.

인용된 글은 편지글의 형태를 취하고 있는 수필인데, 이 글의 필자는 대학 입학을 목전에 둔 신입생들을 독자로 하여 글을 썼다. 예상 독자가 학문의 전당이자 자유의 전당이라고 할 수 있는 대학에 입학할 신입생들이라는 점을 고려하여 필자는 자유, 낭만, 학문 등의 진정한 의미가 무엇인지를 일깨워 주고, 어떠한 자세와 태도로 대학이라는 새로운 세계를 준비해야 할 것인지를 권고하고 있다. 이러한 내용은 대학 입학을 앞둔 독자들이 기대하고 요구하는 내용이라고 할 수 있으므로 좋은 글에 해당한다고 할 수 있다.

2. 풍부한 내용으로 글을 채우라

글의 내용이 풍부하다는 것은 주제와 관련된 내용이 많이 포함되어 있다는 뜻이다. 몇몇 내용만을 아주 간단히 제시한다면 그 글을 읽고 이해하는 데에도 어려움을 겪을 수 있으며 깊이 있는 감동을 얻기도 어렵다. 주제와 관련된 내용이 풍부하다면 독자는 쉽게 이해하고 공감할 수 있다.

여기서 한 가지 주의해야 할 것은 내용이 풍부하다는 것이 단순히 길이가 긴 글을 의미하지는 않는다는 점이다. 그 속에 담겨 있는 내용이 하나의 주제와 밀접한 관련을 이루면서도 말할 거리를 더 많이 제시할 수 있어야 글의 내용이 풍부해진다. 따라서 단순히 글의 분량을 늘리기 위해 여러 가지 내용을 덧붙이는 것은 바람직하지 않다.

다음 글은 중국 길림성의 연변을 여행하고 깨달은, 우리 국어의 힘을 논리적 필치로 풀어낸 수필이다.

예시글

국력과 언어

내가 처음 연변에 가서 놀란 것은 연변 동포들이 우리말을 그대로 사용하고, 간판은 한글과 한자로 되어 있으나, 한글이 위에 적혀 있으며, 문학과 예술, 교육의 각 방면이 한국어 중심으로 이루어지고 있다는 사실이었다. 그건 해방 후 45년간이나 그쪽에 대한 사전 지식이 충분하지 못한 탓도 있었으나, 중국에서 살고 있으니 당연히 중국어를 사용하고, 우리의 민족성은 소멸되었으리라는 나의 선입관이 무너졌다는 뜻이기도 했다. 오히려 그들은 거대한 중국의 변방에서 민족의 자긍심을 높이고, 조상의 얼과 삶을 고스란히 지키기에 갖은 노력을 기울이고 있다는 데 경의와 경악을 금할 수 없었다.

그런데 이번에는 또 다른 놀라움과 긍지를 가질 요인을 발견하게 되었다. 그건 한국인들을 안내하는 사람들이 조선족이고, 또 그들은 어디에 살든 한국어를 사용하며, 식당이나 상품 판매소에서 종사하는 사람들도 한국어를 사용한다는 사실이었다. 그뿐만 아니라, 중국인[그중에는 한인(韓人)도 있지만 다른 소수 민족들도 있다.]들도 적든 많든 한국어를 할 줄 아는 사람이 있다는 것을 알게 되었다.

언어는 그 말을 국어로 하는 나라와 국력에 따라 그 힘이 좌우된다. 오늘날 영어가 세계의 공용어가 된 것은 영국이나 미국의 힘이 강대하기 때문이다. 언어를 사용하는 인종의 수에 따르면, 중국어가 가장 큰 언어이기는 하나, 그 말이 세계적인 언어는 아니며, 옛날에는 프랑스어를 모르면 세계의 사교계에서 힘을 못 썼지만, 요즘은 자국에서도 자기 말의 순수성을 지키기에 급급한 형편이다. 또한 언어는 민족의 흥망과도 직결된다. 만주족이 한때는 거대한 중국을 지배했으나, 지금은 민족의 소멸과 함께 언어도 사라져 버렸다.

그 점에 비하면 우리의 언어는 끈질긴 역사를 가지고 있다 할 것이다. 그 수많은 외적의 침입을 받고, 식민지로 전락하면서도 언어만은 변질되지 않고 맥을 이어 왔으며, 게다가 세계에서 으뜸가는 문자까지 만들어 우리의 교육, 문화, 예술, 학문의 발전에 기여했음은 정말 자랑이라 아니할 수 없다.

(후략)

— 성낙수,『날이면 날마다 새로운 날』, 한국문화사, 2009, pp. 196~197.

이 글 「국력과 언어」는 내용의 풍부성을 잘 보여 주고 있다. 연변을 여행했는데 연변의 풍경이 이렇게 변했다는 신변잡기적인 것만을 서술하는 것이 아니라, 연변에서 쓰이고 있는 우리 한국어의 모습을 통해 우리 국어의 힘을 세세하게 서술하고 있기 때문이다.

3. 하나의 주제로 이어질 수 있는 내용으로 구성하라

앞에서 내용을 풍부하게 구성하는 것의 장점을 소개하였다. 여기에는 반드시 전제되어야 할 것이 있다. 그것은 바로 그 다양한 내용이 글의 주제와 긴밀하게 연관될 수 있어야 한다는 점이다.

대체로 한 편의 글은 하위 화제들이 모여 이루어지는데, 이때 화제는 글 전체의 주제와 긴밀한 관련이 있다. 이 화제들 하나하나는 글 전체의 주제를 나타내는 퍼즐의 한 조각으로, 이 퍼즐 조각들이 모이면 하나의 완성된 퍼즐이 되듯이 이 화제들도 모여 하나의 주제를 나타낸다.

다음 글을 읽고 어떤 점에서 문제가 있는지 생각해 보자.

▶ 통일성을 갖추지 못한 예 ···

우정에 대하여

나에게는 꽤 많은 친구가 있다. 소꿉친구, 같은 반 친구, 다른 반 친구. 그런데 나는 진정한 친구가 없다. 아니 있었다. 초등학교 6학년 때 친구. 그런데 그 친구가 캐나다로 이민을 가서 이제는 국제적인 친구도 생겼다. 누구라도 친구가 많다는 것은 좋은 일이다. 이민 간 그 친구도 나를 국제적인 친구로 생각할 것이다. 세계 각지에 있다면 어디든 친구를 믿고 다닐 수 있으므로 좋다. 우정이 깊은 친구를 많이 만드는 것이 꼭 필요하다고 생각한다.

— 학생 글

··

윗글의 주제는 친구를 많이 사귀고 그들과 깊은 우정을 나누자는 것이다. 그런데 '나에게 친구는 많았지만 진정한 친구는 없었다'는 내용이나, '내 친구도 이민을 갔다'는 등의 내용은 이 주제를 나타내는 데 기여하지 못한다. 친구를 많이 사귀고 그들과 깊은 우정을 나누는 것이 왜 중요한가를 자신의 경험에 비추어 보거나 다른 훌륭한 인물의 사례에서 찾아보거나 그러한 내용과 관련 있는 내용들을 제시하였다면 충분히 좋은 글이 될 수 있었을 것이다.

하나의 주제로 이어진다는 것이 어떠한 것인지 전문 필자의 글을 통해 살펴보자.

신념(信念)을 기르자

신념이라는 말만 들어도 이상하게 반발적인 태도로 대들려는 젊은이가 없지 않다. 마치 어떤 낡아빠진 신조(信條)를 강요라도 당하는 것처럼 거북하게 느끼는 모양이다. 좋다. 신념 같은 것은 불필요하다고 시종일관할 수만 있다면 오히려 훌륭하다고 말하고 싶다. 과연 철저한가가 문제지, 만일 철저하기만 하다면 자기 딴은 그래도 무엇인가 참되다고 생각하는 것을 끝끝내 지켜나가려는 고귀한 요소(要素)를 간직하고 있는 증거요 벌써 다름 아닌 자기의 소신에 충실하려는 사람, 신념에 살려는 사람임이 틀림없겠기 때문이다.

그렇지 못하고 그저 무작정 그 자리의 책임이나 모면하기 위하여 신념 같은 것은 있을 수 없다고 한다면 이것은 속으로는 신념이 있어야 된다고 절실히 느끼면서도 뜻대로 되지 않음을 경험한 나머지 빈정되어 보이는 것밖에 안 된다. 철저할 수 없음을 누구보다도 안타깝고 마음 아프게 생각하는 사람일는지도 모른다. 여기에 우리의 가장 큰 약점이 있는 것 같다. 어떻게 하여서라도 극복하지 않고는 견딜 수 없는 약점이다. 이 세상에는 무슨 비극이다 불행이다 하여도 내가 나 자신을 믿지 못하는 것보다 더 큰 비극이 어디 있으며 불행이 어디 있으랴. 나 자신도 믿지 못한다면 더구나 나 아닌 남을 어떻게 믿을 수 있을 것이며 한때인들 마음 놓고 살 수 있겠는가. 우리는 그런대로 나를 믿고 나를 믿는 마음으로 남도 믿을 수 있기에 사회적인 단체 생활도 가능함이 틀림없다. 신념이 없다면 인간 생활은 〈제로〉다. 그런 인물이 한 사람이라도 있다면 있는 그만큼 단체적인 생활이 약화됨은 물론이거니와 무슨 일을 저지를는지 안심이 안 되는 딱한 존재에 불과할 것이다. 신념에 사는 것이 사람이다.

(후략)

— 박종홍, 『박종홍 전집 VII』, 형설출판사, 1982, p. 146.

위의 글은 인간의 삶이 신념과 어떠한 관계에 있는지를 제시하고 있다.

인간의 삶이 신념과 밀접한 관련이 있다는 것을 바탕으로 신념을 길러야 한다는 논리를 도출할 것을 우리는 예상할 수 있다. 이처럼 하나의 이야기를 통해서도 글 전체에서 말하고자 하는 내용이 무엇인지 짐작할 수 있어야 좋은 글이 된다.

4. 한 편의 글이 완전하도록 구성하라

내용의 완결성은 글이 하나의 작품으로서 얼마나 완전하게 작성되었는지를 의미한다. 내용이 불충분하다거나 누락된 것이 있다면 그 글은 완결성을 지니지 못한다. 가령 우리나라 계절에 대해 설명하는 글을 작성할 때 사계절을 모두 서술하지 않고 봄, 여름, 가을까지만 서술한다면 내용의 완결성을 갖추었다고 볼 수 없다.

다음 글은 중학교 1학년 학생이 쓴 것이다. 어떠한 점에서 좋은 글이 되지 못하는지를 생각해 보자.

> ▶ 통일성을 갖추지 못한 예

나의 인생

나는 일생에서 가장 중요한 시기는 바로 지금 중·고등학교 시기라고 생각한다. 언젠가부터 나의 마음속엔 '기자가 되리라'는 꿈이 있었다. 그러나 그것은 가만히 앉아 있는다고 저절로 이루어지는 것이 아니다. 그만큼의 피나는 노력이 뒤따라야 하는 것이다. 특히 나에게 있어서는 그것이 얼마나 중요한 것인지 모른다. 하지만 언제나 달콤한 유혹이 나에게서 떠나가질 않는다. 그 유혹은 매일 같이 반복되는 생활 속에서 때로는 지치고 힘들 때 꼭 나의 어두운 뒷모습에 가려진 채 슬그머니 모습을 드러내었다가도 내가 정신을 번쩍 들면 어느 샌가 없어진다.

이 글에는 기자가 되고 싶은 자신의 꿈을 이루기 위해 많은 노력을 해야 한다는 내용이 담겨 있다. 그런데 그 꿈을 이루려는 자신에게 슬그머니 유혹이 나타난다고만 진술되어 있을 뿐 그 유혹이 무엇인지, 또 그것을 어떻게 이겨냈는지에 대한 언급이 없다. 그래서 이 글을 읽는 독자는 중심 생각을 파악하기에 어려움을 느낄 수 있다.

다른 학생이 쓴 글도 살펴보자.

▶ 통일성을 갖춘 예

물·커피·우유

나는 물을 좋아한다. 물은 평범하게 차려 입은 여자와 같다. 아무런 꾸밈없이 생물 생존에 없어선 안 될 무색, 무취, 무미의 액체인 것이다. 또 물은 동물체에서 약 70%를 차지하고 양분, 노폐물 등을 운반하며 체온 조절까지 한다. 따라서 커피, 우유와 달리 꼭 있어야만 하는 존재이다.

물은 속이 깊은 여자와 같다. 커피처럼 쓰지도 우유처럼 고소하지도 않은 특별한 맛도 가지고 있지 않아 미묘한 느낌을 주면서도 겉모습은 맑고 투명하다. 이 점에서 물의 넓은 마음과 같은 생각을 알 수 있다. 소중하다고나 할까?

반면에 커피는 물과 같은 순수함도 촛불과 같이 자신을 버려 남을 살리는 모습도 없다. 다만 인생의 즐거움, 괴로움을 모두 알아 약간의 쓸쓸함과 외로움을 겸비한 여자와 같다. 그녀에게는 아이와 같은 순진함과 꿈이 없다. 진한 화장을 하고 축 처진 어깨를 가진 중년의 여자와도 같은 느낌이다.

우유는 겉으로는 순진과 순수를 자랑하지만 그 누구에게도 자신의 마음을 나타내지 않는 사람과 같다. 겉으로는 천사인 척, 그 누구보다도 착한 척하지만 그의 순수함을 어떻게 믿을 수 있을까? 물이 고무줄을 하는 짧은 치마에 삐삐 머리를 한 소녀와 같다면 우유는 사춘기 소녀와 같다. 나의 언 마음도 녹이는 물의 투명함. 그래서 난 물과 같은 여자가 되고 싶다. 겉으론 평범하고 순수하고 솔직하면서도 타인에게는 자상하고 자기 자신에게는 엄격할 수 있는 여자. 나의 이상형이라고 할까? 그래서 난 물이 좋다.

앞의 글은 물과 커피, 우유를 여자에 각각 비유하면서 세 가지 마실 거리를 비교하여 설명하고 있다. 주제문을 글의 처음과 끝에 각각 배치한 양괄식 짜임을 사용하였고, 세 가지 마실 거리를 가운데 부분의 내용으로 제시하면서 글 전체가 한 편의 글로서 완결성을 갖추도록 서술하고 있다.

5. 정확한 내용만을 쓰라

정확한 내용을 쓴다는 것은 글의 내용이 사실에 근거를 두고 있어야 하고 사실로부터 어긋나지 않아야 한다는 뜻이다. 내용의 정확성은 지식이나 정보를 전달하는 글에서 특히 중요한데, 만약 한 가지 정보라도 정확하지 않다면 독자는 글 전체 내용에 신뢰성이 없다고 판단할 수 있다. 예를 들어, 충무공에 대한 설명문을 쓰면서 충무공이 태어난 해가 잘못되거나 충무공과 관련한 일화가 근거가 없다면 글 전체에 대한 신뢰도가 떨어지게 된다. 좋은 글을 쓰기 위해서는 성실하게 정보나 지식을 확인하고 점검할 필요가 있다. 특히 대학에서 작성하는 이른바 '리포트'의 경우, 여러 가지의 학문적 정보를 포함하게 되므로 믿을 수 있는 전공 서적으로부터 자료를 수집하는 것이 바람직하다.

다음 글을 읽고 믿을 수 없는 정보가 글 전체에 미치는 영향을 생각해보자.

▶ 통일성을 갖추지 못한 예 ·······································

자랑스러운 우리 한글

여기서 잠깐 한글에 대해서 알아보자. 한글은 우리 겨레가 사용하는 글자의 이름을 말하며, 겨레의 가장 빛나는 문화유산이다. 한글은 조선의 4대 임금인

세종대왕이 집현전 학자들을 통해 창제한 것이다. 한글이 창제되자 당시 글자를 모르던 사람들이 편하게 글을 쓸 수 있게 되었으며, 그래서 찬란한 문화를 꽃피울 수 있었다.

— 학생 글

먼저, 이 글에서 "한글"이 '훈민정음'을 지칭한 것이기는 하지만 세종이 창제한 당시의 명칭대로 '훈민정음'이라고 표현하는 것이 적절하다. 또 훈민정음이 창제되자 당시 글자를 모르던 사람들이 편하게 글을 쓸 수 있게 되었다는 진술도 사실과 다르다. 이렇게 사실과 다른 정보를 바탕으로 글을 쓰면 좋은 글이 될 수 없다.

정확한 내용을 쓰기 위해서는 믿을 수 있는 자료를 인용하는 것이 바람직하다. 예를 들면, 인터넷에서 어느 개인이 운영하는 사이트에서 본 것을 글에 활용하는 것보다는 공신력 있는 백과사전이나 신문 등에서 정보를 얻어 글을 쓰는 것이 좋다. 전문가에게 질문을 통해 정보를 얻거나, 전문 서적을 참조하는 것도 내용의 정확성을 높일 수 있는 효과적인 방법이다. 잘 알고 있는 정보라 하더라도 글을 쓸 때에는 다시 확인해 보거나 검토하는 것이 좋다.

제대로 된 글은 올바른 문장에서 시작한다. 독자에게 신뢰감을 주는 좋은 문장의 요소에는 무엇이 있는지 알아보자.

1. 우리말 문장의 구조와 원리

모든 글은 문장으로 구성된다. 여러 문장이 서로 엮여 하나의 글을 이룬다. 이러한 까닭으로 문장은 글을 이루는 기본적인 요소라고 할 수 있다. 그러므로 제대로 된 글을 쓰기 위해서는 올바른 문장을 써야 한다. 글의 내용이 아무리 좋다고 해도 그 글을 구성하고 있는 문장에 문제가 있다면 제대로 글의 내용을 전달할 수 없으며, 설사 그것이 가능하다고 해도 독자들로부터 신뢰를 얻기는 어렵다. 그러므로 우리말 문장의 특징과 우리말 문장을 올바르게 쓰기 위한 몇 가지 중요한 원리를 알고 있어야 한다.

먼저 우리말 문장의 특징에 대해 살펴보자. 우리말 문장의 특징, 즉 통사론적 특징이라 할 수 있는 것을 살펴보도록 하자.

1) 우리말 문장의 어순

각 언어마다 문장 성분이 나열되는 방식에는 일정한 차이가 있는 것이 사실이지만, 대부분 '주어 + 목적어 + 서술어(SOV)',[1] '주어 + 서술어 + 목적어(SVO)', '서술어 + 주어 + 목적어(VSO)' 등의 유형으로 구분된다. 그중에서 우리가 잘 알고 있는 바와 같이 우리말은 '주어 + 목적어 + 서술어'의 어순을 갖는다.[2] 물론 이러한 어순은 우리말의 일반적인 어순을 전제로 하는 것이다. 교착어[3]에 속하는 우리말은 조사와 어미가 발달해 있어 그 어순에 변화가 가능하다. 어순을 바꾸더라도 조사와 어미를 통해 각 문장 성분의 기능을 쉽게 파악할 수 있기 때문이다. 그리고 이러한 어순의 변화를 통해 우리말은 필자의 의도나 초점 등을 표현하기도 한다.

우리말 문장의 기본적인 구조를 우선 몇 가지로 정리하여 살펴보자.

---

1 문장 성분을 설명하면서 '동사'라는 용어를 사용하는 경우가 종종 있어서 혼란을 가져올 가능성이 있다. 우리말의 경우에는 동사라는 말보다는 '서술어'라는 개념이 더 적절할 것으로 보인다. 이 글에서도 '동사' 대신에 '서술어'라는 용어를 사용하고자 한다.

2 남기심·고영근(1993: 23)에 따르면 우리말과 같은 어순을 갖는 언어에는 일본어, 몽고어, 터키어, 버마어, 힌디어, 케추아어 등이 있으며, '주어 + 동사 + 목적어'의 문장 유형을 가지는 언어로는 핀란드어, 이탈리아어, 마야어, 노르웨이어, 타이어, 스와힐리어 같은 것이 있고, 영어도 크게 보아 이 부류에 속한다. 그리고 히브리어, 마오리어, 마사이어, 웨일스어, 자포텍어 등은 '동사 + 주어 + 목적어'의 문장 구성을 갖는 것으로 알려져 있다.

3 형태론적 특징을 중심으로 언어를 분류하면 교착어, 굴절어, 고립어 등으로 분류할 수 있고 각 언어의 특징을 정리해 보면 다음과 같다.
   • 교착어: 실질적인 의미를 가진 단어 또는 어간에 문법적인 기능을 가진 요소가 차례로 결합함으로써 문장 속에서의 문법적인 역할이나 관계의 차이를 나타내는 언어로, 한국어·터키어·일본어·핀란드어 따위가 여기에 속한다.
   • 굴절어: 어형과 어미의 변화로 단어가 문장 속에서 가지는 여러 가지 관계를 나타내는 언어를 이른다. 인도·유럽 어족에 속한 대부분의 언어가 이에 속한다.
   • 고립어: 어형 변화나 접사 따위가 없고, 그 실현 위치에 의하여 단어가 문장 속에서 가지는 여러 가지 관계가 결정되는 언어. 중국어, 타이어, 베트남어 따위가 있다.

ㄱ. 대지가 푸르다. (S + V)

ㄴ. 대지가 나를 부른다. (S + O + V)

ㄷ. 대지가 바다가 되었다. (S + C^4 + V)

ㄹ. 대지가 우리에게 희망을 주었다. (S + C + O + V)

ㅁ. 드넓은 대지가 푸르다. (S + V)

　　드넓은 대지가 나를 부른다. (S + O + V)

　　드넓은 대지가 바다가 되었다. (S + C + V)

　　드넓은 대지가 우리에게 희망을 주었다. (S + C + O + V)

ㅂ. 드넓은 대지가 정말 푸르다. (S + V)

　　드넓은 대지가 나를 늘 부른다. (S + O + V)

　　드넓은 대지가 빠르게 바다가 되었다. (S + C + V)

　　드넓은 대지가 우리에게 희망을 다시 주었다. (S + C + O + V)

ㅅ. 아! 드넓은 대지가 우리에게 희망을 다시 주었다. (S + C + O + V)

ㅇ. 대지가 나를 부르고, 우리에게 희망을 주었다.

　　[(S + O + V) + (S + C+ O + V)]

　　우리에게 희망을 주는 대지가 나를 부른다.

　　[(S + C+ O + V) S + O + V]

ㄱ~ㄹ까지의 문형은 일반적으로 우리가 사용하는 가장 간단한 문장 구조이다. 이러한 기본 문장 구조에 새로운 수식어를 더 넣으면 ㅁ, ㅂ과 같은 문장이 된다. ㅁ에는 관형어가 추가되었고, ㅂ에는 관형어뿐만 아니라 부사어까지 추가되어 문장이 구성되었다. 물론 이외에 독립어를 추가하

4　C는 '보어(complement)'를 의미한다. 학교 문법에서는 주어 이외에 '되다, 아니다' 앞에서 조사 '이/가'가 결합하는 필수 성분만을 보어로 보고 있다. 그런데 여기에서는 이러한 보어뿐만 아니라 필수적 부사어까지 모두 포함하는 개념으로서의 '보어'를 의미한다.

여 ㅅ과 같은 문장을 이룰 수도 있다. ㅇ의 문장은 여러 개의 문장이 이어지거나 하나의 문장이 문장 내 하나의 성분이 되어 문장을 구성하고 있는 예이다. 문장이 이어진 경우에는 대등하게 이어진 경우와 종속적으로 이어진 경우로 더 나누기도 하고, 문장 하나가 문장 성분의 역할을 하는 경우에는 기본 문형에서 살펴본 '주어, 서술어, 목적어, 보어, 관형어, 부사어'의 역할을 할 수 있다.

앞에서 살펴본 바와 같이 우리말 문장은 (S + V), (S + O + V), (S + C + V), (S + C + O + V) 등 네 가지의 기본 문형으로 귀결된다. 송기중(1985: 96)은 기본 문형에서 꼭 지켜야 할 어순에 대해 다음과 같이 제시하였다.

① 본래의 부사는 서술사[5] 바로 앞에 둔다.

② 앞 문장과 연결시켜 주거나 시간을 나타내는 서술사수식어[6]는 문장의 맨 앞에 둔다.

③ 명사어(목적어, 보어)와 서술사수식어는 긴 편이 앞에 오고 짧은 편이 뒤에 오는 것이 자연스럽다. 둘 사이에 음절의 길이가 같거나 비슷하면, 서술사수식어를 앞에 두는 것이 보다 자연스럽다.

④ 주어는 문장머리에 오는 것이 원칙이다. 주어에 후행하는 명사어와 서술사수식어가 수식구조를 이루어 연장되더라도 주어는 문장의 맨 앞에 놓이는 것이 자연스럽다.

⑤ 주어에 후행하는 서술사수식어가 결속구조(절)를 이루어 길게 되더라도, 그 결속구조 내에 있는 서술사어의 동작 주체가 주어와 동일하면, 주어는 문장 선두에 놓인다.

⑥ 주어에 선행될 수 있는 성분들은 첫째, 주어를 수식하는 모든 종류의 문장성분이고, 둘째, 앞 문장과 연결시켜 주는 역할을 하거나 시간을 나타

---

5   서술어로 해도 되지만 인용이어서 원문 용어로 그대로 기술하였음.

6   '서술사수식어'라는 말이 낯설게 느껴지는데, 서술어를 수식하는 성분을 의미하므로 대부분 '부사어'를 나타낸다고 보면 큰 문제는 없을 것이다.

내는 서술사수식어이고, 셋째, 동작 주체가 주어와 다른 서술사어가 결속구조를 이룬 수식어절이다.

2) 우리말 문장의 길이

문장의 길이는 독자의 이해 정도에 일정한 영향을 미치는 요소라고 할 수 있다. 일반적으로 글 속의 문장이 너무 길면 이해에 문제가 발생할 수 있고, 너무 간단한 문장으로만 구성되면 독자가 필자의 수준을 의심하게 되는 경우도 있다. 그렇다면 과연 어느 정도 길이의 문장이 적절한 것일까?

예시글

기미독립선언서

반만 년 역사의 권위를 장하야 차를 선언함이며, 이천만 민중의 성충을 합하야 차를 포명함이며, 민족의 항구 여일한 자유 발전을 위하여 차를 주장함이며, 인류적 양심의 발로에 기인한 세계 개조의 대기운에 순응 병진하기 위하야 차를 제기함이니, 시이 천의 명명이며, 시대의 대세이며, 전 인류 공존동생권의 정당한 발동이라, 천하 하물이던지 차를 저지억제치 못할지니라.

산정무한

(전략)

밤 깊은 줄조차 모르고 골똘히 읽는 품이, 춘향이 태형 맞으며 백으로 아뢰는 대목일 것도 같기도 하고, 누명 쓴 장화가 자결을 각오하고 하늘에 고축하는 대목일 것도 같기도 하고, 시베리아로 정배 가는 카추샤의 뒤를 네플류도프 백작이 쫓아가는 대목일 것도 같기도 하고……, 궁금한 판에 제멋대로 상상해 보는 동안에 산 속의 밤은 처량히 깊어 갔다.

(후략)

— 정비석, 『정비석 수필집』, 휘문, 1967.

일반적으로 과거에는 문장이 길고 화려한 수식이 많으면 많을수록 좋은 문장이고, 그러한 문장을 쓰는 사람이 훌륭한 문장가라고 평가를 받기도 했다. 앞의 두 예문은 각각 20세기 초와 20세기 중반에 작성된 것으로, 언뜻 보아도 한 문장의 길이가 상당히 길다. 두 예문은 각각 거의 200음절 내외의 길이로 이루어져 있다. 그런데 이렇게 긴 문장에 대한 평가가 현재에는 변화가 있는 것으로 보인다.

박갑수(1985)에 따르면 우리말에서는 50자 전후, 곧 40~60자의 문장을 표준 문장이라 보고 60자 이상의 문장은 장문(長文)으로 본다. 장문의 문장이 어떠한 구조를 가지고 있느냐에 따라 이해의 정도에 일부 차이가 있겠지만, 문장이 길어질수록 내용 이해에 문제가 발생할 가능성이 크다. 또한 비문이 될 가능성도 높고, 논리적으로도 적절하지 못한 구성이 될 가능성도 크다. 그러므로 불필요하게 긴 문장을 사용하는 것은 필자와 독자 모두에게 도움이 되지 않는다. 이러한 문제점을 고려하여 장문의 문장을 만들지 않기 위해서는 다음과 같은 방법을 사용할 수 있다.

① 문장의 길이는 대부분 50자 이내로 하고 60자를 넘기지 않는다.
② 하나의 문장에 하나의 개념이나 사실만 진술하는 것을 원칙으로 한다.
③ 문장의 구조를 단순화하여 긴 문장을 피한다.
④ 장문의 관형절 등 내포문을 하나의 문장으로 만든다.
⑤ 나란히 이어진 문장의 경우에는 나눠 서술한다.
⑥ 삽입, 부연된 내용은 별개의 문장으로 만든다.
⑦ 장문의 인용은 별개의 문장으로 만든다.

2. 문장의 호응

올바른 문장이란 무엇보다도 문장 내에서 서로 호응하는 성분 간의 관계가 적절해야 한다. 예문을 보면서 문장을 만들 때 호응이 적절한 문장을 만들기 위해 유의해야 할 사항에 대해서 살펴보자.

1) 주어와 서술어

일반적으로 우리말은 주어가 먼저 나오고 그 뒤에 서술어가 위치한다. 도치법 등을 사용하여 문장에서 강조하는 바를 나타내는 특별한 경우를 제외하고는 주어는 항상 서술어의 앞에 위치한다. 주어나 서술어의 생략은 가능하지만 그것이 처음부터 존재하지 않았다는 것을 의미하지는 않는다. 따라서 주어와 서술어가 명확하게 나타나지 않는 경우에는 두 성분 간의 호응 관계에 유의하여 살펴봐야 한다. 만약 두 성분 간의 관계가 부적절하다면 독자가 문장의 의미를 명확히 알 수 없거나 때로는 여러 가지 의미로 파악하게 되는 경우도 발생할 수 있다.

> ㄱ. <u>나는</u> 마을로 돌아오는 길에 <u>그녀를</u> 만났는데 무거운 가방을 든 채로 계속 걸었다.
> ㄴ. 2년 전 당산의 나무를 건드린 <u>이 마을 사람 하나는</u> 산사태로 목숨을 잃었고, 올해에는 교통사고를 <u>당했다</u>.
> ㄷ. <u>철수는</u> 지금 당장 유학을 가려고 했지만 자신의 경제적 사정을 고려하지 않은 성급한 <u>결정이었다</u>.

위의 예문들은 주어와 서술어의 관계가 적절하지 않아서 의미 파악에 문제가 있거나, 적절한 주어가 없는 것으로 보이는 문장이다. 먼저 ㄱ에서는 "그녀"를 만난 것이 "나"인 것은 확실하지만, 가방을 들고 걸어간 사람이 누구인지는 분명하지 않다. "걸었다"의 주어가 누구인지 명확하게 밝혀야 한다.

ㄴ은 주어의 생략으로 의미가 명확하지 않다. 나무를 건드린 사람 중의 한 명은 산사태로 목숨을 잃었다는 것이 명확하지만, 올해 교통사고를 당한 사람이 누구인지 드러나 있지 않다. 즉 "당했다"의 주어가 빠진 문장이라고 볼 수 있다.

ㄷ에서는 "철수는"이라는 주어와 마지막 서술어 "결정이었다"의 호응이 부적절하다. 이 문장에서 서술어와 호응하는 주어는 지금 당장 유학을 가려고 하는 철수의 의도나 생각 정도일 것이다.

이처럼 주어와 서술어의 호응이 적절한지를 살펴보기 위해서는 문장 내의 주어와 서술어를 찾은 다음, 이 두 성분을 연결시켜 문장이 성립하는지를 따져 보아야 한다. 두 성분 간의 연결이 자연스럽게 이어지고 뜻이 통한다면 주어와 서술어가 적절히 쓰인 것으로 판단할 수 있다.

2) 수식어와 피수식어

앞서 밝힌 바와 같이 수식어가 피수식어의 앞에 위치한다는 것은 우리말의 일반적인 규칙이라 할 수 있다. 그러나 단지 수식어를 피수식어 앞에 위치시킨다고 해서 모두 올바른 문장이 되는 것은 아니다.

> ㄱ. 이 학교는 <u>남녀공학 분위기의</u> 내가 다니던 일반 학교와는 매우 다르다.
> ㄴ. <u>우리의</u> 이번에 발생한 문제에 대한 선입관이 지금과 같은 결과를 초래한 주된 원인이다.
> ㄷ. <u>검은 벌레 모양의 우리를 앞질러 간</u> 차가 저기에 있다.
> ㄹ. <u>전지전능(全知全能)한 존재인 무에서 유를 창조하는</u> 신을 믿는가?
> ㅁ. <u>청소년기의 독서의 중요성의</u> 강조는 너무도 당연하다.

수식어 다음에 피수식어가 위치하는 어순은 우리말의 대원칙이라 할 수 있지만, 그 수식어가 여러 개일 때는 배열 순서에 유의해야 한다. 먼저 ㄱ 예문의 의미는 '나는 남녀공학 분위기의 학교를 다녔다' 정도가 될 것이다. 그런데 현재 문장의 "남녀공학 분위기"는 "나"를 수식할 수도 있다. 따라서 이 문장은 '이 학교는 내가 다니던 남녀공학 분위기의 일반 학교와는 매우 다르다.'로 수정할 필요가 있다.

ㄴ의 예문에서 "선입관이"를 수식하는 것은 "우리의"와 "이번에 발생한 문제에 대한"이다. 이처럼 음절수나 성분 등에서 명확한 차이를 보이는 두 수식어를 배치할 때는 길이가 짧은 부분을 피수식어에 가깝게 배열하는 것이 우리 문장답다. 그러므로 ㄴ은 '이번에 발생한 문제에 대한 우리의 선입관이 지금과 같은 결과를 초래한 주된 원인이다.'로 고치는 것이 좋겠다.

ㄷ의 예문에서 "검은 벌레 모양의"와 "우리를 앞질러 간"이라는 두 수식어가 나타나는데, 그 음절수가 비슷하여 명확한 차이를 보이지 않는다. 이런 경우에는 관형사형 어미를 사용한 수식어보다 관형격 조사를 갖고 있는 수식어를 피수식어 가까이에 배치하는 것이 우리 문장답다. 그런데 관형사형 어미와 관형격 조사의 경우 꼭 이러한 조건이 모든 문장에 통하는 것은 아니다. 만약 두 수식어의 길이에 큰 차이가 없다면 의미의 혼란이 일어나지 않도록 문장을 배열하는 것이 더 중요하다. 예를 들면 '어린 나의 신부'에서는 관형사형 어미와 관형격 조사의 순서로 수식어가 배치되었으나 '어린'이 수식하는 피수식어가 명확하지 않다. 이러한 수식 과정에서의 중의성을 피해야 명확한 의미를 전달할 수 있다.

ㄹ 예문에서는 "전지전능한 존재인"과 "무에서 유를 창조하는"이라는 두 수식어구가 "신을"이라는 성분을 수식하고 있다. 그런데 두 수식어구는 음절수도 유사하고 관형격 조사가 사용되지도 않았다. 그래서 이러한 경우에는 수식어구의 순서를 바로잡는 것보다는 두 수식어구를 연결 어

미로 이어 주는 것이 일반적인 방법이다. 그러나 두 수식어구 사이에 의미적 선후 관계나 포함 관계가 성립한다고 볼 수 있는 경우에는 그 관계에 따라 배열하는 것이 좋다. ㄹ에서 신이 무에서 유를 창조한다는 사실은 전지전능이라는 판단의 주요한 근거나 요인이라 할 수 있다. 그러므로 이 경우에는 '무에서 유를 창조하는 전지전능한 존재인 신'으로 어순을 바로잡는 것이 좋다.

ㅁ은 관형격 조사 "의"가 연속하여 나타나는 예이다. 이러한 경우에는 각각의 수식어가 어떤 피수식어를 수식하는지 명확히 파악하기 어렵다. "청소년기의"의 수식을 받는 것이 "독서"인지 아니면 "독서의 중요성"인지, 그것도 아니면 "독서의 중요성의 강조"인지 알 수가 없다. 이러한 경우에는 관형격 조사가 연이어 나오는 것을 방지하기 위해 그 의미에 맞춰 문장 전체를 수정해야 한다. '독서의 중요성을 청소년기에 강조하는 것은 너무도 당연하다.' 정도로 고치는 것이 좋다.

관형어의 수식에 대해서는 이외에도 지시 관형어, 수량 관형어, 모양이나 상태를 나타내는 관형어 순으로 체언류에 대한 수식이 이루어지는 것이 일반적이다. 예를 들면 '저 하나의 빨간 벽돌' 또는 '저 빨간 벽돌 하나'와 같은 순서로 나열하는 것이다.

부사어는 관형어와 달리 그 성분의 이동이 비교적 자유로운 성분이다. 그리고 서술어나 다른 부사어를 수식하는 부사어보다는 문장 전체를 수식하는 부사어의 위치가 보다 더 자유롭다.[7] 일반적으로 문장을 수식하는 부사어의 경우에는 문장의 처음이나 끝에 위치하는 것이 자연스러우며 하나의 성분을 수식하는 부사가 부사어로 쓰일 경우에는 피수식어 앞에 위치하는 것이 일반적이다.

---

7   부정부사 '아니(안)'과 '못'은 항상 서술어 바로 앞에 위치하며, 성분부사의 경우에도 '잘', '좀' 등은 항상 서술어 앞에서만 쓰인다.

ㅂ. 나는 <u>결코</u> 그 먼 나라에서만 진실이라고 믿고 있는 그 이야기가 우리의
생활에서도 진실로 나타날 것이라는 점을 말한 적이 <u>없다</u>.

ㅅ. 그는 <u>아무 데나</u> 쓰다 만 원고를 처박아 두었다.

"결코"라는 부사어는 현대 국어에서는 부정을 나타내는 서술어와 주로
호응한다. 그리고 그 위치도 일반 부사가 부사어로 쓰일 때와 마찬가지로
자유롭다. 그러나 ㅂ의 예문에서와 같이 수식하는 성분과의 거리가 멀어
지는 경우에는 그 위치를 수식어 앞에 놓는 것이 독자들의 이해에 도움이
된다. 그러므로 "결코"의 위치를 옮겨 '결코 말한 적이 없다.'나 '말한 적
이 결코 없다.'로 바꾸는 것이 좋다.

ㅅ의 예문은 부사어의 위치 변화에 따라 의미가 변하는 문장의 예이다.
이 예문의 뜻을 그대로 생각하면 "그"라는 사람은 원고를 아무 종이에나
적는 사람으로 이해될 수 있다. 그러나 만약 써 놓은 원고를 특정 장소가
아닌 곳에 방치해 두었다는 의미로 쓴 문장이라면 "아무 데나"의 위치는
의미의 혼란을 일으켜 적절하지 못한 것으로 보인다. 두 번째 의미로 받아
들이기 위해서는 '그는 쓰다 만 원고를 아무 데나 처박아 두었다.'라고 적
어야 할 것이다.

수식어와 피수식어의 호응이 적절한지를 살펴보기 위해서는 수식하는
말과 수식을 받는 말을 찾아 중의적으로 해석되는지를 따져 보아야 한다.
특히 관형격 조사인 '의'와 관형사형 전성어미인 '-ㄴ, -ㄹ, -는, -던'이
붙어 관형어가 되는 성분을 주의 깊게 살펴보아야 한다.

3) 조사와 어미

우리말을 효과적으로 표현하기 위해서는 조사와 어미의 적절한 사용이
필수적이다. 조사와 어미의 쓰임이 매우 복잡한 우리말에서는 조사나 어
미의 사용에 특별한 주의가 필요하다.

ㄱ. 그는 친구를 항상 의존하려는 성향을 보인다.

ㄴ. 너만이 아니라 나도 힘들다.

ㄷ. 산업 박람회가 21일부터 개막한다.

ㄹ. 다음에 알맞는 문장을 써 넣으세요.

위의 예문은 밑줄 친 조사나 어미가 모두 잘못 사용된 것이다. ㄱ에서 "친구를"의 서술어는 "의존하려는"인데, 이 '의존하다'는 자동사이다. 그러므로 앞에 목적격 조사를 가진 목적어가 쓰이는 것은 부적절하다. '친구에게' 정도로 수정하는 것이 좋다.

ㄴ은 조사와 관련하여 문장의 의미가 중의적으로 해석이 되어 문제가 된다. 우선 독자는 '너와 내가 모두 힘들다'라는 의미로 받아들일 수 있고, 경우에 따라서는 구체적으로 '무엇인가에 해당하는 사람이 너 말고도 더 있기 때문에 나도 힘들다'라는 의미가 될 수도 있다. 또 '다른 사람은 다 괜찮은데, 이상하게 너만 아니라서 나도 힘들다'라는 의미 해석도 가능하다. 그러므로 첫째 의미로 문장을 쓰려면 '너뿐 아니라 나도 힘들다.'로 고치고, 둘째 의미의 표현을 위해서는 '너만 그런 것이 아니어서 나도 힘들다.'로 고쳐야 한다. 그리고 셋째 의미를 표현하기 위해서는 '너만 유독 아니라서 나도 힘들다.'로 써야 한다. 이와 같이 조사, 특히 특정한 의미를 나타내는 보조사를 쓸 경우에는 나타내고자 하는 의미가 분명하게 드러나는 것은 물론이고 중의적으로 이해될 여지가 없는지에 대해서도 잘 살펴보고 적절한 조사를 사용해야 한다.

ㄷ에서 "21일부터"와 호응하는 것은 "개막한다"라는 서술어이다. 그런데 '개막한다'는 어느 한 시점에서 시작한다는 것을 의미하지 그 시작 자체가 계속 진행됨을 의미하는 것은 아니므로, 진행의 시작을 의미하는 조사 '-부터'와는 호응할 수 없다. 이 경우에는 단순히 때를 나타내는 조사 '-에'를 넣어 '산업 박람회가 21일에 개막한다.'로 고치는 것이 좋다.

ㄹ의 예문은 관형사형 어미와 상대높임법의 종결어미의 사용이 부적절하다. 우선 '알맞다'의 경우에는 형용사이므로 관형사형 어미로 '-는'을 쓰는 것은 부적절하다. 동사와 달리 형용사에는 이러한 어미 결합이 불가능하다. 그러므로 이 경우에는 '알맞은'으로 수정하는 것이 적절하다. 또한 이 예문에서는 상대높임법과 관련하여 종결어미의 문제를 생각해 볼 수 있다. 우리말의 상대높임법 체계는 학자에 따라 그 분류가 조금씩 다른 경우가 있지만, ㄹ의 예문은 해요체에 해당한다고 할 수 있다. 그런데 이 해요체는 비격식체, 다시 말하면 상대방에 대한 개인적 감정이나 태도, 느낌을 나타내는 종결 표현이기에 공식적인 글에는 적당하지 않다. 따라서 '다음에 알맞은 문장을 써 넣으라(넣으시오).'[8]가 바른 문장이 된다.

4) 문장 성분의 생략

우리말의 특징 중에서 주어가 생략되는 경우가 있다는 것을 앞에서 말한 바 있다. 그런데 주어 이외에 반복되는 다른 성분들도 생략이 가능하다. 다만 같은 단어라 하더라도 문장 성분이 다르면 쉽게 생략해서는 안 된다는 것에 유의하여야 한다. 지나치게 성분을 생략하면 문장의 의미 파악이 어렵거나 의미 전달에 문제가 발생할 수 있기 때문이다.

ㄱ. 인간은 <u>자연을</u> 지배하고 <u>복종한다</u>.
ㄴ. 우리의 대일 관계가 일방적으로 <u>의존하는</u> 것이어서는 안 된다.
ㄷ. 해시계는 <u>태양의 그림자를</u> 이용하여 시각을 측정하는 장치이다.

ㄱ은 이어진 문장으로 이를 두 개의 문장으로 나누면 '인간은 자연을

---

8   사실상 "넣으라"는 하라체에 해당한다. 하라체는 일반적인 인쇄물에 쓰는데, 높임이나 낮춤의 등급에 관계가 없는 문체로 볼 수 있다. 그러나 하라체는 명령형을 제외하고는 모든 어미가 해라체와 같기 때문에 해라체의 한 변형으로 볼 수 있다. 시험 문제 등의 지시문에서는 필자와 독자의 높낮이 관계를 확정하는 것이 어렵기 때문에 일반적으로 하라체를 사용한다.

지배한다.'와 '인간은 자연에 복종한다.'라는 문장이 된다. 두 문장을 잇는 과정에서 반복되는 "인간은"과 "자연"을 뒤의 문장에서 생략하였다. 그런데 이 문장에서 반복되어 생략이 가능한 성분을 찾아보면 "인간은"이라는 주어뿐이다. "자연"은 선행 문장에서는 "자연을"로 쓰여 목적어로 기능하지만 후행 문장에서는 '자연에'라는 부사어에 해당한다. 이 경우 두 성분이 다르기 때문에 '자연에'를 생략하는 것은 부적절하다. ㄴ의 경우도 마찬가지이다. 이 문장에서는 "의존하는"에 필요한 '~에'에 해당하는 부사어 성분이 없다. 이 경우 생략된 성분을 분명히 밝혀야 그 의미를 제대로 파악할 수 있다. ㄷ의 예문은 해시계의 기능을 설명한 문장이다. 그런데 "태양의 그림자"라는 어구의 의미에 문제가 있다. '태양'은 발광체이므로 그림자가 있을 수 없다. 그러므로 이 어구를 의미에 맞게 다시 쓰면 '태양이 만드는 그림자를' 정도로 고쳐야 올바른 문장이 된다.

3. 효과적인 어휘의 선정

한 편의 글이 여러 개의 문장으로 이루어진다면 하나의 문장은 여러 개의 단어들로 이루어진다. 어떠한 단어(어휘)를 선정하느냐 하는 문제는 문장의 의미를 결정하는 매우 중요한 요인이다. 우리가 흔히 범하는 잘못된 어휘 선정의 사례를 살펴보자.

1) 상투어의 사용

사람들은 일반적으로 평범한 것에 대해서는 흥미를 느끼지 못한다. 그러므로 상투적인 어휘를 사용하면 독자들은 그 내용에 대해 식상함을 느끼게 되고 내용 자체를 지루하다고 생각할 수 있다. 물론 일상적인 어휘를 일부러 사용하여 오히려 신선하고 흥미롭게 표현하고자 하는 경우도 없지 않다. 하지만 누구나 알고 있고 늘 사용하는 상투어를 그대로 쓰게 되면 독자들에게 신선한 느낌을 주지 못하고 자신이 표현하고자 하는 의도를 보다 효과적으로 전달하는 데에도 큰 도움이 되지 못하는 경우가 많다. 칠흑 같은 밤, 얼음장같이 찬, 비단결 같은 살결, 은쟁반에 옥구슬 굴러 가는 소리, 애간장을 녹이는, 둘이 먹다 셋이 죽어도 모를, 자타가 공인하는, 어깨를 나란히 하는, 귀청이 떨어질 것 같은, 기차 화통을 삶아 먹은, 입이 귀에 걸리는, 심금을 울리는 …….

ㄱ. 그분이 세상을 뜨셨다는 소식에 나는 하늘이 무너지는 줄 알았다.
ㄴ. 죽은 줄 알았던 아들이 돌아온다는 소식에 그녀는 정말 기뻤다.

ㄱ의 "하늘이 무너지는"이라는 표현은 매우 놀라거나 충격을 받았을 때 흔히 사용하는 말이다. 그런데 상대방의 죽음에 대해 단순히 놀람뿐만 아니라 큰 슬픔을 표현하고자 한다면 그 표현을 수정하는 것도 좋을 것이다. '그분이 세상을 뜨셨다는 소식에 나는 내 몸의 절반이 무너지는 아픔을 느꼈다.'와 같이 바꾼다면 상대방의 죽음에 대한 자신의 슬픔이 어느 정도인지를 표현하는 데에 효과적일 것이다. ㄴ의 의미는 비교적 명확하다. 죽은 줄 알았던 아들이 돌아오는데 기쁘지 않은 어머니가 어디 있겠는가. 그런데 그 표현이 너무도 평범하다. 이러한 문장도 표현을 수정하여 그 효과를 높일 수 있다. '죽은 줄 알았던 아들이 돌아온다는 소식에 그녀는 먼저 간 남편 이름만 거푸 불렀고, 얼굴은 눈물과 콧물로 범벅이 되었다.'로 고치면 어떤 느낌이 드는가? 돌아온 아들에 대한 기쁨 외에도 이러한 상황에 대한 감사, 아들의 죽음이라는 헛소문으로 인해 쌓였던 어머니의 한, 그리고 이런 것들이 모두 아우러지면서 해소되는 것이 어머니의 얼굴을 그려 보며 느껴지지 않을까.

2) 의사소통에 방해가 되는 한자어나 한문의 사용

우리의 한자 문화는 매우 오랜 전통을 가지고 있어서 한자어의 사용은 상당 부분 우리 문화의 일부로 수용되어 있다고 볼 수 있다. 그러나 최근에는 한자 학습의 기회가 적고 한자 사용의 기회가 적기 때문에 잘 알려지지 않은 한자어나 한문에 대해서는 그 표현이 가지고 있는 배경과 전제는 물론 단순한 의미도 제대로 이해하지 못하는 경우가 많다.

무조건 쉽게만 쓰라는 것도 문제가 될 수 있지만 어려운 한자어나 외국어를 혼용해서 써야 글의 품위가 높아진다고 생각하는 것 또한 잘못이다. 어려운 한자어나 외국어를 사용하게 되면 글의 내용을 정확하게 이해하는 데에 방해가 되기 때문이다. 우선 한자어 사용에 대하여 살펴보겠다.

ㄱ. 혹독(酷毒)한 한기(寒氣)가 충일(充溢)했던 들녘에는 어느덧 봄이 귀래(歸來)하여 폐칩(廢蟄)해 있던 맹아(萌芽)가 기상(起牀)하고 있다.

ㄴ. 매서운 추위가 가득했던 들녘에는 어느덧 봄이 찾아와 땅 속에 틀어 박혀 있던 새싹이 깨어나고 있다.

ㄷ. '항자불살(降者不殺)'이라는 말처럼 이번 조치는 국민 화합을 위한 것이라 하겠다.

ㄹ. '항복한 사람은 죽이지 않는다.'라는 말처럼 이번 조치는 국민 화합을 위한 것이라 하겠다.

위의 예문 ㄱ, ㄴ과 ㄷ, ㄹ은 사실상 같은 의미를 나타낸 것이다. ㄱ의 예문은 한자어를 과도하게 사용하여 좀 과장적으로 만들어 낸 문장이기는 하지만, 우리 주변에서 이와 유사한 문장을 접하게 되는 경우가 있다. 간단한 법조문만 보더라도 고등교육을 받은 사람들조차 그 의미를 제대로 파악하는 것은 쉽지 않다. 문제가 되는 부분을 쉬운 우리말로 고쳐 표현하면 문장의 본래 의미를 파악하기가 오히려 쉬워져서 표현의 의도나 목적을 달성하는 데에도 도움이 된다. 또한 여러 가지 고사성어의 경우에는 그 한문의 뜻풀이 정도로는 본래의 의미를 이해하기가 쉽지 않은 경우도 많다. 그러므로 지면의 여유가 있다면 그 의미를 쉽게 설명하는 것도 읽는 사람을 위한 배려이자 본래의 의미를 확실히 전달하는 방법이 될 것이다.

3) 무분별한 외래어와 외국어의 사용

글에 제시된 어휘의 수준이 높을 때 일부 독자들은 그 내용에 대해 비판적인 인식 없이 신뢰하기도 한다. 이러한 점을 노려 한자어나 한문, 외래어, 외국어를 과도하게 사용하여 글을 쓰는 경우도 있다. 과거에는 한자나 한문을 사용하여 이러한 지적 우월감을 표현하기도 했지만, 최근에는 외래어, 외국어가 그 자리를 대신하고 있다. 이러한 외래어·외국어의 사용은 불필요한 오해와 의사소통의 방해를 가져올 가능성이 있다. 다음 문장을 살펴보자.

ㄱ. 청소년기는 자신의 아이덴티티(identity)를 정립하는 것이 중요하다.
ㄴ. 공무원은 대기업에 비하여 페이(pay)가 적다.
ㄷ. 그는 드라이브(drive)는 잘하는데 파킹(parking)은 서툴다.

ㄱ에서 "아이덴티티"는 '정체성'으로, ㄴ에서 "페이"는 '월급'이나 '급료'로, ㄷ에서 "드라이브"와 "파킹"은 각각 '도로 주행'이나 '운전', '주차'로 고칠 수 있다. 이처럼 대체할 우리말이 있음에도 불구하고 지적 우월감을 과시하려는 잘못된 생각으로 외래어나 외국어를 무분별하게 사용하는 사례가 많다.

또한 우리의 언어 속에는 강제로 우리말에 유입된 일본어가 현재까지 남아 있다. 해방 이후에 이러한 어휘나 표현을 우리의 언어문화에서 없애기 위해 많이 노력하여 나름대로 큰 성과를 거두었지만 아직도 일부 남아 있다.

    ㄹ. <u>시다</u>라서 아직 월급은 많지 않다.
    ㅁ. <u>우동</u>은 역시 국물맛이 좋아야 한다.

ㄹ의 경우에는 "시다" 대신에 '보조'나 '조수'로 고치는 것이 좋다. 이러한 용어는 해당 관련 분야에서 일종의 직업어와 같은 사회 방언으로 쓰이고 있는 예가 많아 쉽게 사라지지 않고 있다. ㅁ의 "우동"은 '가락국수'로 고치자는 목소리들이 있는데, 이제는 너무 흔하게 쓰이고 있어서 고치기가 쉽지 않다. 외국어라기보다는 외래어의 수준에 들어선 것으로 보인다.

세계의 다양한 문화가 서로 융화되어 새로운 문화를 창출해 내는 현대 사회에서 다양한 외국어에 대해 새로운 순화어를 제정하고 전파하는 데에는 일정한 한계가 있을 수밖에 없다. 따라서 일정 부분의 외래어 사용은 현대를 살아가는 우리에게는 피할 수 없는 현실이다. 하지만 이 점을 고려한다고 해도 문제가 되는 표현이 있다. 다음 예들을 살펴보자.

    ㅂ. 야, 너는 왜 그리 하는 일마다 <u>유아틱하냐</u>?
    ㅅ. 오늘은 스케줄이 <u>타이트해서</u> 이번 미션은 <u>딜레이하는</u> 것이 좋겠어.
    ㅇ. 난 정말 <u>쿨한</u> 여자라니까.

ㅂ에서 밑줄 친 단어는 정확히 말하자면 영어도 아니고 우리말도 아니다. 분석을 해 보면 '유아(幼兒)'라는 한자어에 영어에서 온 접미사 '-틱(tic)'을 결합하고 고유어 접미사 '-하다'를 다시 연결한 것이다. ㅅ에서 '타이트하다'나 '딜레이하다'라는 말은 영어의 형용사나 동사에 우리말 접미사 '-하다'를 결합하여 우리말에서 형용사나 동사로 쓰고 있는 예이

다. 이러한 어휘들을 현재 상당히 많이 쓰고 있는데, '유아적이다'나 '어린아이 같다'라는 표현으로 바꿔 쓰는 게 타당하다. ㅇ의 예문에 등장하는 '쿨하다'는 그 의미나 느낌에 해당하는 적확한 우리말을 찾기 어려운 예이다. 이러한 표현은 언중이 현재 우리말에 존재하지 않는 단어를 새롭게 사용하는 과정에서 영어를 그대로 이용한 사례라고 할 수 있다. 이러한 경우에는 앞으로 어떠한 대안을 제시해야 할지 더 깊은 고민이 필요하다.

4) 비속어의 사용

비속어는 속어라고도 하는데, '통속적으로 쓰이는 저속한 말'을 의미한다. 일반 작문에서 비속어를 사용하면 독자의 감정을 상하게 할 뿐만 아니라 때로는 독자가 필자의 수준을 의심하게 만드는 경우가 있어서 특히 주의해야 한다.

일반적으로 공식적인 글을 쓸 때에 대부분의 필자들은 비속어를 사용하지 않는다. 하지만 최근에는 익명성이 보장되는 인터넷상에서 특정 대상을 비난하는 경우에 비속어를 의도적으로 사용하는 빈도가 늘고 있다. 이러한 표현은 올바른 비판이나 정당한 논리는 배제한 채 상대방의 분노를 유발하거나 핵심에서 벗어난 말싸움을 조장하는 것이어서 문제가 된다. 여기에서는 사이버 윤리와 관련된 내용은 제외하고, 비속어라는 인식 없이 습관적으로 잘못 사용하는 비속어에 대해 알아보도록 하자.

ㄱ. 할머니는 이빨이 안 좋으셔서 딱딱하거나 찬 음식은 못 잡수신다.
ㄴ. 그는 모가지가 유난히 길다. 어느 시인이 말한 사슴처럼.
ㄷ. 사람 눈깔이 어떻게 그렇게 생겼을까?

위에서 밑줄 그은 각 단어들에 대한 '표준국어대사전'의 정의를 살펴보면 다음과 같다.

이빨: 「명사」 '이03'를 낮잡아 이르는 말.

모가지: 「명사」 「1」 '목01'을 속되게 이르는 말.

눈깔: 「명사」 '눈알'을 속되게 이르는 말.

이러한 어휘들은 동물에 대해 사용하는 것은 무방하지만, 인간의 신체 기관을 이르는 데 사용해서는 안 된다. '주둥이', '아가리', '대가리' 등도 마찬가지이다.

4. 어문 규정에 맞는 문장

우리는 일정한 어문 규정을 정하여 언어 사용을 하는 모든 사람들이 표준적인 형태를 유지할 수 있도록 하고 있다. 이러한 어문 규정에는 한글 맞춤법, 표준어 규정, 외래어 표기법, 로마자 표기법 등이 있다. 대체로 이 규정들은 단어의 표기와 발음에 관련된 내용이어서 문장까지 확대되지는 않으나, 한글 맞춤법 제5장에 있는 '띄어쓰기'와 부록에 포함되어 있는 '문장 부호'에 대한 내용은 올바른 문장 쓰기와 밀접한 관련이 있다.

1) 띄어쓰기

한글을 만든 세종 시대에도 국왕이나 중국의 황제와 관련한 내용이 나오는 경우 칸을 띄어 쓰거나 줄을 바꾸는 경우가 있었지만 현대와 같은 띄어쓰기는 규정되어 있지 않았다. 공식적으로 띄어쓰기를 어문 규정의 일부로 정한 것은 1933년 조선어학회의 '한글 맞춤법 통일안'이 그 시초라고 할 수 있다. 또한 우리나라 사람에 의해 최초로 본격적인 띄어쓰기가 실시된 자료로는 1896년에 창간한 『독립신문』을 들 수 있다.[9] 띄어쓰기는

---

9   홍윤표(2010)에 따르면 현재까지 알려진 문헌 가운데 가장 최초로 현대와 유사한 띄어쓰기

독자들이 글의 내용을 쉽게 이해하기 위한 장치이다. 띄어쓰기를 어떻게 하느냐에 따라 그 문장의 의미가 달라지기 때문에 띄어쓰기는 의미 전달과 이해에 밀접하게 연관되어 있다. 그런데 우리의 띄어쓰기는 대단히 복잡하고 어렵다.

우리말 띄어쓰기에서 가장 간단하면서도 중요한 규칙은 단어는 조사를 제외하고는 모두 띄어 쓴다는 것이다. 이러한 규정에서 예외가 될 수 있는 내용에 대해서만 간단히 살펴보도록 하자.

일단 "제44항 수를 적을 적에는 '만(萬)' 단위로 띄어 쓴다."라는 규정을 살펴보자. 굳이 '만(萬)' 단위로 띄어 쓰라고 규정을 정한 것은 우리말 자체의 특징과 관련이 있다. 우리말은 숫자 단위의 반복이 만 단위에서 일어난다. '일, 십, 백, 천―만, 십만, 백만, 천만―억, 십억, 백억, 천억―조, 십조, 백조, 천조'에서 보는 바와 같이 우리말은 '십, 백, 천' 등의 단위가 4자리마다 반복되는 것을 알 수 있다. 이러한 우리말의 특성을 고려하여 4자리인 '만(萬)' 단위에서 띄어 쓰도록 한 것이다.[10]

제46항에서 "단음절로 된 단어가 연이어 나타날 적에는 붙여 쓸 수 있다."라는 규정도 원칙에서 어긋난 것처럼 보이지만 "붙여 쓸 수 있다."에서 알 수 있는 바와 같이, 기본적으로는 단어마다 띄어 쓰는 것이 원칙이다. 다만 단음절로 된 경우라서 붙여 쓰는 것을 허용하고 있을 뿐이다. 이러한 점에서 제47항 역시 보조용언은 띄어 쓰는 것이 원칙이나 예외가 허용된 것에 불과하다.

제48항의 '다만'에서 "성과 이름, 성과 호를 분명히 구분할 필요가 있

를 한 문헌은 존 로스(John Ross)의 'Corean Primer'라고 밝히고 있다. 특히 이 자료는 서양인에 의해 최초로 가로쓰기를 하면서 띄어쓰기를 한 책으로 알려져 있다.

10 우리가 흔히 은행 통장 등을 보면 쉼표(,)는 아라비아 숫자 세 자리마다 찍히는 것을 볼 수 있는데, 이러한 표시는 영어의 특성을 그대로 따른 것이라 할 수 있다. 사실 우리말의 특성을 고려한다면 우리의 경우에는 세 자리가 아니라 네 자리, 즉 만(萬) 단위에 쉼표를 찍어야 할 것이다.

을 경우에는 띄어 쓸 수 있다."라는 규정도 원칙은 붙여 쓰는 것이 된다. 이러한 규정을 둔 것은 우리나라 성명 중에는 간혹 성이 2음절인 경우가 있어서 띄어쓰기를 하지 않으면 성을 명확하게 파악하기 어려운 경우가 있기 때문이다. 예를 들어 '황보', '선우', '남궁', '제갈' 등의 성씨를 가진 사람과 '황', '선', '남', '제' 등의 성씨를 가진 사람은 성과 이름을 붙여 쓰면 각각을 구별하기가 어렵다. 그런데 문제는 성과 이름은 원래 각각 하나의 단어로 인정해야 한다는 것이다. 이름 이외에 '호'의 경우도 마찬가지이다. 반대로 '관직어, 호칭명'은 띄어 쓰게 되어 있다.

제49항과 제50항은 하나의 단어인데도 띄어쓰기를 원칙으로 하고 붙여 쓰는 것을 허용하고 있다. 그런데 이러한 단어들의 특징은 하나의 단어 내에 독립적으로 쓰일 수 있는 여러 개의 단어가 함께 포함되어 있는 합성어라는 점이다.

2) 문장 부호

문장 부호에 대한 내용은 1988년에 한글맞춤법을 개정하면서 새롭게 포함되었으며 2015년에 새롭게 개정되었다.

1. 마침표(.)

(1) 서술, 명령, 청유 등을 나타내는 문장의 끝에 쓴다.

젊은이는 나라의 기둥입니다.　　제 손을 꼭 잡으세요.

집으로 돌아갑시다.　　　　　　가는 말이 고와야 오는 말이 곱다.

[붙임 1] 직접 인용한 문장의 끝에는 쓰는 것을 원칙으로 하되, 쓰지 않는 것을 허용한다.(ㄱ을 원칙으로 하고, ㄴ을 허용함.)

ㄱ. 그는 "지금 바로 떠나자."라고 말하며 서둘러 짐을 챙겼다.

ㄴ. 그는 "지금 바로 떠나자"라고 말하며 서둘러 짐을 챙겼다.

[붙임 2] 용언의 명사형이나 명사로 끝나는 문장에는 쓰는 것을 원칙으로 하되, 쓰지 않는 것을 허용한다.(ㄱ을 원칙으로 하고, ㄴ을 허용함.)

ㄱ. 목적을 이루기 위하여 몸과 마음을 다하여 애를 씀.

ㄴ. 목적을 이루기 위하여 몸과 마음을 다하여 애를 씀

ㄱ. 결과에 연연하지 않고 끝까지 최선을 다하기.

ㄴ. 결과에 연연하지 않고 끝까지 최선을 다하기

ㄱ. 신입 사원 모집을 위한 기업 설명회 개최.

ㄴ. 신입 사원 모집을 위한 기업 설명회 개최

ㄱ. 내일 오전까지 보고서를 제출할 것.

ㄴ. 내일 오전까지 보고서를 제출할 것

다만, 제목이나 표어에는 쓰지 않음을 원칙으로 한다.

　　압록강은 흐른다　　　꺼진 불도 다시 보자　　　건강한 몸 만들기

(2) 아라비아 숫자만으로 연월일을 표시할 때 쓴다.

　　1919. 3. 1.　　　　　　10. 1.~10. 12.

(3) 특정한 의미가 있는 날을 표시할 때 월과 일을 나타내는 아라비아 숫자 사이에 쓴다.

　　3.1 운동　　　　　　　8.15 광복

[붙임] 이때는 마침표 대신 가운뎃점을 쓸 수 있다.

　　3 · 1 운동　　　　　　8 · 15 광복

(4) 장, 절, 항 등을 표시하는 문자나 숫자 다음에 쓴다.

　　가. 인명　　　　　ㄱ. 머리말　　　　 I . 서론　　　　 1. 연구 목적

[붙임] '마침표' 대신 '온점'이라는 용어를 쓸 수 있다.

2. 물음표(?)

(1) 의문문이나 의문을 나타내는 어구의 끝에 쓴다.

　　점심 먹었어?　　　　　이번에 가시면 언제 돌아오세요?

　　뭐라고?　　　　　　　네?

[붙임 1] 한 문장 안에 몇 개의 선택적인 물음이 이어질 때는 맨 끝의 물음에만 쓰고, 각 물음이 독립적일 때는 각 물음의 뒤에 쓴다.

　　너는 중학생이냐, 고등학생이냐?

너는 여기에 언제 왔니? 어디서 왔니? 무엇하러 왔니?

[붙임 2] 의문의 정도가 약할 때는 물음표 대신 마침표를 쓸 수 있다.

　도대체 이 일을 어쩐단 말이냐.

　이것이 과연 내가 찾던 행복일까.

다만, 제목이나 표어에는 쓰지 않음을 원칙으로 한다.

　역사란 무엇인가　　　　　　　아직도 담배를 피우십니까

(2) 특정한 어구의 내용에 대하여 의심, 빈정거림 등을 표시할 때, 또는 적절한 말을 쓰기 어려울 때 소괄호 안에 쓴다.

　우리와 의견을 같이할 사람은 최 선생(?) 정도인 것 같다.

　30점이라, 거참 훌륭한(?) 성적이군.

(3) 모르거나 불확실한 내용임을 나타낼 때 쓴다.

　최치원(857~?)은 통일 신라 말기에 이름을 떨쳤던 학자이자 문장가이다.

　조선 시대의 시인 강백(1690?~1777?)의 자는 자청이고, 호는 우곡이다.

3. 느낌표(!)

(1) 감탄문이나 감탄사의 끝에 쓴다.

　이거 정말 큰일이 났구나!　　　어머!

[붙임] 감탄의 정도가 약할 때는 느낌표 대신 쉼표나 마침표를 쓸 수 있다.

　어, 벌써 끝났네.　　　　　　　날씨가 참 좋군.

(2) 특별히 강한 느낌을 나타내는 어구, 평서문, 명령문, 청유문에 쓴다.

　청춘! 이는 듣기만 하여도 가슴이 설레는 말이다. 이야, 정말 재밌다!

　지금 즉시 대답해!　　　　　　　앞만 보고 달리자!

(3) 물음의 말로 놀람이나 항의의 뜻을 나타내는 경우에 쓴다.

　이게 누구야!　　　　　　　　　내가 왜 나빠!

(4) 감정을 넣어 대답하거나 다른 사람을 부를 때 쓴다.

　네!　　　네, 선생님!　　　흥부야!　　　언니!

4. 쉼표(,)

(1) 같은 자격의 어구를 열거할 때 그 사이에 쓴다.

근면, 검소, 협동은 우리 겨레의 미덕이다.

5보다 작은 자연수는 1, 2, 3, 4이다.

다만, (가) 쉼표 없이도 열거되는 사항임이 쉽게 드러날 때는 쓰지 않을 수 있다.

아버지 어머니께서 함께 오셨어요.

네 돈 내 돈 다 합쳐 보아야 만 원도 안 되겠다.

(나) 열거할 어구들을 생략할 때 사용하는 줄임표 앞에는 쉼표를 쓰지 않는다.

광역시: 광주, 대구, 대전……

(2) 짝을 지어 구별할 때 쓴다.

닭과 지네, 개와 고양이는 상극이다.

(3) 이웃하는 수를 개략적으로 나타낼 때 쓴다.

5, 6세기   6, 7, 8개

(4) 열거의 순서를 나타내는 어구 다음에 쓴다.

첫째, 몸이 튼튼해야 한다.   마지막으로, 무엇보다 마음이 편해야 한다.

(5) 문장의 연결 관계를 분명히 하고자 할 때 절과 절 사이에 쓴다.

콩 심은 데 콩 나고, 팥 심은 데 팥 난다.

떡국은 설날의 대표적인 음식인데, 이걸 먹어야 비로소 나이도 한 살 더 먹는다고 한다.

(6) 같은 말이 되풀이되는 것을 피하기 위하여 일정한 부분을 줄여서 열거할 때 쓴다.

여름에는 바다에서, 겨울에는 산에서 휴가를 즐겼다.

(7) 부르거나 대답하는 말 뒤에 쓴다.

지은아, 이리 좀 와 봐.   네, 지금 가겠습니다.

(8) 한 문장 안에서 앞말을 '곧', '다시 말해' 등과 같은 어구로 다시 설명할 때 앞말 다음에 쓴다.

책의 서문, 곧 머리말에는 책을 지은 목적이 드러나 있다.

호준이 어머니, 다시 말해 나의 누님은 올해로 결혼한 지 20년이 된다.

나에게도 작은 소망, 이를테면 나만의 정원을 가졌으면 하는 소망이 있어.

(9) 문장 앞부분에서 조사 없이 쓰인 제시어나 주제어의 뒤에 쓴다.

돈, 돈이 인생의 전부이더냐?

열정, 이것이야말로 젊은이의 가장 소중한 자산이다.

지금 네가 여기 있다는 것, 그것만으로도 나는 충분히 행복해.

저 친구, 저러다가 큰일 한번 내겠어.

그 사실, 넌 알고 있었지?

(10) 한 문장에 같은 의미의 어구가 반복될 때 앞에 오는 어구 다음에 쓴다.

그의 애국심, 몸을 사리지 않고 국가를 위해 헌신한 정신을 우리는 본받아야 한다.

(11) 도치문에서 도치된 어구들 사이에 쓴다.

이리 오세요, 어머님.　　　　　　다시 보자, 한강수야.

(12) 바로 다음 말과 직접적인 관계에 있지 않음을 나타낼 때 쓴다.

갑돌이는, 울면서 떠나는 갑순이를 배웅했다.

철원과, 대관령을 중심으로 한 강원도 산간 지대에 예년보다 일찍 첫눈이 내렸습니다.

(13) 문장 중간에 끼어든 어구의 앞뒤에 쓴다.

나는, 솔직히 말하면, 그 말이 별로 탐탁지 않아.

[붙임 1] 이때는 쉼표 대신 줄표를 쓸 수 있다.

나는―솔직히 말하면―그 말이 별로 탐탁지 않아.

[붙임 2] 끼어든 어구 안에 다른 쉼표가 들어 있을 때는 쉼표 대신 줄표를 쓴다.

이건 내 것이니까―아니, 내가 처음 발견한 것이니까―절대로 양보할 수 없다.

(14) 특별한 효과를 위해 끊어 읽는 곳을 나타낼 때 쓴다.

내가, 정말 그 일을 오늘 안에 해 낼 수 있을까?

이 전투는 바로 우리가, 우리만이, 승리로 이끌 수 있다.

(15) 짧게 더듬는 말을 표시할 때 쓴다.

　　선생님, 부, 부정행위라니요? 그런 건 새, 생각조차 하지 않았습니다.

[붙임] '쉼표' 대신 '반점'이라는 용어를 쓸 수 있다.

5. 가운뎃점(·)

(1) 열거할 어구들을 일정한 기준으로 묶어서 나타낼 때 쓴다.

　　민수·영희, 선미·준호가 서로 짝이 되어 윷놀이를 하였다.

(2) 짝을 이루는 어구들 사이에 쓴다.

　　한(韓)·이(伊) 양국 간의 무역량이 늘고 있다.

　　하천 수질의 조사·분석

다만, 이때는 가운뎃점을 쓰지 않거나 쉼표를 쓸 수도 있다.

　　한(韓) 이(伊) 양국 간의 무역량이 늘고 있다.

　　하천 수질의 조사, 분석

(3) 공통 성분을 줄여서 하나의 어구로 묶을 때 쓴다.

　　상·중·하위권　　　　금·은·동메달　　　　통권 제54·55·56호

[붙임] 이때는 가운뎃점 대신 쉼표를 쓸 수 있다.

　　상, 중, 하위권　　　　금, 은, 동메달　　　　통권 제54, 55, 56호

6. 쌍점(:)

(1) 표제 다음에 해당 항목을 들거나 설명을 붙일 때 쓴다.

　　문방사우: 종이, 붓, 먹, 벼루

　　일시: 2014년 10월 9일 10시

　　흔하진 않지만 두 자로 된 성씨도 있다.(예: 남궁, 선우, 황보)

　　올림표(♯): 음의 높이를 반음 올릴 것을 지시한다.

(2) 희곡 등에서 대화 내용을 제시할 때 말하는 이와 말한 내용 사이에 쓴다.

　　김 과장: 난 못 참겠다.

　　아들: 아버지, 제발 제 말씀 좀 들어 보세요.

(3) 시와 분, 장과 절 등을 구별할 때 쓴다.

오전 10:20(오전 10시 20분) 두시언해 6:15(두시언해 제6권 제15장)

(4) 의존명사 '대'가 쓰일 자리에 쓴다.

65:60(65 대 60) 청군:백군(청군 대 백군)

[붙임] 쌍점의 앞은 붙여 쓰고 뒤는 띄어 쓴다. 다만, (3)과 (4)에서는 쌍점의 앞뒤를 붙여 쓴다.

7. 빗금(/)

(1) 대비되는 두 개 이상의 어구를 묶어 나타낼 때 그 사이에 쓴다.

먹이다/먹히다 남반구/북반구

금메달/은메달/동메달 ( )이/가 우리나라의 보물 제1호이다.

(2) 기준 단위당 수량을 표시할 때 해당 수량과 기준 단위 사이에 쓴다.

100미터/초 1,000원/개

(3) 시의 행이 바뀌는 부분임을 나타낼 때 쓴다.

산에 / 산에 / 피는 꽃은 / 저만치 혼자서 피어 있네

다만, 연이 바뀜을 나타낼 때는 두 번 겹쳐 쓴다.

산에는 꽃 피네 / 꽃이 피네 / 갈 봄 여름 없이 / 꽃이 피네 // 산에 /

산에 / 피는 꽃은 / 저만치 혼자서 피어 있네

[붙임] 빗금의 앞뒤는 (1)과 (2)에서는 붙여 쓰며, (3)에서는 띄어 쓰는 것을 원칙으로 하되 붙여 쓰는 것을 허용한다. 단, (1)에서 대비되는 어구가 두 어절 이상인 경우에는 빗금의 앞뒤를 띄어 쓸 수 있다.

8. 큰따옴표(" ")

(1) 글 가운데에서 직접 대화를 표시할 때 쓴다.

"어머니, 제가 가겠어요." "아니다. 내가 다녀오마."

(2) 말이나 글을 직접 인용할 때 쓴다.

나는 "어, 광훈이 아니냐?" 하는 소리에 깜짝 놀랐다.

"할머니, 편지에 사진을 동봉했다고 하셨지만 봉투 안에는 아무것도 없었어요."

9. 작은따옴표(' ')

(1) 인용한 말 안에 있는 인용한 말을 나타낼 때 쓴다.

그는 "여러분! '시작이 반이다.'라는 말 들어 보셨죠?"라고 말하며 강연
을 시작했다.

(2) 마음속으로 한 말을 적을 때 쓴다.

나는 '일이 다 틀렸나 보군.' 하고 생각하였다.

10. 소괄호(( ))

(1) 주석이나 보충적인 내용을 덧붙일 때 쓴다.

니체(독일의 철학자)의 말을 빌리면 다음과 같다. 2014. 12. 19.(금)

(2) 우리말 표기와 원어 표기를 아울러 보일 때 쓴다.

기호(嗜好), 자세(姿勢)   커피(coffee), 에티켓(étiquette)

(3) 생략할 수 있는 요소임을 나타낼 때 쓴다.

학교에서 동료 교사를 부를 때는 이름 뒤에 '선생(님)'이라는 말을 덧붙
인다.

광개토(대)왕은 고구려의 전성기를 이끌었던 임금이다.

(4) 희곡 등 대화를 적은 글에서 동작이나 분위기, 상태를 드러낼 때 쓴다.

현우: (가쁜 숨을 내쉬며) 왜 이렇게 빨리 뛰어?

"관찰한 것을 쓰는 것이 습관이 되었죠. 그러다 보니, 상상력이 생겼나
봐요." (웃음)

(5) 내용이 들어갈 자리임을 나타낼 때 쓴다.

우리나라의 수도는 (   )이다.   민수가 할아버지(   ) 꽃을 드렸다.

(6) 항목의 순서나 종류를 나타내는 숫자나 문자 등에 쓴다.

사람의 인격은 (1) 용모, (2) 언어, (3) 행동, (4) 덕성 등으로 표현된다.

(가) 동해, (나) 서해, (다) 남해

11. 중괄호({ })

(1) 같은 범주에 속하는 여러 요소를 세로로 묶어서 보일 때 쓴다.

주격	{ 이 }	국가의	{ 영토
조사	{ 가 }	성립 요소	국민 }
			주권

(2) 열거된 항목 중 어느 하나가 자유롭게 선택될 수 있음을 보일 때 쓴다.

아이들이 모두 학교{에, 로, 까지} 갔어요.

12. 대괄호([ ])

(1) 괄호 안에 또 괄호를 쓸 필요가 있을 때 바깥쪽의 괄호로 쓴다.

어린이날이 새로 제정되었을 당시에는 어린이들에게 경어를 쓰라고 하였다.[윤석중 전집(1988), 70쪽 참조]

이번 회의에는 두 명[이혜정(실장), 박철용(과장)]만 빼고 모두 참석했습니다.

(2) 고유어에 대응하는 한자어를 함께 보일 때 쓴다.

나이[年歲]   낱말[單語]   손발[手足]

(3) 원문에 대한 이해를 돕기 위해 설명이나 논평 등을 덧붙일 때 쓴다.

그것[한글]은 이처럼 정보화 시대에 알맞은 과학적인 문자이다.

그런 일은 결코 있을 수 없다.[원문에는 '업다'임.]

13. 겹낫표(『 』)와 겹화살괄호(《 》)

책의 제목이나 신문 이름 등을 나타낼 때 쓴다.

우리나라 최초의 민간 신문은 1896년에 창간된 『독립신문』이다.

『훈민정음』은 1997년에 유네스코 세계 기록 유산으로 지정되었다.

《한성순보》는 우리나라 최초의 근대 신문이다.

윤동주의 유고 시집인 《하늘과 바람과 별과 시》에는 31편의 시가 실려 있다.

[붙임] 겹낫표나 겹화살괄호 대신 큰따옴표를 쓸 수 있다.

우리나라 최초의 민간 신문은 1896년에 창간된 "독립신문"이다.

윤동주의 유고 시집인 "하늘과 바람과 별과 시"에는 31편의 시가 실려 있다.

14. 홑낫표(「 」)와 홑화살괄호(〈 〉)

소제목, 그림이나 노래와 같은 예술 작품의 제목, 상호, 법률, 규정 등을 나타 낼 때 쓴다.

> 「국어 기본법 시행령」은 「국어 기본법」에서 위임된 사항과 그 시행에 필 요한 사항을 규정함을 목적으로 한다.
>
> 이 곡은 베르디가 작곡한 「축배의 노래」이다.
>
> 사무실 밖에 「해와 달」이라고 쓴 간판을 달았다.
>
> 〈한강〉은 사진집 《아름다운 땅》에 실린 작품이다.
>
> 백남준은 2005년에 〈엄마〉라는 작품을 선보였다.

[붙임] 홑낫표나 홑화살괄호 대신 작은따옴표를 쓸 수 있다.

> 사무실 밖에 '해와 달'이라고 쓴 간판을 달았다.
>
> '한강'은 사진집 "아름다운 땅"에 실린 작품이다.

15. 줄표(—)

제목 다음에 표시하는 부제의 앞뒤에 쓴다.

> 이번 토론회의 제목은 '역사 바로잡기 — 근대의 설정 —'이다.
>
> '환경 보호 — 숲 가꾸기 —'라는 제목으로 글짓기를 했다.

다만, 뒤에 오는 줄표는 생략할 수 있다.

> 이번 토론회의 제목은 '역사 바로잡기 — 근대의 설정'이다.
>
> '환경 보호 — 숲 가꾸기'라는 제목으로 글짓기를 했다.

[붙임] 줄표의 앞뒤는 띄어 쓰는 것을 원칙으로 하되, 붙여 쓰는 것을 허용 한다.

16. 붙임표(-)

(1) 차례대로 이어지는 내용을 하나로 묶어 열거할 때 각 어구 사이에 쓴다.

멀리뛰기는 도움닫기-도약-공중 자세-착지의 순서로 이루어진다.

김 과장은 기획-실무-홍보까지 직접 발로 뛰었다.

(2) 두 개 이상의 어구가 밀접한 관련이 있음을 나타내고자 할 때 쓴다.

드디어 서울-북경의 항로가 열렸다.　　　원-달러 환율

남한-북한-일본 삼자 관계

17. 물결표(~)

기간이나 거리 또는 범위를 나타낼 때 쓴다.

9월 15일~9월 25일　　　　　　　　김정희(1786~1856)

서울~천안 정도는 출퇴근이 가능하다.

이번 시험의 범위는 3~78쪽입니다.

[붙임] 물결표 대신 붙임표를 쓸 수 있다.

9월 15일-9월 25일　　　　　　　　김정희(1786-1856)

서울-천안 정도는 출퇴근이 가능하다.

이번 시험의 범위는 3-78쪽입니다.

18. 드러냄표(˙)와 밑줄(＿＿)

문장 내용 중에서 주의가 미쳐야 할 곳이나 중요한 부분을 특별히 드러내
보일 때 쓴다.

한글의 본디 이름은 훈민정음이다.　다음 보기에서 명사가 아닌 것은?

[붙임] 드러냄표나 밑줄 대신 작은따옴표를 쓸 수 있다.

한글의 본디 이름은 '훈민정음'이다.

다음 보기에서 명사가 '아닌' 것은?

19. 숨김표(○, ×)

(1) 금기어나 공공연히 쓰기 어려운 비속어임을 나타낼 때, 그 글자의 수효
만큼 쓴다.

배운 사람 입에서 어찌 ○○○란 말이 나올 수 있느냐?

그 말을 듣는 순간 ×××란 말이 목구멍까지 치밀었다.

(2) 비밀을 유지해야 하거나 밝힐 수 없는 사항임을 나타낼 때 쓴다.

1차 시험 합격자는 김○영, 이○준, 박○순 등 모두 3명이다.

육군 ○○ 부대 ○○○ 명이 작전에 참가하였다.

그 모임의 참석자는 김×× 씨, 정×× 씨 등 5명이었다.

20. 빠짐표(□)

(1) 옛 비문이나 문헌 등에서 글자가 분명하지 않을 때 그 글자의 수효만큼 쓴다.

大師爲法主□□賴之大□薦

(2) 글자가 들어가야 할 자리를 나타낼 때 쓴다.

훈민정음의 초성 중에서 아음(牙音)은 □□□의 석 자다.

21. 줄임표(……)

(1) 할 말을 줄였을 때 쓴다.

"어디 나하고 한번……." 하고 민수가 나섰다.

(2) 말이 없음을 나타낼 때 쓴다.

"빨리 말해!"

"……."

(3) 문장이나 글의 일부를 생략할 때 쓴다.

'고유'라는 말은 문자 그대로 본디부터 있었다는 뜻은 아닙니다. …… 같은 역사적 환경에서 공동의 집단생활을 영위해 오는 동안 공동으로 발견된, 사물에 대한 공동의 사고방식을 우리는 한국의 고유 사상이라 부를 수 있다는 것입니다.

(4) 머뭇거림을 보일 때 쓴다.

"우리는 모두……그러니까……예외 없이 눈물만……흘렸다."

[붙임 1] 점은 가운데에 찍는 대신 아래쪽에 찍을 수도 있다.

"어디 나하고 한번......" 하고 민수가 나섰다.

"실은…… 저 사람…… 우리 아저씨일지 몰라."

[붙임 2] 점은 여섯 점을 찍는 대신 세 점을 찍을 수도 있다.

"어디 나하고 한번…." 하고 민수가 나섰다.

"실은… 저 사람… 우리 아저씨일지 몰라."

[붙임 3] 줄임표는 앞말에 붙여 쓴다. 다만, (3)에서는 줄임표의 앞뒤를 띄어 쓴다.

우선 이전과 달리 온점, 반점의 명칭이 '마침표'와 '쉼표'라는 용어로 바뀌었다. 이전까지 '마침표'는 '온점, 물음표, 느낌표' 등의 상위어였으며, '쉼표' 역시 '반점, 쌍점, 가운뎃점, 빗금' 등의 상위어였다. 그러나 이제는 대중적인 쓰임을 고려하여 '.' 자체를 '마침표', ','를 '쉼표'로 부르게 된 것이다.

마침표와 관련하여 살펴보면 날짜 뒤에 마침표로 생략된 말을 대신하는 경우가 있는데, "1919. 3. 1."과 같이 쓴다. 여기에서 마지막의 일(日)을 나타내는 경우까지 온점을 찍어야 한다는 것에 유의해야 한다. 이는 생략된 것을 나타내기 위한 것이다.

또한 대괄호, 중괄호, 소괄호의 형태와 명칭을 주의하여 살펴보고, 특히 대괄호의 경우에는 '나이[年歲], 낱말[單語], 손발[手足]'과 같이 대괄호 안과 괄호 앞 말의 음이 다를 때 쓰인다는 점에 유의해야 한다. 괄호 안에 괄호를 쓸 경우에는 소괄호 밖에 중괄호가 아니고 대괄호를 쓴다는 점에도 유의해야 한다.

쌍점의 경우에도 사용 방식에서 이전과 차이가 발생했다. 쌍점의 앞은 붙이고 뒤를 띄어 쓰는 경우와 앞뒤를 모두 붙여 쓰는 경우가 있어서 실제로 워드프로세서 등에서 사용할 때 유의해야 한다.

숨김표는 드러내지 않으려고 하는 말의 음절 수만큼 적어야 한다. 최소한 드러내지 않고 하는 내용의 음절 수에 대한 정보는 제공이 되는 셈이다.

또한 이전까지 줄임표의 경우에는 가운데에 여섯 개의 점을 찍는 것으로 되어 있었는데 이번에는 아래쪽에 세 점을 찍을 수도 있게 하여 보다 편리하게 제시했다.

이전까지는 가로쓰기와 세로쓰기에서 서로 다른 문장 부호를 사용하는 경우가 있었는데, 이번에 개정이 되면서 세로쓰기를 위한 문장 부호는 따로 정하지 않게 되었다. 현실적으로 세로쓰기로 쓰는 경우가 거의 없기 때문인 것으로 보인다. 그런데 이렇게 가로쓰기만을 전제로 문장 부호를 정하게 되면서 이전과 차이가 발생했다. 이전까지의 규정에는 가로쓰기의 '큰따옴표'에 대응되는 세로쓰기의 문장 부호는 '겹낫표'이고, '작은따옴표'에 대응하는 문장 부호는 '(홑)낫표'라고 되어 있는데, 이번에는 '겹낫표'와 '홑낫표'의 규정을 따로 정했고 이전까지 없었던 '겹화살괄호'와 '홑화살괄호' 관련 규정을 추가했다.

01 다음 중 문장의 의미가 중의적이지 <u>않은</u> 것은? ( )

① 그는 현실과 꿈을 이어 주는 다리 역할을 했다.

② 저 앞쪽 위에 걸린 것이 할아버지의 그림이다.

③ 자, 모두들 이 분들의 손에 있는 이 못을 좀 봐요.

④ 이상하게도 그때부터 아이가 공부를 열심히 안 한다.

⑤ 기업을 경영하시는 선배의 부인은 요즘 외국에 계신다.

02 다음 중 우리말 문장 표현으로 올바른 것은? ( )

① 고객님, 흥분하지 마시고 제 말씀 좀 들어 보세요.

② 풀이 잘 발려진 상태가 아니면 겉장이 잘 안 붙어요.

③ 얘가 칠칠맞게 하는 일마다 완전히 죽을 쒀 놓고 있구만.

④ 이곳은 전체가 금연 구역이니 담배는 삼가해 주시기 바랍니다.

⑤ 무슨 말도 안 되는 소리에요. 이 문제는 그 건과는 완전히 틀려요.

03 밑줄 친 단어 중 우리말의 표기법으로 알맞은 것은? ( )

① 할아버지께서 <u>대노</u>하셔서 나를 꾸짖으셨다.

② 이상하게 <u>쌍지읏</u>이 잘 안 써지고 쌍시읏이 쓰인다.

③ 그는 <u>웃옷</u>으로 두터운 코트 하나만 걸치고 나갔다

④ 아이가 <u>덧</u>이 때문에 크게 웃지도 못한다.

⑤ 그 옷에 <u>잣주름</u>을 잡아서 뭐 하려고?

04 밑줄 친 부분의 활용이 옳지 <u>않은</u> 것은? (　)

① 다시 생각해 보니 내 생각과 달리 네 말이 <u>맞는다</u>.

② 유달리 <u>가문</u> 그해 봄에는 황사도 많이 왔다고 한다.

③ 나는 <u>저린</u> 어깨 때문에 가방을 제대로 들 수가 없다.

④ 누구든지 그 모임의 분위기에 <u>걸맞는</u> 옷 좀 골라 주세요.

⑤ 어부의 말을 <u>빌리면</u> 토종 어종은 거의 씨가 말랐다고 한다.

05 다음 중 우리말 표기법에 따라 바르게 적은 문장은? (　)

① 사람이 무슨 토끼냐? 깡총깡총 뛰게.

② 지금 신발 벗은 사람 누구야? 아, 코린내.

③ 그 점장이가 항아리 안의 쥐가 수쥐인 것을 맞혔다네.

④ 비가 안 오니 햇님이 방끗 웃는 하늘이 그리 반갑지 않다.

⑤ 왠일로 귀한 몸께서 오늘은 이렇게 누추한 곳까지 행차하셨나?

06 다음 문장에서 밑줄 친 단어의 쓰임이 적절한 것은? (　)

① 바람도 안 불었는데 이상하게 문이 저절로 <u>닫혔다</u>.

② 약을 <u>다리다가</u> 시간을 넘겨서 모두 태워 버린 일이 있다.

③ 맛있는 김치를 만들기 위해서는 우선 배추를 잘 <u>저려야</u> 한다.

④ 이번 퀴즈 대회에서 나는 누구보다도 빨리 많은 문제를 <u>맞혔다</u>.

⑤ 장신구 중에서도 여성들의 관심이 큰 상품이 <u>귀거리</u>라고 할 수

있다.

07 다음 중 우리말의 맞춤법에 따라 바르게 적은 문장은? ( )

① 일을 터지고 사흘날이 지나니 언론에서 비난이 시작되었다.

② 그런데 대체 오늘이 며칠이냐? 10일에 난 치과 예약했는데.

③ 가정통신문 가정난에 소풍 날짜에 대한 안내가 있다고 하던데.

④ 상대가 저렇게 키가 큰데 그 정도로 되겠어. 더 높히 손을 올려야지.

⑤ 아니 저기 지금 재털이가 있잖아. 왜 아무 데나 담배꽁초를 버리는 거야?

08 다음 중 우리말 띄어쓰기 규정에 따라 바르게 쓴 것은? ( )

① 제∨7회∨경찰∨공무원∨시험∨공채

② 일억이천삼백∨사십오만육천∨칠백팔십구

③ 좀더∨열심히∨할만∨한∨사람만∨찾아∨보자.

④ 이것이∨바로∨오늘∨우리나라∨대한민국의∨현실

⑤ 사흘∨전∨지난∨주에는∨아무거나∨해도∨좋다고∨했다.

09 다음 중 우리말 문장 부호의 쓰임이 알맞은 것은? ( )

① 오늘 날짜는 2015. 6. 23.(화)이다.

② 나는 예전이나 지금이나 배(梨)를 좋아한다.

③ 그는 속으로 "이대로는 못 간다."라고 생각했다.

④ 산에 \ 산에 \ 피는 \ 꽃은 \ 저만치 \ 혼자서 \ 피어 \ 있네

⑤《서시》는 〈하늘과 바람과 별과 시〉에 실린 작품이다.

10 다음 글을 보고 잘못된 부분을 바르게 수정해 보자.

> 감기가 걸려도, 몸이 아파도, 약 한 번 제대로 써 보지 못했다 했지. 태교는 커녕 몸의 괴로움을 견디기 마저, 숨을 들이쉬고 내쉬는 것조차 버겁다 했지. 골막한 배에, 호흡이 어려워도, 내일 당장 죽을 것만 같아도 버릴 수 없다고 했지. 홀로 그렇게 야위어진 몸으로 반나절의 산통을 겪고, 몸무게가 미달인 조그마한 아이를 낳았지. 너무 못 생겨서 보기 싫다했지만, 그 아이를 얻었을 때의 기쁨을 눈물 한 방울로 표현하였다 했지. '사랑한다'라고 내게 조용히 말했었지.

•••••
해답

1 ① 2 ① 3 ③ 4 ④ 5 ② 6 ④ 7 ② 8 ④ 9 ①

10.
감기에 걸려도, 몸이 아파도, 약 한번 제대로 써 보지 못했다 했지. 태교는커녕 몸의 괴로움을 견디기마저, 숨을 들이쉬고 내쉬는 것조차 버겁다 했지. 볼록한 배에, 호흡이 어려워도, 내일 당장 죽을 것만 같아도 버릴 수 없다고 했지. 홀로 그렇게 야윈 몸으로 반나절의 산통을 겪고, 몸무게가 미달인 조그마한 아이를 낳았지. 너무 못생겨서 보기 싫다 했지만, 그 아이를 얻었을 때의 기쁨을 눈물 한 방울로 표현하였다 했지. "사랑한다."라고 내게 조용히 말했었지.

3장

문단 구성의 원리

문단은 하나의 완결된 생각을 담은, 생각의 단위다. 문단 구성의 원리를 익혀 생각을 정리하는 방법과 자연스러운 글의 요소에 대해 고민해 보자.

1. 문단의 개념과 특징

문단은 문장들이 모여서 구성되며 하나의 완결된 생각을 표현하는 글의 단위이다. 한 편의 글은 이러한 문단이 모여 이루어진 것으로 글쓰기에서 문단 구성은 매우 중요하다.

문단의 가장 큰 특징은 그 속에 하나의 완결된 생각이 담겨 있다는 점이다. 즉, 문단은 길이의 단위가 아니라 생각의 단위이다. 따라서 서로 다른 생각을 표현하고자 한다면 각각 별개의 문단으로 나누어야 한다. 이 때 한 칸 들여쓰기를 한다. 이렇게 글쓴이의 생각이 바뀔 때마다 문단이 나뉘기 때문에 읽는 사람은 글의 내용을 더욱 쉽고 분명하게 이해할 수 있다.

그러나 문단이 잘 구성되지 못하면 글 전체 흐름이 자연스럽지 못하거나 글의 논리성이나 통일성이 떨어질 수 있다. 개개의 문장들이 아무리 좋다고 하더라도, 그 문장들을 모아 놓은 문단 구성이 잘못되거나 문단들을 잘못 배열하면 독자는 그 글을 이해하기 어렵다.

2. 문단의 요건

여러 개의 문장들이 모여 이루어지는 문단이 제대로 성립되기 위해서는 문장들이 모이는 나름의 질서가 있어야 한다. 그것이 바로 통일성과 일관성이다.

1) 문단의 통일성

문단을 이루는 모든 문장은 문단을 통해 전달하려는 한 가지 목표를 지향해야 한다. 이것이 문단의 통일성이다.

문단의 통일성을 갖추기 위해서는 다음과 같은 점을 생각해야 한다. 먼저, 하나의 문단 내에서는 반드시 하나의 소주제만을 다루어야 한다. 문단 내에 소주제가 둘 이상이 되면 그 문단은 혼란스러워진다. 불가피하게 둘 이상의 화제를 다루어야 한다면 그 두 화제를 하나의 더 큰 주제로 통합하는 과정이 필요하고, 이때 그 문단의 소주제는 통합된 주제로 제시해야 한다.

둘째, 소주제는 보다 명확하고 한정된 개념으로 설정해야 한다. 소주제가 선명하지 않으면 그와 관련된 여러 가지 내용이 글 속에 들어오게 되어 문단은 결국 잡다한 문장들로 가득하게 된다. 또한 소주제가 선명하지 않으면 그것을 설명하는 데 사용될 구체적인 실례를 제시하지 못해 글의 내용이 명확하지 않을 수 있다.

셋째, 소주제와 관련 없는 뒷받침 문장을 사용해서는 안 된다. 한 문단을 구성할 때 자칫 문단의 소주제와 관련이 없는 문장이 삽입되기도 한다. 이를 피하기 위해서는 앞 문장과의 의미 연결 관계뿐만 아니라 소주제와의 의미 연결 관계도 고려하여 문단을 구성해야 한다.

▶ **통일성을 갖춘 예** ···

혈액형 성격 결정론은 20세기 초 유럽에서 유행한 우생학의 영향을 받았다.

우생학은 인종 간에 우열이 있다는 말도 안 되는 사이비 학문으로 나치 독일의 유태인 대량 학살에 이론적 근거를 제공해 주기도 했다. 혈액형에 따라 인종 간에 우열이 있다는 이론은 일본에 수입되어 '인종'이 '성격'으로 조금 부드럽게 바뀌어 소개된 후 큰 인기를 끌었고 이것이 그대로 우리나라에 수입되었다.
— 오기현,『혈액형과 성격』, 다은출판사, 2011.

위 문단은 '혈액형 성격 결정론은 우생학의 영향을 받았다'라는 소주제에 관한 내용이다. 이 문단은 '나치 독일이 우생학을 적용하여 인종차별을 조장', '제국주의 일본이 이를 수입, 인종이 성격으로 바뀜', '이것이 우리나라에 수입됨'과 같이 혈액형 성격 결정론의 유래를 제시하여 혈액형과 성격이 무관하다는 중심 내용을 통일성 있게 나타내었다.

▶ 통일성을 갖추지 못한 예

장애인을 돕는 데도 구체적인 기술이 필요하다. 예를 들어, 시각 장애인을 도와준다고 방문이나 차 문을 열어 주면 문에 부딪히거나 위치를 못 잡아 넘어질 수 있다. 손잡이에 손이 닿도록 안내해야 한다. 안내견을 함부로 쓰다듬는 것도 위험하다. 안내견의 주의가 분산되어 시각 장애인을 제대로 인도하지 못할 수 있다. 어떻게 장애를 갖게 되었는지 먼저 물어보지 않는 것이 좋다. 장애인 자신이 이야기하고 싶을 때 이야기할 것이다. 엘리베이터를 탈 때에는 장애인을 잡아 주는 것보다 완전히 탈 때까지 문을 잡아 주는 것이 좋다.

위 문단은 '장애인을 돕는 데 구체적인 기술이 필요하다'라는 소주제에 관한 내용이다. 그런데 밑줄 친 문장은 다른 뒷받침 문장과 성격이 다르다. 다른 뒷받침 문장들은 이 문단의 소주제를 뒷받침하는 예시로 어떤 물리적 상황에서의 기술에 관한 내용인데, 밑줄 친 문장은 정서적인 기술에 관한 내용이다. 위 문단이 통일성을 갖추려면 밑줄 친 문장을 삭제하거나 다른 뒷받침 문장과 동일한 성격의 문장을 제시해야 한다.

2) 문단의 일관성

문단 전체의 중심 생각을 드러내기 위해서는 각 문장의 의미가 서로 긴밀하게 연결되어야 한다. 이는 문단을 구성하는 각 문장의 의미가 서로 논리적으로 연결되어 있는 상태를 의미한다.

문단의 일관성은 형식과 내용의 일관성을 바탕으로 이루어진다.

문단의 일관성을 유지하기 위해서는 첫째, 형식적 일관성을 고려하여야 한다. 하나의 문단에 사용된 문장들 사이에서 겉으로 드러나는 글의 장치들이 그 연결 관계의 일관성을 드러내거나 암시하는 경우를 문단의 형식적 일관성이라고 한다. 이러한 장치로는 문장과 문장 사이에 접속어를 사용하여 이어 주는 방식이 있다. '그러나, 그리고, 그러므로, 그런데, 요컨대, 다시 말하면' 등과 같은 접속어는 각각 역접이나 순접, 혹은 인과 관계, 요약 등을 나타내면서 앞 문장과 뒷 문장 사이의 관계를 표시해 주는 단어들이다. 이러한 접속어들을 사용할 경우 문장과 문장 사이의 관계가 보다 명확하게 드러난다는 장점이 있다. 글을 쓰는 사람도 자신의 글이 흘러가는 방향을 쉽게 표현할 수 있고 독자도 필자의 생각을 쉽게 따라잡을 수 있다. 그러나 접속어를 잘못 사용하거나 너무 자주 사용하면 오히려 의미구성과 전달에 방해가 되므로 꼭 필요한 경우에 적합하게 사용해야 한다.

문단의 일관성을 유지하기 위해서는 둘째, 내용적 일관성을 고려하여야 한다. 하나의 문단에 사용된 문장들이 내용적으로 밀접한 관련을 맺으며 연결되는 것이 내용적 일관성이다. 내용적 일관성은 겉으로 드러나는 표면적 장치들을 사용하는 형식적 일관성과는 달리, 문장과 문장 사이에 일정한 질서를 부여하며 그 질서에 따라 글을 써 내려 가는 것을 말한다.

그러므로 내용적 일관성을 확보하기 위해서는 쓰고자 하는 글의 성격에 알맞은 문장을 논리적으로 배열하여야 한다.

▶ **일관성을 갖춘 예**

일기를 쓰면 글쓰기 능력을 기를 수 있다. 일기는 오늘 일어난 일이나 느낌을 떠올려 자유로운 형식으로 쓰는 글이다. 그래서 다른 종류의 글에 비하여 부담이 덜하다. 자신감을 갖고 꾸준히 일기를 쓰면서 자신의 생각과 느낌을 표현하면 자연스럽게 문장력이 향상된다. 또한 일기는 편지, 시, 주장하는 글 등 어떤 형태로 써도 상관이 없으므로 다양한 장르의 글쓰기를 연습할 수도 있다.

위 문단은 '일기를 쓰면 쓰기 능력을 기를 수 있다'라는 소주제에 관한 내용이다. 이 소주제에 대한 뒷받침 내용으로, 일기 쓰기는 다른 글에 비하여 부담이 덜하여 자신감을 갖고 매일 쓰면 문장력이 향상된다는 점과 여러 가지 형식의 글을 써 볼 수 있어 글짓기 전반에 걸친 연습을 할 수 있다는 점을 제시하였다. 이 문단에서는 중심 문장을 문단의 첫머리에 두었으며, "그래서", "또한" 등의 이어 주는 말을 사용하여 중심 문장과 뒷받침 문장들이 연결되므로 문단의 일관성이 있다.

▶ **일관성을 갖추지 못한 예**

생일 선물은 주고받는 사람을 기쁘게 한다. 하지만 지나치게 비싼 선물을 하지 말아야 한다. 비싼 선물이 오가다 보면 점점 비싼 걸 좋아하게 되고, 친구의 마음을 선물 가격으로 비교하게 된다. 초대를 받은 사람은 비싼 선물을 준비하느라 마음에 부담이 된다. <u>값비싼 선물은 보기도 좋고 생일잔치를 더욱 빛나게 한다.</u> 마음은 있어도 선물 살 돈이 없는 친구들은 함께 어울리지 못한다.

앞의 문단은 '생일 선물은 마음의 선물이 중요하다'라는 소주제에 대한 내용이다. 그런데 밑줄 친 문장은 값비싼 생일 선물의 필요성에 대한 내용이므로 앞뒤 문장이 연결되지 않아 문단의 중심 내용을 뒷받침하지 못한다. 이 문단에는 소주제문의 내용에 어긋나는 문장이 있으므로 문단의 일관성이 부족하다.

3. 문단의 구조

하나의 문단에는 전달하고자 하는 핵심 내용을 담고 있는 문장과 그 문장을 지원하는 문장이 있다. 전자를 중심 문장이라고 하고, 후자를 뒷받침 문장이라고 한다. 다시 말하면, 중심 문장이란 그 문단의 중심 생각을 표현하는 것이고, 뒷받침 문장은 중심 생각을 지원하고 상세하게 하는 것이다.

문단의 중심 문장은 글 전체와 비교할 때 작은 주제를 구성하므로, 경우에 따라서는 '소주제 문장'이라고도 부른다. 이 소주제 문장(문단의 중심 문장)에 의해 표현되는 주제가 바로 소주제(중심 내용)이다.

소주제를 문장 단위로 표현한 것을 '소주제문'이라고 한다. 그러나 소주제문만으로는 필자가 전달하고 싶은 내용을 독자들에게 제대로 전달할 수가 없다. 그것을 구체적으로 설명하고 증명하거나 논증하는 과정이 필요하다. 이를 위해 소주제문을 위한 여러 문장들이 함께 따라오게 되는데 이들 문장들은 하나의 주제를 위해 동원된 것이므로 소주제문을 위한 '뒷받침 문장'이라고 한다.

1) 소주제문의 특성
소주제문은 하나의 문단에서 표현하고자 하는 필자의 생각을 구체적이고 생생하게 드러내는 집약된 문장이다. 이 소주제문은 문단에서 직접적으로 드러나기도 하지만 그렇지 않을 때도 있다.

소주제문은 문단 전체의 내용을 포괄할 수 있도록 완전한 문장 형태로 진술하는 것이 좋다. 예를 들어 '여가 시간에는 독서 활동을 하는 것이 좋다.'와 같이 나타내야 한다.

또한 소주제문은 짧고 간결해야 한다. 소주제문을 쓸 때에는 꾸며 주는 말을 붙이는 것을 피하고, 문단의 중심 내용이 분명하게 나타나도록 써야 한다. 소주제문이 지나치게 길면 독자가 글 내용을 파악하는 데 어려움을 겪게 된다.

2) 뒷받침 문장의 특성

뒷받침 문장은 중심 문장을 보조하는 문장으로서 중심 문장을 뒷받침해 주는 구실을 한다. 그러므로 뒷받침 문장은 중심 문장과 관련된 내용이어야 한다. 중심 문장과 관련이 없는 문장을 쓰면 글의 초점이 흐려지게 되어 통일성이 결여된다.

문단의 모든 뒷받침 문장들은 소주제를 중심으로 긴밀하게 연결되어야 한다. 문단의 뒷받침 문장을 연결하는 방식은 시간적 배열, 공간적 배열, 논리적 배열로 나누어 볼 수가 있다. 뒷받침 문장은 사람들이 중심 문장을 쉽게 이해할 수 있도록 구체적으로 자세하게 풀어 써야 한다. 타당한 근거, 예시, 구체적인 사실 등을 써 주는 것이 좋다.

뒷받침 문장들이 충분히 제시되어 독자가 문단의 소주제를 잘 납득할 수 있을 때 그 문단은 좋은 문단이다. 반면 뒷받침 문장이 충분하지 못하거나, 별다른 내용 없이 단순히 동일한 내용이 반복되거나, 근거나 이유가 제시되지 않아 문단의 소주제가 효과적으로 드러나지 못할 때 그 문단은 좋은 문단이 아니다.

좋은 문단을 쓰기 위한 방법에는 소주제문을 좀 더 구체적이고 알기 쉬운 내용의 뒷받침 문장들로 풀이하는 부연하기, 보기를 들어 알기 쉽게 진술하는 예증하기, 중심 문장에 대한 근거 들기 등이 있다.

문단은 글의 성격과 종류에 따라 그 방식이 다를 수 있다. 소설의 문단, 학술논문의 문단, 수필의 문단, 논설문의 문단, 설명문의 문단, 칼럼의 문단이 모두 같을 수는 없기 때문이다. 따라서 글 내용의 쉽고 어려움, 글의 성격, 독자의 성격 등을 종합적으로 고려해서 문단을 나누어야 한다.

보통 소설과 같은 서사문은 시간이나 장면, 사건이나 인물이 바뀔 때 문단을 바꾸기도 한다. 학술논문과 같이 논리적이고 내용이 무겁게 느껴지는 글에서는 문단이 지니는 의미가 더욱 중요해진다. 글을 얼마나 논리적이고 체계적으로 쓰고 있는지를 직접적으로 보여 주는 것이 문단이기 때문이다.

예시글

달밤

성북동으로 이사 나와서 한 대엿새 되었을까, 그날 밤 나는 보던 신문을 머리맡에 밀어 던지고 누워 새삼스럽게,

"여기도 정말 시골이로군!"

하였다.

무어 바깥이 컴컴한 걸 처음 보고, 시냇물 소리와 쏴 – 하는 솔바람 소리를 처음 들어서가 아니라 황수건이라는 사람을 이날 저녁에 처음 보았기 때문이다.

그는 말 몇 마디 사귀지 않아서 곧 못난이란 것이 드러났다. 이 못난이는 성북동의 산들보다, 물들보다, 조그만 지름길보다, 더 나아가 성북동이 시골이란 느낌을 풍겨 주었다.

(후략)

— 이태준, 「달밤」, 『중앙』, 1933.

어린이 보행 안전

　늘어나는 자동차로 인하여 교통사고가 심각한 사회 문제가 되고 있다. 신문이나 뉴스를 보면 거의 날마다 교통사고에 대한 소식이 나온다. 어린이 교통사고는 전체 교통사고 가운데 그 비율이 매우 낮다. 그러나 교통사고로 사망하는 유형을 살펴보면, 보행 중에 교통사고로 사망하는 어린이의 비율이 매우 높다. 어린이의 생명을 지키려면 보행 중 어린이의 교통사고를 줄이는 방법을 찾아야 한다.

　어린이 보행 사고를 줄이는 방법은 무엇일까? 먼저 운전자에게 어린이 보행 안전에 대한 교육을 철저히 해야 한다. '연령층에 따른 보행자의 사상자'에 대한 그래프를 보면, 보행 중에 14세 미만 어린이의 사망자는 15세부터 20세 이하보다 높게 나타났다. 어린이는 위험에 대처하는 능력이 미숙하기 때문에 큰 사고로 이어질 가능성이 아주 높다. 그러므로 운전자에게 어린이 보행자를 보호할 수 있는 안전 교육을 실시하여 어린이 보행 사고가 나지 않도록 해야 한다.

　(후략)

　서사문인 「달밤」은 시간의 흐름에 따라 문단이 나눠지고, 「어린이 보행 안전」과 같은 논설문은 어린이 교통사고 실태와 어린이 교통사고를 줄이기 위한 방안으로 문단이 나눠진다. 문단 구분은 이처럼 글의 종류나 목적 등에 따라 다양하다.

4. 문단의 기능

　한 편의 글 속에 사용되는 여러 개의 문단들은 나름의 역할을 한다. 좋은 글은 각 문단이 그 기능에 따라 적절하게 배치된 글이라고 할 수 있다.

문단들을 적절하게 배치하기 위해서 각 문단의 기능을 고려하여야 한다. 서정수(1991)가 언급한 문단의 성격과 유형을 바탕으로 문단의 기능을 제시하면 다음과 같다.[1]

1) 도입 문단

도입 문단은 글의 첫머리에 놓이는 단락으로서 글의 방향이나 목적을 알려주고, 독자의 관심을 불러일으키는 역할을 한다. 특정한 글에서는 곧바로 일반 문단으로 시작될 수도 있으나 대부분의 글에서는 본격적인 전개에 앞서 문제 상황 제기, 실태 제시, 사건 제시 등의 예비적인 도입 문단이 제시된다. 다음은 도입 문단의 예이다.

▶ **도입 문단의 예**

쓰기 교육에서 학생 글에 대해 교사가 피드백을 해 주는 것은 학생 필자의 쓰기 능력을 발달시키기 위한 교육적 처치로서 매우 중요하다. 그러나 그간 쓰기 교육에서 학생이 쓴 글에 대해 어떻게 피드백을 할 것인지에 대해 교사들이 충분히 연구하는 경우가 많지 않으며, 특히 초등학습자를 대상으로 한 연구가 매우 부족하다. 또한 교육 현장에서 교사들은 감각과 경험에 의존하여 피드백을 제공하는 경우가 많은데 그마저도 충분하지 못한 실정이다.

2) 전환 문단

전환 문단은 어느 지점까지의 서술된 내용을 간추리면서 그 이후의 서술 방향을 제시하는 역할을 한다. 짧은 글에서는 독자가 글의 방향을 쉽게 기억할 수 있으므로 전환 문단이 필요하지 않을 수 있다. 문단 앞뒤 접속

---

[1] '4. 문단의 기능'에 제시된 문단의 예는 하근희(2013), 이미경(2015), 송민주(2015), 김영부(2015) 학위논문에서 발췌함.

부사 등의 표지어로 충분하다. 그러나 긴 글의 경우에는 중간 부분에 전환 문단을 제시하여 독자가 방향 감각을 잃지 않도록 해 줄 필요가 있다. 다음은 전환 문단의 예이다.

▶ **전환 문단의 예**

그렇다면 기존 학자들은 교과서의 통합 단원 구성 방식에서 주제를 어떻게 설명하고 있는지 알아보고, 이를 국어과에 적용하여 논의를 확장시켜 보자.

3) 예시 문단

예시 문단은 제시된 중심 문단의 내용을 쉽게 이해할 수 있도록 구체적인 보기를 들어 독자와의 공감대를 형성하는 기능을 한다. 다음은 예시 문단의 예이다.

▶ **예시 문단의 예**

글쓰기를 싫어하는 학습자에게 학급 홈페이지에 축구에 대한 글을 써야 하는 과제가 주어진 경우를 생각하여 보자. 이 학생은 이전에 글을 성공적으로 쓴 경험이 적을 것이다. 그런데 이번 과제에서는 도구로 컴퓨터를 활용할 수 있고, 주제 또한 학습자가 평소에 좋아하는 것일 수 있다. 이런 경우 창작에 대한 태도는 비교적 긍정적으로 형성된다. 이 학생의 경우는 이전의 태도는 부정적이었으나, 이번 과제에 대한 태도는 상당히 긍정적일 것으로 기대된다. 이렇게 독자가 갖고 있는 이전에 형성된 태도와 텍스트에 대한 인상은 같을 수도 있지만 다를 수도 있다.

4) 종결 문단

종결 문단은 한 편의 글을 끝맺는 기능을 한다. 종결 문단에는 한 편의 글을 요약하거나 주제를 상기시키고 전망하는 내용을 쓴다. 종결 문단을 쓸 때에는 도입 문단이나 전개 문단에서 말한 내용과 다른 새로운 내용을 가져와서는 안 된다. 글의 마지막 문단에 새로운 내용이 들어오게 되면 그 내용에 대한 논증이나 설명의 과정을 거치지 않았기 때문에 독자가 납득하기 어렵다. 또한 새로운 내용은 마무리로서의 성격에도 부합하지 않는다. 다음은 종결 문단의 예이다.

▶ **종결 문단의 예**

이 글에서 제시한 자기주도 학습을 위한 교과서 모형은 기초적인 단계의 연구이다. 개발된 모형의 효과를 검증해 보고, 학습자의 발달 단계를 고려하여 심층적으로 고찰하고, 모형을 바탕으로 한 교과서 구성 방법을 다양하게 생각해 보아야 할 것이다.

5) 주 문단과 종속 문단

주 문단과 종속 문단은 서로 짝을 이룬다. 주 문단은 일반적으로 그 글에서 다룰 소주제를 개괄해서 보여 주고, 종속 문단은 주 문단에서 언급한 소주제를 각각 하나의 단락으로 뒷받침하여 펼치는 역할을 한다. 주 문단과 종속 문단으로 이렇게 짝을 이루는 경우는 주 문단에서 언급한 소주제가 매우 중요하여 종속 문단에서 좀 더 깊이 있게 다루어야 할 때 많이 활용된다. 다음은 그 예이다.

▶ **주 문단과 종속 문단의 예**

국어 교과서의 자기주도 학습에 관한 연구를 탐색하기 위해 타 교과의 자기주도 학습과 관련된 교과서 연구와 국어 교과서와 관련된 연구를 살펴보았다.

먼저, 타 교과의 자기주도 학습과 관련된 교과서 연구로는……

(하략)

....

이와 같이 한 편의 글에 있는 여러 개의 문단이 제각기 다양한 기능을 하는 것을 살펴보았다. 평소에 글을 읽으면서 글을 구성하는 각 문단의 기능을 파악해 보는 연습을 하면 좋은 글을 쓰는 데 많은 도움이 될 것이다. 글쓰기 과제에 따라 문단의 기능을 고려하여 글 쓰는 연습을 많이 해야 한다.

5. 문단 내의 전개 방식

문장과 문장이 이어져 하나의 문단을 이루는 것을 '문단의 전개'라 하는데, 문단을 구성하는 방식에는 여러 가지가 있을 수 있다. 물론 한 문장이 하나의 문단을 이룬다면 구성 방식에 대한 고려가 필요하지 않겠지만, 두 개 이상의 문장이 모여 하나의 문단을 이루고 있다면 그 문장들의 위치를 고려하여야 한다.

각각의 문단은 주제 문장의 위치에 따라 표현 방식과 효과가 다르다. 두괄식 문단은 주제 문장을 문단의 맨 앞에 두는 방식으로 글을 읽는 사람이 내용을 쉽게 파악할 수 있어 글쓴이의 주장이나 의견을 강하게 전달하고자 할 때 효율적이다. 이에 비해 미괄식 문단은 주제 문장을 문단의 끝에 두는 방식으로 독자의 흥미를 유지하면서 끝 부분에 주제를 배치함으로써 극적으로 결론을 제시하는 효과를 얻을 수 있다. 이를 구체적으로 살펴보자.

1) 두괄식 문단

두괄식 문단은 중심 문장이 문단의 맨 앞에 위치한 문단이다. 두괄식 문단 구성의 장점은 중심 문장을 문단의 처음에 두고 뒷받침 문장들을 그 뒤에 놓음으로써 처음부터 독자의 관심을 집중시킬 수 있다는 것이다. 또, 문단의 초점이 뚜렷하여 내용이 엉뚱한 방향으로 벗어나거나 산만해질 우려가 적다. 그래서 글쓰기에서 가장 많이 사용하는 방식이며, 가장 권장하는 문단 구성 유형이다.

> **▶ 두괄식 문단의 예** ....
>
> 첫째, 대기 오염은 각종 질환을 유발한다. 대기 오염을 일으키는 주원인인 아황산가스는 허파나 기도에 손상을 주어 호흡기 질환을 일으킨다. 또 오존층의 파괴로 인해 강한 자외선이 피부암을 일으키고 백내장 등의 질환을 유발한다.
>
> ....

2) 미괄식 문단

미괄식 문단은 중심 문장이 문단의 맨 끝에 위치한 문단이다. 뒷받침 문장들을 먼저 쓰고 문단의 맨 마지막에 중심 문장을 씀으로써 중심 문장이 문단의 내용을 요약하는 구실을 한다. 따라서 미괄식 문단은 독자에게 문단의 마지막까지 지속적으로 흥미를 갖게 하는 장점이 있다. 하지만 자칫 글이 엉뚱한 방향으로 전개될 가능성도 있으므로 필자의 주의가 많이 요구된다.

> **▶ 미괄식 문단의 예** ....
>
> 사람이 살아가는 데에는 여러 가지 지켜야 할 일이 많다. 그중에서도 규칙은 기본 질서를 지키기 위한 것이라고 볼 수가 있다. 규칙은 서로 간의 약속 같은 것이어서 지키지 않으면 아무 소용이 없다. 여럿이 함께 살아가는 사회 집

단에서는 규칙이 필수적이다. <u>그러므로 규칙을 잘 지키자.</u>

3) 양괄식 문단

양괄식 문단은 두괄식과 미괄식이 혼합된 방식이다. 양괄식 문단은 중심 문장을 문단의 처음에 쓰고, 끝에 한 번 더 써 줌으로써 중심 내용을 강조하는 효과가 있다. 이 경우 소주제문은 앞과 뒤에 두 번 나타나고, 뒷받침 문장은 그 사이에 위치하게 된다. 이것은 뒷받침 문장이 많아서 논의가 초점에서 벗어날 우려가 있는 경우나, 소주제문을 강조하여 독자에게 보다 뚜렷하게 각인시키고 싶을 때 사용하는 방식이다. 그런데 앞의 소주제문과 뒤의 소주제문이 완전히 동일하면 지루해질 수 있으므로 그 의미를 훼손시키지 않는 범위 내에서 약간의 변형을 가하는 것이 보통이다.

▶ **양괄식 문단의 예**

<u>우리들은 다른 사람들에게도 고마움과 사랑을 느낄 줄 알아야 한다.</u> 우리와 함께한 마을, 한 나라를 이루고 있는 사람들은, 낯모르는 사람일지라도 우리들에게 도움을 주고 있다. 한여름의 뜨거운 햇볕 아래서 곡식을 일궈 내는 사람들, 추운 겨울날에도 한길에서 교통정리를 해 주는 사람들이 없으면 우리는 살 수가 없다. <u>그러므로 우리들은 다른 모든 사람들에게 고마움을 느끼고 서로 사랑할 줄 알아야 한다.</u>

4) 중괄식 문단

중괄식 문단은 소주제문을 문단의 중간에 두는 전개 방식이다. 구체적이고 가벼운 서술로 출발하여 중간에서 소주제문을 제시하고 다시 뒷받침 문장을 이어서 쓰는 것이 중괄식 문단의 구성 방식이다. 그러나 중괄식 문단은 중심 내용의 불명확성, 논리적인 비약 등의 문제가 생길 수 있어 대체로 사용하지 않는 문단 구성 방식이다.

> ▶ **중괄식 문단의 예**

　　1995년 1월 1일부터 우리나라 전역에 걸쳐 쓰레기 종량제가 실시되고 있다. 쓰레기 종량제는 국가적 차원의 제도로, 심각한 쓰레기 난에 대한 정부의 대책이라 볼 수 있다. 통계에 따르면 쓰레기 종량제의 실시로 쓰레기가 상당량 감소하고 있다.

　　이것은 쓰레기 종량제의 실시가 쓰레기 난에 대한 적절한 대책임을 입증해 준다. <u>그러므로 이제 우리에게 남은 일은 이 쓰레기 종량제를 잘 실천하는 일뿐이다.</u> 쓰레기 종량제야말로 우리나라의 심각한 환경오염을 줄이는 데 꼭 필요한 방법이기 때문에 나부터라도 열심히 실천하는 자세가 필요하리라 생각한다.

5) 소주제문이 직접 진술되어 있지 않은 경우

소주제문이 문단에 직접 진술되어 있지 않고 의미가 함축되어 있는 경우가 있다. 이때는 소주제문이 명시적으로 진술되어 있지 않다. 따라서 독자가 단서를 이용하여 중심 생각이 무엇인지를 찾아내어 독자 자신의 말로 그것을 표현해 낼 수 있어야 한다.

> ▶ **소주제문이 직접 진술되지 않은 예**

　　산, 강, 바다 등은 자연을 이루는 것들이다. 사람들은 들에서 농사를 지어 생활에 필요한 곡식을 얻어 낸다. 또 사람들은 강물을 이용하여 필요한 전기를 일으키기도 한다. 그리고 바다에서는 생선, 조개, 굴, 미역 등의 필요한 해산물을 얻어 낸다.

01 인터넷 신문의 칼럼이나 보도 기사를 읽고, 문단의 통일성과 일관성에 대해 평가해 보자. 평가 내용을 바탕으로 문단을 새롭게 수정하여 글을 써 보자.

02 '동물 실험'에 대한 아래 두 편의 글을 읽고, '동물 실험'에 대한 찬성, 반대를 정하고 자신의 생각을 한 문단으로 써 보자.

신약 개발을 위한 동물 실험

동물 실험이란 과학적 목적을 위하여 동물을 대상으로 행하는 실험을 말한다. 동물 실험을 거쳐 이루어지는 신약 개발은 국가 경제에 중요한 영향을 미칠 뿐 아니라 인간의 생명과도 직접 관련된다.

그렇다면 신약 개발을 위한 동물 실험이 왜 필요한가?

첫째, 신약을 개발하면서 나타날 수 있는 부작용에 대하여 연구할 수 있기 때문이다. 새롭게 개발된 약은 사람들의 질병을 치료하는 긍정적인 효과와 함께 부정적인 효과, 즉 부작용도 있다.

둘째, 동물 실험을 통하여 질병을 예방하고 치료법을 개발하여 더 많은 생명을 살릴 수 있기 때문이다. 과거에 진행된 여러 동물 실험이 있었기에 과학자들은 다양한 질병에 대하여 알게 되었고, 치료법을 발견하여 많은 생명을 구할 수 있었다. 예를 들면, 동물 실험을 통하여 소아마비, 결핵, 풍진, 홍역 등 치명적인 질병들을 예방하는 백신이 개발되었다.

(하략)

누구를 위한 동물 실험인가

우주 개발을 위한 동물 실험을 반대하는 입장도 있다. 동물 보호 단체에서는 사람들이 우주 개발을 위하여 동물에게 마구잡이로 생체 실험을 한다고 비판한다. 우주 개발을 위하여 새끼를 밴 동물들을 우주로 보내거나, 위험한 우주 광선에 일부러 동물들을 노출시키는 등 사람에게는 행할 수 없는 우주 실험을 동물에게도 허용해서는 안 된다고 주장한다.

예를 들면, 우주 탐사를 위하여 스푸트니크 2호에 탑승하였던 개, 라이카의 경우를 생각하여 보자. 당시 언론은 라이카가 일주일 동안 우주 공간에서 생존하다가 미리 설치한 장치로 약물이 주입되어 고통 없이 생을 마쳤다고 발표하였다. 그러나 이 발표는 몇십 년이 지난 뒤 새롭게 공개된 자료에 의하여 거짓으로 판명되었다. 사실 라이카는 우주선의 가속도와 뜨거운 열을 견디지 못하고 고통과 공포 속에서 버티다가 결국 몇 시간 만에 죽고 말았다는 것이다.

(하략)

글쓰기 윤리는 정직하게 글을 쓴다는 것이다. 특히 새로운 아이디어, 연구 결과 등 학문적 교류가 활발히 이루어지는 대학에서 글쓰기 윤리는 더욱 중요하게 다루어져야 한다.

1. 글쓰기 윤리

글쓰기 윤리란 글을 쓸 때 지켜야 하는 필자의 행동 규범을 의미한다. 글쓰기 윤리란 필자가 글을 쓸 때 반드시 지켜야 하는 윤리 의식으로, 한마디로 표현하자면 정직하게 글을 쓰는 것을 뜻한다. 정직하게 글을 쓴다는 것은 일련의 글쓰기 과정, 즉 자신의 생각을 글로 나타내기 위해 글감을 수집하고, 선정하며, 표현하는 모든 과정에서 다른 사람의 생각이나 자료를 고의적으로 도용하지 않아야 함을 의미한다.

글쓰기 윤리는 특히 대학 등 학문을 하는 곳에서 더 강조된다. 그것은 대학이 새로운 학문 활동의 기반이기 때문이다. 대학은 자신의 학문적 아이디어와 연구 결과를 널리 알리고 다른 사람과의 학술적인 논의와 교류가 이루어지도록 하는 데 중추적인 역할을 담당하는 곳이다(이인재, 2008: 133). 대학에서 이루어지는 모든 과정, 즉 발표 및 과제물 제출, 학위논문 생산 등은 학문의 기초가 된다. 따라서 대학에서의 글쓰기 윤리는 중요하게 다루어질 수밖에 없다.

2. 대학생들의 글쓰기 윤리 의식 실태

대학에서 글쓰기 윤리가 꼭 지켜져야 하는 것이라면, 현재 대학생들의 글쓰기 윤리 의식은 그것에 어느 정도 부합하는지에 대해 살펴볼 필요가 있다. 그런데 그 결과는 대단히 충격적이다. 어느 대학교에서 대학생들의 글쓰기 윤리 의식을 조사한 결과를 보면, 자료의 무단 사용이 68.5%, 검색한 자료의 짜깁기가 57.5%, 인용의 부정확한 사용이 56%, 과제물 제출시 실험보고서 베끼기가 22%, 실험데이터의 날조 및 변조가 20%에 달하는 것으로 조사되었다(황성근, 2008: 234). 이것은 과제를 수행하면서 다른 사람의 자료를 무단으로 사용하는 대학생이 절반을 넘고, 또한 그것을 과제물에 적합하도록 변형하는 대학생도 반 이상이 된다는 뜻이다. 말하자면 대학생들의 대부분이 자료를 무단 사용하고 있다는 것인데, 이는 대학생들의 글쓰기 윤리 의식이 매우 미흡하다는 증거이다.

대학생들의 비윤리적인 글쓰기 유형 중 가장 심각한 것은 전문 도용이다. 전문 도용은 다른 사람의 글을 전문적으로 도용하는 것을 말한다. 최근에 대학생들의 과제를 전문적으로 사고파는 인터넷 사이트가 유행처럼 많이 생겨났다. 이 사이트는 자신이 작성한 과제를 탑재하면 다른 사람이 그것을 내려받을 때마다 탑재자가 일정한 금액만큼 이득을 취하는 방식으로 운영되고 있다. 그러다 보니 다른 문헌에서 수집한 글을 자신의 이름으로 제출하여 판매하거나, 단행본 등 이미 발간된 문헌의 일부를 자신이 만든 과제물인 것처럼 판매하기도 하며, 공동 작업으로 진행한 연구 과정을 과제물 작성에 참여하지 않은 제3자가 판매하기도 한다. 이 경우 저작물 중 창작성이 있는 부분을 무단으로 사용하여 원저작자에게 재산상 피해를 끼쳤으므로 이는 명백히 저작권법에 위배된다. 따라서 원저작자가 법적 책임을 물을 경우 책임을 져야 한다.

두 번째로 심각한 것은 자기 복제와 중복 제출이다. 자기 복제는 자기 표절이라고도 하는데, 자신이 이미 쓴 논문의 일부나 전부를 출처를 밝히지 않고 자신의 다른 논문에 포함시키는 것을 의미한다. 중복 제출은 중복 게재라고도 하는데, 인쇄나 전자 미디어를 통해 자신이 이미 발표한 것과 동일한 또는 거의 유사한 자료나 연구를 한 개 이상의 발표지에 창작물로 발표하는 것을 의미한다. 자기 복제나 중복 제출 모두 독자로 하여금 새로운 것으로 오인하게 하기 때문에 문제가 된다. 자신의 기존 저작물을 제3자에게 새로운 창작물로 보이게 하는 것은, 창작자의 양심과 연구 실적을 인정한 소속 기관의 신뢰를 저버리는 행위여서 비판을 받을 수 있다.

자기 복제나 중복 제출은 다른 과목에서 제출한 과제물을 그대로 혹은 제목만 바꾸어서 제출하거나, 다른 과목에서 제출한 자신의 과제물을 내용과 자료의 보완이나 확충 없이 문장이나 구성을 바꾸어 새로운 과제물로 위장하여 다시 제출할 때 일어난다. 또한 서론이나 결론을 변경하여 제출하는 경우, 2개 이상의 글을 하나로 합쳐 제출하는 경우, 자료와 내용의 보완 없이 일부를 떼어 과제물로 다시 제출하는 경우도 이에 속한다.

세 번째에는 경험 자료를 위조하여 과제물을 작성하거나 문헌 자료 혹은 대상 작품을 위조하여 과제물을 작성하는 경우가 해당한다. 자신의 것이든 남의 것이든 일부를 모아 출처를 밝히지 않고 결합하는 짜깁기도 이에 속한다. 출처를 밝히고 인용 표시를 하였다 하더라도 자신의 독창적인 부분이 없다면 실질적으로 이는 표절에 해당된다.

표절은 일반적 지식이 아닌 타인이 쓴 글의 고유한 내용을 원저작자의 승인을 받지 않거나 의도적으로 그 출처를 밝히지 않고 마치 자기 것인 양 사용하는 것을 뜻한다. 비록 자신의 저작물이라고 하더라도 적절하게 출처를 밝히지 않고 그 일부 혹은 전부를 마치 새로운 것처럼 다시 사용하는 것도 표절로 볼 수 있다. 만일 타인의 저작물을 인용할 때 그 출처를 밝혔다고 해도 인용부호 없이 타인이 쓴 독특한 표현이나 아이디어 등을 원문 그대로 옮기는 경우도 표절에 해당한다. 또한 출처를 명시하더라도 정당한 범위 안에서 공정한 관행에 합치되게 인용하지 않는 경우도 표절로 간주한다. 이를테면 가져온 원저작물의 출처를 밝히든 밝히지 않든 상관없이, 베낀 글이나 아이디어가 새로운 저작물에서 다수를 차지할 때에는 표절이 된다는 뜻이다.

그런데 이 세 가지 유형의 과제물을 우리는 심심찮게 볼 수 있다. 수년 전, 주변에서 우리말이나 글을 제대로 사용하지 못하는 사례를 찾아 오라는 과제물을 학생들에게 제시한 적이 있었다. 이 과제를 부여 받은 세 개 학과 중 일부 학생들은 모두 동일한 사진 파일을 과제물로 작성하고 발표하였다. 인터넷에서 검색하여 얻은 사진 파일을 사용하여 자신이 조사한 것처럼 발표하였을 뿐만 아니라 원저작자에게 허락도 받지 않고 사진 파일을 사용하였다는 것은 대학생들의 글쓰기 윤리 의식을 여실히 보여 준다고 하겠다.

이처럼 대학생들이 표절한 과제물을 자신의 과제물처럼 제출하는 이유는 무엇일까? 첫째는 학생 스스로 표절이 무엇인지를 정확히 알지 못하고 있기 때문이다. 즉, 표절에 대한 올바른 인식이 부족하여 글쓰기에서 지켜야 할 윤리를 잘 알지 못하는 것이다. 어떻게 옮기면 표절이 되는 것인지, 출처를 밝힐 때에는 어떻게 해야 하는 것인지를 알지 못하기 때문에 다른 사람의 자료를 인용하면서도 그것이 표절임을 인식하지 못한다. 따라서 글쓰기와 관련한 수업을 통해 글쓰기 윤리를 강화하는 교육 내용을 마련해야 한다.

둘째는 표절이 명백한 범죄라는 것을 알면서도 과제물을 쉽게 작성하려는 태도 때문이다. 좋은 평가를 받기 위해서는 과제와 관련하여 책을 많이 읽어야 하고 그와 관련하여 깊이 있게 생각도 해야 한다. 과제물은 여러 가지 많은 노력의 결과물이기 때문에 시간과 노력이 든다. 그런데 그것을 짧은 순간에 얻으려는 학생들이 종종 있다. 짧은 시간에 적은 노력으로 다른 사람들보다 더 우수한 과제물을 마련하기 위해서 표절을 하게 되는 것이다.

셋째는 표절한 내용을 심사자가 알지 못할 것이라고 믿기 때문이다. 학생들은 자신의 표절 내용을 심사자들이 모를 것이라고 생각하고 과제를 제출한다. 그런데 대체로 심사자들은 그 분야의 전문가들로, 그 분야에 관해 많은 지식을 가지고 있다. 그래서 심사자들은 학생들이 제출한 과제물이 어느 정도로 공부를 하였을 때에 산출할 수 있는 내용인가를 파악할 수 있다. 표절한 내용을 과제물로 제출하지 않도록 심사자가 장치를 마련하는 것도 대학생들의 글쓰기 윤리를 지키도록 하는 방법이 될 수 있다.

3. 인용의 방법

1) 인용 목적
① 선행 연구의 결과를 비교·대조·제시하여 자신의 글이 가지는 맥락을 밝힌다.
② 권위를 통해서 자신의 주장이 가진 타당성과 정확성을 강조한다.
③ 다른 사람의 견해와 비교하여 자신의 견해가 가진 타당성을 강조한다.
④ 보다 명료한 이해를 돕는다.

2) 인용 원칙
① 반드시 필요한 경우에만 인용한다.
② 충분한 가치가 있는 것만 인용한다.
③ 원저자의 의도를 벗어나지 않게 인용한다.

④ 가능한 한 짧게 한다.

⑤ 직접 인용은 원칙상 1차 자료에서 한다. 하지만 1차 자료를 참고할 수 없는 경우, 다른 사람이 인용한 것을 재인용하고 그 사실을 밝힌다.

⑥ 다른 언어로 쓰인 문헌에서 인용할 때는 인용 부분을 번역하여 본문에 끼워 넣고 원문은 주석으로 처리하는 것을 원칙으로 한다. 이것은 간접 인용의 성격을 가진다. 반드시 원문을 인용해야 한다면 원문 인용도 가능하다.

⑦ 인용한 출처를 밝혀야 한다.

⑧ 사실에 관한 정보 등 일반 지식(상식)의 출처를 밝힐 필요는 없다.

⑨ 특정 분야의 (잘 알려진) 일반 지식의 출처를 밝힐 필요는 없다.

3) 올바른 출처 표시 방법

출처를 표시하는 방법이 정해져 있는 것은 아니다. 출처를 표시하는 방법으로 APA[1] 방식, MLA[2] 방식 등이 있는데, 이는 세계적으로 통용되는 형식이기도 하다. 학문적 바탕에 따라 취하는 출처 표시 방법이 다른데, 여기에서는 APA 방식을 소개하고자 한다.

(1) 인용한 자료를 본문에 제시할 때

인용한 자료를 본문에 제시하고 그 출처를 밝히고자 할 때에는 따로 각주[3]를 달지 않고 본문 속에 제시한다. 본문 내용의 일부로 들어갈 때에는 저자명을 쓰고, 괄호 안에 발행연도를 써서 제시한다. 본문에서 내각주로

---

1   APA 방식(American Psychological Association): 주로 심리학회나 사회과학 분야에서 많이 쓰이는 방식. APA 방식 중의 일부는 수정되거나 삭제되기도 하였다. 여기에서는 이러한 점을 모두 반영하여 소개하고자 한다.

2   MLA 방식(Modern Language Association): 주로 인문학 분야에서 많이 쓰이는 방식.

3   인용(참고)한 해당 페이지 아래에 둔 것을 각주라고 하고, 논문이나 책의 맨 뒤에 한꺼번에 모아 둔 것을 미주라고 한다.

제시할 때에는 저자를 쓰고 쉼표를 찍은 후 발행연도를 쓰고 쌍점(:)을 두어 쪽수를 표시한다. 이 세 가지 요소는 모두 소괄호 안에 묶어 제시한다.

예시글

이 보고서에서는 쓰기 이론에 대해서 정리해 보고자 한다. 쓰기 이론은 쓰기 현상을 설명하는 이론이라고 할 수 있는데, 쓰기를 구성하는 세 가지 요인 중에서 무엇을 강조하는가에 따라 이론을 구분할 수 있다. 쓰기 이론은 텍스트를 강조하는 형식주의 이론, 필자를 중심에 놓는 인지주의 이론, 독자의 역할에 주목하는 사회구성주의 이론으로 구분할 수 있다(박영목, 2008: 172-8).

형식주의 이론에서는 의미를 담은 실체로서 텍스트를 강조한다(이재승, 2002: 35-8). 이 이론에서는 텍스트 의미의 온전한 보존과 실현을 위해 적절한 단어, 적격한 문장, 체계적인 문단 구성과 같은 수사적 규칙을 강조한다. 형식주의에서는 올바른 수사적 규칙을 적용하여 완성한, 의미를 체계적으로 담고 있는 글을 '좋은 글'로 간주한다.

인지주의 이론에서는 쓰기는 몇 개의 하위 단계로 구분되는 인지 과정으로 이루어져 있으며 이 과정을 통해 필자가 의미를 구성함으로써 쓰기가 이루어진다고 설명한다(한철우 외, 2003: 241-3). 이 이론에 따르면, 필자가 의미를 구성하기 위해서는 쓰기 과정에서 정보를 처리하는 데 필요한 기능이나 전략, 상위인지를 갖추고 있어야 한다. 유능한 필자란 이러한 지적 요소를 체계적으로 갖추고 있는 사람이다. 필자의 기능이나 전략이 쓰기의 핵심을 이루는 것으로 설명한다는 점에서 이 이론은 필자를 강조하는 이론이라고 할 수 있다.

사회구성주의 이론에서는 독자의 역할을 강조한다. 다른 이론에서 독자는 필자가 구성한 의미를 수동적으로 수용하는 존재였지만, 사회구성주의에서는 독자를 필자와 함께 의미를 구성하는 주체로 간주한다(박영민, 2003: 190-202). 그런데 이 독자는 담화 공동체의 일원으로서 담화 공동체가 제공하는 해석 전략과 담화 관습에 따라 의사소통을 한다. 그러므로 필자는 담화 공동체의 해석 전략과 담화 관습에 따라 독자와 대화하고 협상하면서 의미를 구성해야 한다.

〈참고문헌〉

박영목(2008),『작문 교육론』, 서울: 역락.

박영민(2003), "과학 영역의 작문에서 예상 독자 유형과 은유의 전략,"『국어교육학연구』16, 서울: 국어교육학회.

이재승(2002),『글쓰기 교육의 원리와 방법』, 서울: 교육과학사.

한철우·성낙수·박영민(2003),『사고와 표현』, 서울: 교학사.

---

(2) 참고문헌을 제시할 때

참고문헌은 국내에서 발행된 것인지, 국외에서 발행된 것인지에 따라 차이가 있다. 우선 국내 문헌을 중심으로 살펴보고, 그 뒤에 국외 문헌을 살펴보기로 하자. 국내 문헌은 단행본인지 정기 간행물인지에 따라 양식이 조금씩 다르다.

먼저 단행본일 경우, 저자명을 쓰고 소괄호 안에 발행연도를 쓴다. 그다음 쉼표를 찍은 후 제목을 쓰고, 다시 쉼표를 붙이고 출판 지역과 출판사를 쓴다. 출판 지역과 출판사 사이는 '서울: 사회평론'처럼 쌍점(:)을 붙인다. 단행본의 제목은 겹낫표(『 』)로 표시한다. 저자가 여러 명일 때에는 가운뎃점(·)을 찍고 나열한다. 본문 중에 내용 주를 넣을 때 저자가 3명 이상이면 '○○○ 외'로 표시하지만, 문서의 말미에 참고문헌으로 제시할 때에는 저자가 아무리 많더라도 모두 표기하는 것이 원칙이다.

정기 간행물(일반적으로는 학술지에 수록된 연구논문)일 때에는 저자명을 쓰고, 소괄호 안에 발행연도를 쓴다. 이때 저자명을 나열하는 방법은 단행본과 동일하다. 저자명 뒤에 쉼표를 찍고 제목을 붙이며, 제목은 큰따옴표(" ")로 묶는다. 정기 간행물도 단행본처럼 도서이므로 명칭은 겹낫표(『 』)로 표시하며, 그 뒤에는 소괄호를 써서 발행한 권 또는 호를 표시한다. 권과 호를 구분하여 발행할 때에는 소괄호를 써서 호를 표시한다. 즉, '18(4)'은 제18권 제4호라는 뜻이다. 호가 따로 있지 않을 때에는 권만 표시한다. 권이나 호를 표기한 뒤에 쉼표를 찍고 정기간행물을 발행하는 지역과 단체(일반적으로는 학회명)를 기재한다.

이때 한 가지 주의할 점이 있다. 제목을 넣은 큰따옴표와 정기 간행물 이름을 적은 겹낫표 사이에 쉼표를 찍어 구분할 때 이 쉼표를 큰따옴표 안쪽에 넣어야 한다. 이는 큰따옴표로 표시한 제목의 글이 정기 간행물에 수록된 것임을 표시하는 것이다. 여러 사람의 글을 묶은, 편집된 단행본일 때에도 동일한 방식으로 표시한다. 학위논문처럼 발행하지 않은 논문을 참고문헌에 표시할 때에는 이와 달리 쉼표를 큰 따옴표 밖에 둔다.

국외에서 발행된 문헌을 제시하는 방법은 국내 문헌과 다르다. 국외 문헌은 주로 영어 표기 자료를 주로 활용하므로 이를 중심으로 하여 설명하고자 한다. 국외에서 발행된 영문 자료를 제시할 때에는 큰따옴표나 겹낫표, 가운뎃점 등의 기호가 쓰이지 않는다. 영문 자료를 표시할 때 단행본 및 정기 간행물의 이름은 대문자(단 관사와 같은 문법 기능어는 소문자로 표시)와 이탤릭체로 표시한다. 정기 간행물에 수록된 글의 제목은 큰따옴표를 쓰지 않고 본문체로 기록한다. 다만, 첫 단어는 대문자로 표시하며 쌍점(:)으로 부제를 표시할 때에는 쌍점 뒤의 첫 단어도 대문자로 표시한다. 국내 문헌에서는 부제를 줄표(─)로 표시하지만, 국외 영문 자료에서는 쌍점으로 표시한다.

국외 문헌을 번역한 단행본은 국내 단행본의 기록 방식처럼 제시하면 되지만, 원저자명을 가장 먼저 표시하고 번역자를 표시한다는 차이가 있다. 번역본만 적으면 원본이 어떤 것인지를 알 수 없다는 단점이 있으므로, 독자의 편의를 위해 서지 사항을 기록한 끝 부분에 원본의 서지 사항을 더 제시하기도 한다. 이때에는 국외 영문 자료를 제시하는 방법을 적용한다.

예시 ⌐

가은아(2011), "쓰기 발달의 양상과 특성 연구", 박사학위논문, 충북: 한국교원대학교.

김인숙(2015), "손글씨 쓰기 평가와 컴퓨터 쓰기 평가의 차이 분석: 중학생 논설문 평가를 중심으로", 석사학위논문, 충북: 한국교원대학교.

박영민(2015), "공감화 쓰기 과제에 대한 남학생과 여학생의 쓰기 수행의 차이," 『학습자중심교과교육연구』 15(8), 충북: 학습자중심교과교육학회.

이경화(2003), 『읽기 교육의 원리와 방법』, 서울: 박이정.

이재승(2008), "작문 교육학의 정체성," 『문식성 교육 연구』, 서울: 한국문화사.

Irene Ward, 박태호·이경화·이수진·최민영 역(2015), 『이데올로기와 대화 그리고 작문교육의 패러다임』, 서울: 아카데미프레스./ Ward, I.(1994), *Literacy, Ideology, and Dialogue: Towards a Dialogic Pedagogy,* NY: the State University of New York Press.

Peter Elbow, 김우열 역(2014), 『힘 있는 글쓰기』, 서울: 토트./ Elbow, P.(1998), *Writing with Power: Techniques for Mastering the Writing Process* (2nd ed.), Oxford Univ. Press.

Graham, S. & Harris, K. R.(2005), *Writing Better: Effective Strategies for Teaching Students with Learning Difficulties, Baltimore,* MD: Paul H. Brookes Publishing Co.

Nelson, N.(2007), Why write? A consideration of rhetorical purpose, In F. Rijlaarsdam(Series Eds.) and P. Boscolo & S. Hidi(Volume

Eds.), *Writing and Motivation*(pp.17-30), Studies in Writing Vol.
19, UK, Oxford: Elsevier.

Raquel, F., Torrance, M., Rijlaarsdam, G., van den Bergh, H., & Alvarez,
M. L.(2015), Strategy-focused writing instruction: Just observing
and reflection on a model benefits 6th grade students, *Comtem-
poray Educational Psychology*, 41, 37-50.

4) 올바른 인용 방법

(1) 직접 인용

직접 인용은 원문을 그대로 가져다 쓰는 것이다. 이 경우, 인용한 부분을 큰 따옴표로 표시하고 출처 표시를 한다. 인용한 분량이 3행 이상 되면 따로 떼어 문단을 구분하여 제시하는 것이 좋다. 이때에는 큰 따옴표를 사용하지 않고 출처만 표시한다. 직접 인용은 원문의 내용을 그대로 가져온 것이므로 출처를 표시할 때 페이지까지 표시해야 하며, 원문에 오자나 탈자가 있더라도 원문대로 옮겨야 한다.

오자나 탈자가 있는 원문을 인용했을 때에는 독자의 이해를 돕기 위해 '원문대로'라는 표시를 넣고, 직접 인용한 부분에 방점이나 밑줄 등을 넣어 강조하고자 할 때, 중략하여 필요한 부분만 인용할 때, 인용한 부분 앞뒤의 내용을 독자가 알아 둘 필요가 있다거나 내용 전개에 비약이 있어 독자 이해를 위해 내용을 보충할 때에는 인용자가 이를 위해 기호를 쓰거나 내용을 보강해서 넣었다는 표시를 소괄호 안에 넣는다. 인용문을 따로 내어 쓸 때에는 인용문 위아래에 한 줄을 떼고, 인용문을 본문보다 조금 안으로 집어넣는다. 때로는 글자의 크기나 줄 간격을 작게 하기도 한다.

작문교육학이 성립 가능한 영역인가에 대해서는 아직 논란이 있다. 국어교육학의 학문적 정체성에 대한 논의가 1990년대 중반에 있었던 경험을 기억한다면, 국어교육학의 하위 영역인 작문 교육을 학문적 분과로 독립하게 하자는 주장은 다소 이른 감이 없지 않다.

그러나 그 필요성은 매우 절박해 보인다. 언어의 범용성으로 인해 작문이라는 것이 굳이 특정한 학문에서만 다루어야 할 이유가 없다는 주장도 있고, 작문을 일찍부터 연구해 온 인지심리학, 언어학 등의 학문도 이미 존재하고 있는 상황이므로, 작문 교육을 이들의 그늘로부터 독립하게 하여 독자적인 발전 체계를 갖추는 것이 필요해 보인다. 그래야 학생들의 작문 능력을 기르는 데 집중할수 있고, 실제적으로 그 효과도 기대할 수 있다. 이에 대해서 작문교육학의 독자적인 설정을 강조한 이재승(2008:601)의 주장을 직접 들어보기로 하자.

앞에서도 언급했지만 현대 학문의 동향은 순수와 응용, 기초와 운영, 사회 과학과 인문 과학 등의 구분이 희미해지고 있다. 그리고 어느 것이 어느 것이(원문 대로임, 인용자) 상위나 하위의 개념이 아니라 서로 평행적이다. 외부 학문에 의존하게 되면 작문교육학은 그 학문에 종속될 수밖에 없다. 그 학문의 변화에 따라 작문교육학이 따라 가야 하는 것이다. 인접 학문으로 작문교육학 전체를 설명할 수는 없다. 결국 작문 교육의 일부만을 설명할 수밖에 없는데, 인접 학문이 변화하면서 그것을 반영하게 되면 이쪽 작문교육학은 뒤죽박죽이 되어 버리게 된다.

이 인용문에도 나타나 있는 것처럼, 작문 교육을 다른 학문과 관련지어 논의를 해 가는 것이 바람직한 면이 있지만, 이는 작문 교육과 다른 학문의 관계가 "긴밀한 관계라기보다는 종속적인 관계"(박영민, 2008: 192)로 변질될 수 있다는 점에서 문제가 있다. 작문 교육을 전공하는 연구자들도 속속 배출되고 있으므로, 성급할 수 있다는 비판도 있지만 이제는 작문교육학의 성립을 진지하게 고민하고 논의할 때가 되었다고 할 수 있다.

〈참고문헌〉

박영민(2008), "작문 교육 이론의 구성 요인과 과제,"『학습자중심교과교육
　　　연구』8(1), 충북: 학습자중심교과교육학회.

이재승(2008), "작문 교육학의 정체성,"『문식성 교육 연구』, 서울: 한국문
　　　화사.

(2) 간접 인용

간접 인용은 본문의 내용을 정리하여 다른 말로 표현한 것이다. 간접
인용에서는 인용한 부분이 명확하게 드러나도록 하고, 문장의 형태만 약
간 바꾸는 것이 아니라 자신의 말로 완전히 다시 써야 한다.

예시글

사회문화적 맥락(sociocultural context)은 사회문화적인 지식이라는 용어
로 표현될 수도 있다. 사회문화적 지식이란 하나의 사회 집단이 구성한 공동의
지식이나 그 사회에 소속되어 있거나 집단 속으로 동화되어 가는 과정에 있는
개인들의 지식 등과 같은 것을 말한다. 이때 담화 지식은 이러한 거대한 유형
의 지식의 일부라고 할 수 있다(Spivey, 1997).

알렉산더(Alexander, 1991) 등은 경험을 지각할 수 있게 해 주는 여과 장
치(filter)를 '사회문화적 지식(sociocultural knowledge)'이라는 용어로 표
현하였다. 세계에 대한 한 개인의 관점이라는 것은 다른 사람(가족, 공동체, 국
가 사회 등과 같은 요소들)과 공유하고 있는 이해(understanding)를 통해 길
러진 것이다. 이러한 필터는 '방식(way)'이라고 불려지기도 한다.

― 이경화,『읽기 교육의 원리와 방법』, 박이정, 2003.

(3) 재인용

일반적으로 학술적인 글에서 재인용은 바람직하지 않다. 가능하면 1차 문헌이나 자료를 직접 찾아보고 참고하는 것이 좋다. 그러나 절판되어 구할 수 없다거나 외국 자료처럼 접근이 어려워 부득이 다른 사람이 인용한 글을 재인용해야 할 때는 반드시 재인용이라고 표시해 주어야 한다.

예시글

학생들은 일반적으로 쓰기에 대한 동기가 낮다. 학생들의 쓰기 동기를 연구해 온 Brunning & Horn의 연구에 따르면 학생들은 쓰기 과제에 대해 학생들의 흥미를 느끼지 못하기 때문에 동기가 낮다고 한다(박영민, 2006에서 재인용). 쓰기 과제에서 요구하는 주제가 학생들의 관심과는 거리가 멀고 알고 있는 배경지식도 거의 없을 때 학생들은 이러한 과제에 대해 쓰기 동기를 전혀 느끼지 못한다는 것이다. 그러므로 학생들의 쓰기 동기를 자극하려면 학생들의 관심과 흥미를 끌 수 있는 과제를 구성하고 제시해야 한다. 이를 위해서는 학생들이 무엇에 관심을 두고 있는지, 무엇을 흥미롭게 생각하는지를 조사하고 분석해야 한다.

〈참고문헌〉

박영민(2006), "중학생의 쓰기 동기에 영향을 미치는 요인," 『국어교육학연구』 26, 서울: 국어교육학회.

정미경·문광진(2010), "쓰기 동기 증진을 위한 쓰기 워크숍 모형 개발," 『한국어문교육』 21, 충북: 한국교원대학교 한국어문교육연구소.

---

4. 나의 글쓰기 윤리 의식 점검표

나는 글쓰기 윤리를 얼마나 준수하고 있을까? 나의 글쓰기 윤리 의식 정도를 알아보고 점검해 보자.

나의 글쓰기 윤리 의식은?

번호	글쓰기 윤리 내용	전혀 그렇지 않다	거의 그렇지 않다	보통 이다	대체로 그렇다	매우 그렇다
1	다른 사람의 저작물을 보호해야 하는 이유를 알고 있다.	1	2	3	4	5
2	다른 사람의 글이나 자료, 아이디어를 존중해야 한다고 생각한다.	1	2	3	4	5
3	저작권을 보호하면 사회적으로 어떤 이익을 얻을 수 있는지 설명할 수 있다.	1	2	3	4	5
4	저작권을 침해하면 어떤 처벌을 받게 되는지에 대해 알고 있다.	1	2	3	4	5
5	인터넷에서 자료를 찾아 인용할 때 출처를 밝혀야 한다고 생각한다.	1	2	3	4	5
6	다른 사람의 글이나 자료를 인용하는 방법을 알고 있다.	1	2	3	4	5
7	여러 사람의 글을 짜깁기해서 내 글처럼 제출하는 것은 표절이 아니다.	5	4	3	2	1
8	검색 사이트에서 찾은 글을 약간 고쳐 과제로 활용한 적이 있다.	5	4	3	2	1
9	인터넷이나 도서에서 내용, 그림이나 도표 등을 인용할 때 출처를 밝힌다.	1	2	3	4	5
10	글을 쓴다는 것은 진실하게 쓴다는 것을 의미한다.	1	2	3	4	5
11	인터넷 자료를 편집하는 것 역시 나의 생각이 반영된 창작물이다.	5	4	3	2	1

| 12 | 쓰기 과제를 받으면 다른 사람이 그 주제로 쓴 글이 있는지 인터넷에서 찾아본다. | 1 | 2 | 3 | 4 | 5 |
| 13 | 인터넷에서 리포트를 구매하여 내가 쓴 것처럼 제출한 적이 있다. | 5 | 4 | 3 | 2 | 1 |

* 7, 8. 11, 13번 문항은 역배점한 것임.

결과

- 61점 이상: 글쓰기 윤리를 매우 잘 지키고 있어요.
- 51~60점 이상: 글쓰기 윤리를 잘 지키는 편이에요.
- 36~50점: 글쓰기 윤리를 좀 더 지키려고 노력해야 해요.
- 21~35점: 글쓰기 윤리에 무관심해요. 좀 더 관심을 가지세요.
- 20점 이하: 글쓰기 윤리 의식이 부족해요.

01 다음 두 글을 비교하여 읽고, 다른 사람의 글을 인용함으로써 어떤 효과를 얻을 수 있는지 말해 보자.

(가)

　러시아의 사회심리학자인 비고츠키의 주장에 따르면 인간이 소유하고 있는 고등 사고 능력은 언어를 기반으로 하여 이루어진다(한순미, 2007). 언어는 의사를 전달하는 데 쓰이는 단순한 도구가 아니며, 어떤 정보를 추론하고 분석하고 비판하고 종합하는 고등 사고 능력의 원천을 이룬다는 것이다. 인간의 인지 발달에서 언어를 중요한 기제로 다루어야 하는 이유도 바로 여기에 있고, 학교 교육에서 언어 교육을 축소할 수 없는 이유도 바로 여기에 있다.

　여러 분야의 수많은 학자들이 인간을 만물의 영장이라고 하면서 이것이 가능한 이유는 그 밑바탕에 사고 능력이 자리 잡고 있기 때문이라고 말한다. 비고츠키의 주장대로라면 이 사고 능력이 언어를 기원으로 삼고 있으므로 언어의 유무가 곧 인간과 동물을 변별하는 지점이 될 수 있다. 굳이 사고 능력의 유무를 따질 필요도 없이 언어는 이미 인간과 동물을 구별하는 중요한 표지로 인정되고 있다. 동물에게도 그들 나름대로의 소통의 방법이 없는 것은 아니지만, 인간의 언어처럼 분절적이지도 않으며 명료하지도 않다. 언어는 매우 일상적인 것이지만, 우리는 언어에 대해서 깊은 관심을 기울일 필요가 있다. 언어 교육의 필요성 또는 중요성에 대해서도 되새겨 보아야 한다.

(나)

　인간은 고등 사고를 소유하고 있는 존재인데, 이 고등 사고 능력은 언어를 기반으로 하여 이루어진다는 특징이 있다. 언어가 의사소통을 하는 단순한 도구로 생각되지만 꼭 그렇게만 보기는 어렵다. 우리 인간은 언어를 활용하지 않으면 논리적이고 체계적인 사고를 전개하기 어렵다. 그래서 인간의 인지 발달에서 언어를 중요하게 다루며, 학교에서도 언어 교육을 중요하게 다루고 있다.

　인간은 만물의 영장이다. 그런데 인간이 만물의 영장이라는 지위를 누릴 수 있는 것은 인간이 사고 능력을 가지고 있기 때문이다. 이 사고 능력은 언어가 그 기원을 이루므로 언어가 없는 것은 곧 인간과 동물을 변별하는 중요한 기준점이 될 수 있다. 실제로 동물에게는 인간이 사용하는 것과 같은 언어가 존재하지 않으므로 언어는 인간과 동물을 나누는 주요한 표지가 될 수 있다. 우리가 언어를 매우 중요한 문제로 다루어야 하는 것은 언어가 지닌 이러한 중요한 특성 때문이다. 언어 교육의 필요성 및 중요성에 대해서도 되새겨 보아야 한다.

02 한 학생이 자료를 조사하여 다음과 같이 보고서를 작성하고 참고문헌을 정리하였다. 보고서와 참고문헌 목록에서 인용 방법에 부합하지 않는 부분을 찾아 수정해 보자.

독자의 눈동자는 글을 읽을 때 어떤 특징을 보일까? 속독법에서 말하는 것처럼, 눈동자를 이리저리 빨리 움직이면 글을 빠르게 읽을 수 있는 것일까?

독자가 글을 읽을 때 모든 글자를 다 보는 것처럼 생각하기 쉽지만, 실제로는 그렇지 않다(에릭 폴슨과 프리만). 독자는 글을 읽을 때 모든 글자에 눈동자를 멈추는 것이 아니라, 중요한 단어를 찾아 건너뛰기도 하고 한 단어에 오랫동안 멈추어 있기도 하며, 지나왔던 부분으로 되돌아가는 모습을 보이기도 한다. 눈동자가 썰매가 얼음 위를 매끄럽게 지나가는 것처럼 움직이는 것이 아니라, 뜀틀을 뛰어넘는 것처럼 눈동자가 도약하듯 듬성듬성하게 움직인다(이춘길의 2004년 저서).

중요한 의미를 포함하고 있는 단어에는 눈동자가 오래 멈추어 있고, 의미의 중요도가 떨어지는 단어에는 눈동자가 아예 멈추지 않기도 한다. 의미의 중요도가 높을수록 눈동자가 오래 멈추어 있는 이유는 머릿속에서 그 의미를 처리하는 데 시간이 걸리기 때문이다. 그래서 주제나 중심 내용을 올바로 파악하는 능숙한 독자는 중요 문장 영역에 눈동자를 고정하는 빈도가 높고 눈동자를 고정하는 시간도 길다. (2012년 박영민 연구논문, Hyn와 Nurminen의 2006년 연구논문)

〈참고문헌〉
2002년. 노명완과 이차숙. 문식성 연구, 박이정 출판사.
에릭 폴슨과 프리만(Eric J. Paulson과 Ann E. Freeman), Insight from the Eyes, Portsmouth, NH: HEINEMANN

2004년. 이춘길 저서, 한글을 읽는 시선의 움직임. 서울대 출판부.

2012년. 박영민 연구 논문. 눈동자 움직임 분석을 통한 중학생, 고등학생 및 대학생의 읽기 특성 분석, 학습자중심교과교육연구 제12권 제2호.

2006년. Hyn, J. & Nurminen, A. M., Do Adult Readers Know How They Read? Evidence From Eye Movement Patterns And Verbal Reports. British Journal OF Psychology, 97, 31-50.

03 다른 사람의 글을 직접 인용하여 작성한 다음 글을 간접 인용의 방식으로 바꾸어 다시 써 보자. 그리고 참고문헌도 규칙에 맞게 표시해 보자.

우리는 글을 읽지 않고는 하루도 살 수 없다. 매우 많은 언어 매체가 삶의 환경을 둘러싸고 있기 때문이다. 학교에서는 교과서를 읽어야 하고, 직장에서는 직무와 관련된 서류를 읽어야 한다. 생활을 읽기와 분리할 수 없으니 삶에 미치는 읽기 능력의 영향은 매우 크다고 할 수 있다.

그런데 우리가 글을 읽으면 '이해'가 이루어지는데, 이 이해라는 것은 어떻게 이루어지는 것일까? 읽기 이론에서는 독자가 글을 읽었을 때 어떻게 이해가 이루어지는지를 설명하기 위해 많은 노력을 기울이고 있는데, 이를 모형화하여 설명하는 것이 바로 읽기 모형이다. 그러므로 읽기 모형을 살펴보면 각각의 이론에서 이해를 어떻게 설명하는지 파악할 수 있다. 일반적으로 가장 널리 알려진 것은 인지 구성주의, 즉 인지심리학에서 말하는 '읽기 과정 모형'이다. 이해를 인지 과정으로 설명하는 인지 과정 모형에서는 독자의 배경지식(스키마), 독서 자료(글), 독서 과제(독서 맥락), 상위인지를 주요 요인으로 꼽는다. 이에 대해서는 이경화의 연구에 체계적으로 정리되어 있으므로 이를 직접 인용해서 살펴보기로 하자.

> 인지 과정 모형을 구성하는 첫째 요인으로는 독자 요인을 꼽는다. 독자의 사전 지식 요인은 독자의 배경지식과 신념을 포함하는 인지 작용을 말한다. 둘째, 글 요인은 독서 자료의 구조적·기능적 자질과 관련된다. 셋째, 맥락 요인은 독자가 글을 읽는 독서 목적과 과제 성격과 관련된다. 독서 과정의 효율화는 독자가 바로 이 세 가지 요인들을 얼마나 효율적으로 활용하고 조절하느냐에 달려 있다. 인지 과정 모형을 구성하는 넷째 요인이 바로 읽기 과정을 조절하는 초인지이다. 초인지는 삼각뿔 모양의 정점에서 이들 세 변인과 인지 전략 간의 작용을 인지의 상위차원에서 조절한다. 읽기 전략의 선택과 조합에서 독자의 초인지는 매우 중요한 역할을 한다. (이경화, 2003: 125)

인지 과정 모형을 구성하는 네 가지의 요인으로부터 읽기 지도를 할 때 무엇을 강조해야 하는지를 차례로 끌어낼 수 있다.

(하략)

<참고문헌>
2003년 저서. 이경화. 읽기 교육의 원리와 방법(개정판), 박이정 출판사에서 발행.

04 관심이 있는 분야의 학위논문(석사 및 박사 학위논문)과 학술지 수록 연구논문을 찾아보고, 다른 사람의 자료를 인용하는 방법, 인용한 자료를 표시하는 방법이 어떻게 다른지 알아보자. 그리고 학위논문과 연구논문 사이에 차이가 있다면, 왜 그러한 차이가 나타나는지 알아보자.

> • 학위논문이나 학술연구논문을 찾아볼 수 있는 곳
> - 각 대학의 도서관 홈페이지 또는 정기 간행 자료실
> - 각 학회의 홈페이지
> - 한국교육학술정보원 홈페이지

05 인용한 다른 사람의 글에 오자나 탈자가 있을 때, 잘못된 개념이 있을 때에는 어떻게 처리해야 하는지를 직접 인용과 간접 인용으로 구분하여 알아보자. 그리고 인용한 자료에서 어떤 부분만을 강조하고 싶을 때, 어떤 부분만을 따로 언급하고 싶을 때에는 어떻게 처리해야 하는지 알아보자.

06 최근 필자 자신이 이미 써서 발표했던 글을 인용 표시 없이 인용하는 '자기 표절'이 사회적으로 논란을 불러일으킨 바 있다. '자기 표절'이 과연 문제가 되는 것인지, 문제가 된다면 왜 그러한지, 자기 표절을 다른 관점에서 바라볼 수는 없는 것인지 토론해 보자.

2부

사례 중심의 글쓰기

5장 **요약문 쓰기**

6장 **리포트 쓰기**

7장 **비평문 쓰기**

8장 **논술문 쓰기**

9장 **기행문 쓰기**

10장 **수필 쓰기**

5장 | 요약문 쓰기

요약은 글의 중요 내용을 간추리는 것으로, 높은 인지 능력을 수반하는 지적 행위다. 요약의 원리, 종류 및 방법을 알아보고, 좋은 요약문이 가지는 특징을 생각해 보자.

1. 요약문의 개념 및 필요성

글은 일반적으로 여러 개의 문단으로 구성된다. 문단은 중심 문장과 뒷받침 문장으로 구성된 글의 단위이며, 중심 문장과 뒷받침 문장은 서로 관련이 있는 내용으로 긴밀하게 연결되어 있다. 중심 문장은 중심 내용이나 중심 의미를 표현하는 문장인데, 내용이나 의미에 초점을 둘 때에는 중심 문장이라고 부르지 않고 중심 내용 또는 중심 의미라고 부르기도 한다.

중심 문장과 뒷받침 문장이 긴밀하게 연결되어 문단을 구성하고 있을 때 이 문단은 '통일성'이 있다고 말한다. 통일성은 내용 또는 의미가 긴밀하게 연결되어 있는 상태를 일컫는다. 문단 수준에서 내용이나 의미의 긴밀한 연결을 따질 때에는 '문단의 통일성'이라고 부르며, 이는 잘 쓴 문단인지 아닌지를 판단하는 주요 기준으로 활용된다. 한 문단 내에 중심 내용과 무관하거나 거리가 먼 내용을 포함하면 통일성을 해친다. 따라서 글을 쓸 때 이러한 내용은 삭제하거나 그 내용을 중심 내용으로 하는 다른 문단으로 옮기는 것이 좋다.

글은 문단이 모여서 이루어지므로 각 문단의 중심 내용은 글 전체의 중심 내용(주제)과도 긴밀하게 연결되어야 한다. 가령 '국어 교육의 가치와 중요성'이 글 전체의 중심 내용이라면, 글을 구성하는 각 문단은 이와 관련된 내용을 중심 내용으로 담고 있어야 한다. 만약 '영어 교육의 필요성'을 중심 내용으로 하는 문단이 포함되어 있다면, 이러한 문단은 글의 통일성을 저해하므로 삭제해야 한다.

글을 읽는 독자는 글을 읽을 때 글의 세부적인 내용보다는 중심 내용을 이해하고 파악하는 데 주의를 기울인다. 글의 내용을 기억하거나 회상할 때에도 세부 내용보다는 중심 내용에 초점을 둔다. 유능하고 능숙한 독자일수록 중심 내용에 관심을 기울이고 초점을 두는 경향이 뚜렷하다. 중심 내용을 파악하며 읽는 것은 유능하고 능숙한 독자들이 하는, 글을 잘 읽는 방법이라고 할 수 있다. 따라서 글을 읽을 때에는 필자가 전달하려는 중심 내용을 파악하기 위해 노력할 필요가 있다.

글을 읽을 때 글의 중심 내용을 간추리는 것을 '요약'이라고 한다. 글을 요약하기 위해서는 글에서 주요 내용과 그렇지 않은 내용을 구분해야 한다. 일반적으로 문단의 중심 문장이 글의 주요 내용에 해당하므로 문단의 중심 문장을 찾는 것이 글의 주요 내용을 구분하는 일차적인 방법이다. 문단에서 중심 문장을 찾을 때에는 중심 내용을 뒷받침하는 세부 내용은 삭제하거나 좀 더 포괄적인 상위 차원의 내용으로 일반화한다. 중심 문장이 명료할 때에는 그 문장을 선택하면 되지만, 중심 문장이 뚜렷하지 않을 때에는 중심 내용을 표현하는 문장을 구성해야 한다.

이처럼 요약은 글의 내용을 파악하고 이해하고 처리하는 높은 수준의 인지 능력을 요구하기 때문에 학습하고 숙달하기 어려운 전략이라고 할 수 있다(Duke & Pearson, 2002; 윤준채, 2009). 그러나 글을 읽을 때 요약을 수행하지 않으면 글이 전달하는 내용이 무엇인지를 명확하게 파악할 수 없을 뿐만 아니라, 중심 내용을 효과적으로 기억하기도 어려우므로 요약하는 방법을 꼭 익힐 필요가 있다.

글을 읽고 요약하여 중심 내용을 정리하지 못한다면, 일단 글의 내용을 효과적으로 이해하는 데에도 어려움을 겪고, 그 내용을 배경지식으로 축적해 두었다가 활용해야 할 때 회상해 내는 데에도 어려움을 겪는다. 이러한 이유에서 많은 읽기 교육 전문가들은 요약하기를 학습의 주요 전략으로 간주한다(Baumann, 1984; 이경화, 2003; 윤준채, 2009). 유심히 살펴보라. 공부를 잘하는 학생, 학업 성취도가 높은 유능한 학생은 요약 능력이 어떠한가를.

요약문은 글을 읽고 요약한 중심 내용을 글로 작성한 것이다. 다시 말하자면, 요약문은 글의 중심 내용을 파악하여 간략하게 간추려 작성한 글이다. 그러므로 요약문을 작성하기 위해서는 글을 읽고 요약하는 활동이 먼저 이루어져야 한다. 당연히 좋은 요약문을 쓰려면 글의 내용을 요약하는 능력이 뒷받침되어야 한다. 그러나 요약하는 활동이 요약문 작성의 바탕이 된다고 해서 요약 활동과 요약문 쓰기가 별개로 완전히 구분되어 있다는 뜻은 아니다. 이 둘을 구분하는 것은 기계적이고 물리적인 것에 불과하다. 요약문 쓰기에서 요약이 먼저 이루어진다고 한 것은 요약문 쓰기 활동이 수행되는 과정의 일반적인 순서를 지적한 것이다. 요약문 쓰기에서 이루어지는 요약은 요약문을 작성하기와 밀접하게 연동되어 있다. 요약한 후에 시차를 두고 요약문을 쓸 수도 있지만, 요약문을 쓰면서 글의 내용을 요약하는 것도 가능하며, 이렇게 할 때 훨씬 더 효율적일 수도 있다. 글로 표현하지 않은 요약은 실체가 없어 금방 망각할 수 있기 때문이다.

요약문을 작성할 때 컴퓨터 워드프로세서를 활용하면 요약하기 활동과 요약문 쓰기 활동을 연동하여 수행하는 것이 용이하다. 컴퓨터 워드프로세서를 활용하면 글을 읽으면서 중심 내용을 메모하고 정리하는 활동을 수행하는 것, 표현 결과를 보완하고 수정하는 것이 수월하기 때문이다. 능숙한 독자들은 글을 읽으면서 요약하고, 요약하면서 바로 요약문을 작성하는 것이 가능하다. 요약에 미숙한 독자라 하더라도 컴퓨터 워드프로세서를 활용하면 능숙한 독자처럼 두 가지 활동을 연동하여 수행하는 것이 충분히 가능하다.

요약문 쓰기는 글을 읽고 주요 내용을 요약하는 활동을 전제하고 있으므로 학습 독서(reading to learn)나 학습 작문(writing to learn)의 측면에서도 중요한 의미가 있다. 대학생들은 학습 과정에서 많은 책을 읽고 공부를 하게 되는데, 읽은 책의 모든 내용을 기억하는 것보다는 핵심 내용, 중심 내용을 정확하게 파악하여 이해하고 기억하는 것이 필요하기 때문이다. 또한 공부한 내용을 표현해 내는 활동도 중요한데, 글로 표현할 때 이루어지는 내용의 분석, 분류, 종합, 비판은 학습의 원천을 이루기 때문이다. 이러한 이유로 초·중·고등학교 및 대학에서 학생들에게 요약하기 과제를 많이 부여한다.

2. 요약의 원리

요약문을 효과적으로 작성하기 위해서는 먼저 글의 중심 내용을 파악하는 요약하기 전략을 충분히 익힐 필요가 있다. 글을 읽고 중심 내용을 파악하지 못하면 요약문 쓰기에 필요한 내용을 마련할 수 없다. 과정 중심의 방법으로 글을 쓸 때 '내용 생성'이 우선적으로 이루어져야 하는데, 요약문 쓰기에서는 요약이 바로 내용을 생성하는 활동에 해당한다고 할 수 있다. 마련한 내용이 풍부해야 좋은 글을 쓸 수 있는 것처럼, 요약이 충실해야 요약문을 잘 쓸 수 있다.

요약하기를 효과적으로 수행하는 데 필요한 일반적인 원리는 다양하게 제안되어 왔다. 여러 가지 원리 중에서도 일반적으로 널리 알려진 것은 킨치와 반 다이크가 제안한 원리와 브라운과 데이가 제안한 원리가 있다(한철우 외, 2001: 70~72). 이들이 제안한 요약의 원리를 중심으로 주요 원리를 살펴보기로 하자.

우선, 킨치와 반 다이크(Kintsch & van Dijk, 1978)는 요약하기의 원리를 네 가지로 제시하였다. 삭제, 일반화, 선택, 구성이 그것이다. 이를 좀 더 구체적으로 설명하면 다음과 같다.

① 삭제(deletion): 연속되는 명제들 중에서 후속 명제의 해석에 직접적이지 않거나 부수적인 속성들을 지시하는 명제들은 삭제할 수 있다.
② 일반화(generalization): 연속되거나 나열되는 명제들은 상위 개념의 명제로 대치할 수 있다.
③ 선택(selection): 연속되는 명제들 중에서 또 다른 명제들에 의해서 지시되는 사실이나 통상적인 조건들은 선택할 수 있다.
④ 구성(construction): 연속되는 명제들은 그 통상적인 조건이나 요소 결과들을 지시하는 하나의 명제로 대치할 수 있다.

위의 원리에서 언급한 '명제'는 글의 '내용'으로 이해해도 무방하다. 해석에 영향을 미치지 않거나 부수적인 내용은 삭제할 수 있다는 원리, 대등하게 나열되어 있는 내용이나 미시적인 내용은 그것을 모두 포괄할 수 있는 상위 차원의 단어나 표현으로 일반화할 수 있다는 원리는 요약하기에서 매우 보편적으로 적용되는 원리라고 할 수 있다.

다음으로, 브라운 등(Brown, Day, & Jones, 1983)은 요약하기 원리를 다음과 같이 6가지로 제시하였다. 이들이 제안한 원리는 앞에서 살펴본 킨치와 반다이크의 원리와 유사한 점이 많다. '삭제'와 '대치'를 2가지 항목으로 세분화하여 제시하였다는 점에서 킨치와 반다이크의 원리와 차이가 있다. 브라운 등은 삭제와 대치의 조건을 좀 더 세분함으로써 학생들도 효과적으로 활용할 수 있도록 요약의 원리를 구체화하고자 하였다.

① 사소하거나 불필요한 내용은 삭제한다.
② 중요한 내용이더라도 반복되는 내용은 삭제한다.
③ 항목의 목록들은 가능하면 상위어로 대치한다.
④ 하위 요소의 내용 대신 포괄적인 내용으로 대치한다.
⑤ 주제문이 명시적으로 드러나 있으면 이를 선택한다.
⑥ 명시적인 주제문이 없으면 스스로 구성한다.

위에 제시된 원리를 좀 더 간략히 간추리면 삭제, 일반화, 선택, 구성으로 압축된다. 이 네 가지 원리는 요약의 주요 원리로 간주되고 있다(김재봉, 1999; 이경화, 2003). 이제 이를 좀 더 구체적으로 살펴보도록 한다.

1) 삭제의 원리

삭제의 원리는 생략의 원리로 불리기도 한다. 이 원리는 중요하지 않거나 관련이 없거나 부수적인 내용은 삭제해서 제거한다는 것이다. 기본적으로 글의 전체적인 내용을 이해하거나 해석하는 데 관련되어 있는 내용이라면 삭제의 대상이 될 수 없다. 그러므로 삭제 대상이 되는 내용은 단순히 중심 내용을 뒷받침하는 것이어서 생략하더라도 중심 내용의 이해에 영향을 미치지 않는 것이어야 한다. 다음 예문을 보자.

철수는 친구들과 노란색 축구공을 가지고 놀다가 성격이 거친 매부리코 아저씨 집의 유리창을 깨뜨렸다. 철수는 너무 놀라 축구공을 찾을 생각은 하지도 못한 채 도망치고 말았다.

위 예문에서 축구공 색깔이 "노란색"이라는 내용은 글의 전체적인 이해나 해석에 영향을 미치지 않는다. 그러므로 이 부분은 중요하지 않은 내용, 부수적인 내용으로 판단할 수 있고, 요약할 때 삭제의 대상으로 판단할 수 있다. 이에 비해 그 집에는 "성격이 거친 매부리코 아저씨"가 산다는 내용은 글의 전체적인 이해나 해석에 영향을 미친다고 할 수 있다. 철수가 축구공을 찾을 생각은 하지도 못한 채 도망을 쳤는데, 그 이유는 유리창이 깨진 집에는 성격이 거친 매부리코 아저씨가 살고 있기 때문이다. 즉, 그 집에 성격이 거친 매부리코 아저씨가 산다는 내용은 철수가 도망친 일에 대한 원인을 제공하며 이는 곧 독자에게 꼭 필요한 내용이므로 삭제할 수 없다.

2) 일반화의 원리

일반화의 원리는 나열된 세부적인 내용을 상위 차원의 단어나 표현으로 대체하는 원리이므로 '대체의 원리' 또는 '상위어 대체의 원리'로 불리기도 한다. 일반화의 원리는 세부적인 내용이 나열되거나 구체적인 사실이 반복될 때 그것을 포괄할 수 있는 상위어를 제시하여 대체하는 것이다. 그러므로 이 원리를 적용하기 위해서는 단어나 표현의 위계, 즉 상위어와 하위어의 관계를 잘 파악하고 있어야 한다. 이러한 관계를 잘 회상할 수 없을 때에는 이와 관련된 사전을 검색해서 활용하는 것도 가능하다. 다음 예문을 보자.

영수는 집에서 기르는 금붕어, 다람쥐, 강아지, 고양이를 무척 좋아한다.

예문에서 금붕어, 다람쥐, 강아지, 고양이는 '집에서 기른다'는 정보를 통해 '반려동물'로 일반화할 수 있다. 그러므로 이 예문은 일반화의 원리를 적용하여 요약할 수 있고, 이를 '영수는 반려동물을 좋아한다.'의 요약문으로 작성할 수 있다. 연필, 볼펜, 만년필, 사인펜 등은 필기구로 일반화할 수 있고, 세탁기, 냉장고, 텔레비전, 에어컨 등은 생활 가전제품으로 일반화할 수 있다. 이러한 원리는 추상적인 개념을 다루는 글을 요약할 때에도 동일하게 적용할 수 있다.

상위어에 해당하는 추상적인 단어나 표현으로 일반화하는 방법은 요약의 일반적인 원리이지만, 글을 쓸 때에는 주의할 필요가 있다. 추상적인 상위어를 많이 사용하면 글의 구체성이 떨어져 독자에게 글이 모호하고 지루하다는 느낌을 줄 수 있다. 글의 구체성을 높이고 생동감을 부여하려면 추상적인 상위어를 적절하게 사용해야 하며 필요에 따라 구체적인 하위어를 예로 제시해야 한다.

3) 선택의 원리

선택의 원리는 미시적이고 세부적인 내용이 나열되어 있을 때 그중에서 중심 내용과 관련성이 높거나 다른 내용을 끌어낼 수 있는 내용을 선택한다는 것이다. 글에 나열된 내용 중에서 하나를 고른다는 뜻에서 선택의 원리로 불린다. 그런데 어떤 읽기 전문가들은 선택해야 할 내용은 글에 나열된 내용 중의 어떤 하나가 아니라, 명시적으로 제시된 중심 문장을 선택하는 원리라고 설명하기도 한다. 어떠한 접근법이든 선택해야 할 내용이 명시적으로 글에 제시되어 있다는 점, 그것이 다른 세부적인 내용과 관련성이 높다는 점은 공통적이다. 다음 예문을 보자.

경희는 버스를 타고 대형 할인 마트에 갔다. 그곳에서 문구 세트를 구입했다. 그리고 경희는 선물을 가지고 친구 생일 파티에 참석했다.

예문에서 세 번째 문장 "그리고 경희는 ~ 파티에 참석했다."는 나머지 두 문장의 전제가 된다는 점에서 관련성이 높다고 할 수 있다. 생일 파티에 참석하기 위해서 문구 세트를 구입했던 것이고 문구 세트를 구입하기 위해서 할인 마트에 갔던 것이므로, 앞의 두 문장은 세 번째 문장에 종속

된다고 할 수 있다. 그러므로 앞의 예문을 요약한다면 세 번째 문장을 선택하고 나머지를 버리게 되는 것이다. 관련성을 고려하여 글에 명시적으로 제시된 문장들(내용이나 정보) 중에서 선택을 했으므로 '선택의 원리'가 적용되었다고 할 수 있다.

또한 앞의 예문에서 세 번째 문장은 나머지 두 문장의 내용을 전제하고 있으므로 사실상 중심 내용을 표현하고 있는 중심 문장이라고 할 수 있다. 그러므로 세 번째 문장을 선택하는 것은 명시적으로 제시되어 있는 중심 내용을 선택하는 것과 같다고 할 수 있다. 그래서 앞에서 언급한 것처럼, 중심 문장이 명시적으로 표현되어 있을 때는 선택의 원리를 그 중심 문장을 선택한다는 원리로 설명하기도 한다.

4) 구성의 원리

구성의 원리는 글의 중심 내용을 표현하는 중심 문장이 명시적으로 제시되어 있지 않을 때 중심 문장을 새롭게 구성해야 한다는 것이다. 중심 문장이 명시적으로 제시되어 있다면 그 문장을 선택하면 되지만, 명시적으로 드러나 있지 않을 경우에는 글을 읽는 독자가 중심 문장을 스스로 구성할 수밖에 없다. 다음 예문을 보자.

명희는 지난 학기에 전학 간 친구 수진이가 생각났다. 함께 찍은 사진을 보면 눈물이 나기도 했고, 수진이가 주고 간 선물을 보면 활짝 웃는 수진이의 얼굴이 떠오르기도 했다.

이 예문은 친구 '수진'과 관련된 '명희'의 상황을 표현한 것인데, 중심 내용은 명시적으로 제시되지 않았다. 이 문장이 표현하려는 것은 명희가 친구 수진을 그리워한다는 내용으로, 제시된 문장들은 친구에 대한 그리움을 구체적으로 묘사하고 있다. 그러므로 이 예문을 효과적으로 요약하기 위해서는 '명희는 전학 간 친구 수진을 그리워하고 있다.'와 같이 명시적으로 드러나지 않은 문장을 구성해야 한다. 구성의 원리는 바로 이러한 예에 사용될 수 있다.

요약의 원리 중에서 삭제, 일반화, 선택의 원리는 잘 알려져 있다. 그런데 구성의 원리는 잘 알려져 있지 않을 뿐만 아니라 요약의 원리로 인정을 해도 실제로는 잘 활용하지 않는 경향이 있다. 그 이유는, 원문에 충실한 요약이 좋은 요약이고 요약하는 사람이 원문에 없는 문장이나 내용을 채워 넣는 것은 원문을 훼손하는 행위라고 생각하기 때문이다. 그래서 중심 문장이 뚜렷하지 않을 때 스스로 중심 문장을 구성하지 않은 채 요약을 함으로써 결과적으로 핵심적인 내용이 포함되어 있지 않은 요약문을 쓰는 일도 흔히 있다.

그러나 구성의 원리는 능동적인 독서를 설명하는 주요 원리라는 점에 주목할 필요가 있다. 어떤 법령이나 규정처럼 엄격하게 글자 그대로를 적용해야 할 상황이 아니라면, 능동적인 독서 활동으로서 중심 내용을 구성하는 것은 바람직한 일일 뿐만 아니라 적극적으로 권장할 만한 일이다. 그러므로 요약을 하거나 요약문을 작성할 때 오히려 중심 문장의 구성을 적극적으로 시도하는 것이 좋다.

요약의 중심을 이루는 삭제, 일반화, 선택, 구성의 원리는 순환적으로 적용된다는 특징이 있다. 하나의 원리만 적용된다거나 이 원리가 순차적으로만 적용되는 것이 아니다. 네 가지의 원리가 순환적으로 적용되면서 요약이 이루어진다. 어떤 글의 경우에는 이러한 원리들이 동시다발적으로 적용되기도 한다.

지금까지 다룬 네 가지 요약의 원리를 적용하여 학생이 작성한 요약문을 예시하면 다음과 같다. 학생이 해당 요약문을 작성할 때 읽었던 원문은 중학교 교과서(중학교 국어 2-1, 1996)에 수록된 「바다와 자원」이라는 설명문이다.

　　인류는 오랫동안 바다를 항로와 약간의 수산물을 얻는 데 이용했다. 20세기에 들어서 인류는 바다에 관심을 갖고 이의 개발에 노력하고 있다.

　　우리가 먹을 수 있는 바다생물인 해조류와 해양 식물, 해양 동물 등은 미래의 중요한 식량자원이 될 것이다. 바다의 생산성은 매우 높은데, 그 이유는 바다 밑에는 지하자원(광물자원)이 풍부하기 때문이다. 또한 바다에는 파도, 해류, 밀물과 썰물 등 공해를 발생시키지 않는 무한한 에너지 자원이 있다. 그래서 세계 여러 나라는 해류, 바다의 온도차, 파도 등을 이용해 전력을 얻고 있다.

　　바다는 항로 이외에도 각종 산업 시설 공간, 저장고 등 공간으로 활용되고 있다. 바다를 휴양과 오락을 위한 공간으로 활용하면 그 공간적 가치가 훨씬 높을 것이다. 바닷물은 생명의 원천이고, 지구의 온도 조절, 환경보호, 여러 가지 균형 유지의 역할을 한다. 그래서 지구의 보호, 자원의 개발을 위해서 바다를 알고 친하게 이용하는 것은 중요하다. 바다를 알고 바다에 나갈 때 바다의 주인공이 될 수 있으므로, 바다에 눈을 돌려 바다를 개발하고 보존하는 것은 매우 중요하다.

3. 요약할 때 고려할 사항

　　요약을 할 때는 요약의 유형과 요약하려고 하는 글의 목적, 글의 유형, 글의 길이, 글의 내용 구조, 요약의 목적 등을 고려해야 한다. 이에 대해 자세히 살펴보자.

1) 요약의 유형

요약의 유형은 단일 텍스트(하나의 글)를 요약의 대상으로 하는가, 아니면 다중 텍스트(여러 편의 글)를 대상으로 하는가에 따라 구분할 수 있다. 글 하나만을 대상으로 하는 요약은 매우 일반적이다. 일상생활 중에 접하게 되는 요약, 초등학교나 중학교 학습 현장에서 과제로 부여되는 요약이 대체로 하나의 글을 대상으로 하고 있다. 이때는 필자의 관점, 태도, 주장 (중심 내용) 등이 단일하게 유지되므로, 앞에서 논의한 요약의 원리를 적용하면 효과적으로 요약의 결과에 도달할 수 있다.

그런데 여러 편의 글을 읽고 요약해야 하는 경우에는 좀 더 많은 지적 노력이 요구된다. 두 편의 글을 요약하는 경우, 대개는 상반된 주장(중심 내용), 태도, 관점 등을 담고 있는 예가 많으므로 이들을 비교하고 대조하는 방법적 원리가 추가되어야 한다. 각각의 글은 동일 사안에 대해서 서로 다른 내용, 관점, 태도 등을 포함하고 있으며, 주요 내용은 같더라도 세부 내용에서 차이가 있을 수 있으므로 두 글을 통합하여 요약해야 할 때는 이에 유의해야 한다. 하나의 쟁점에 대해 여러 편의 글이 다양한 층위를 이루면서 상호텍스트의 관계를 형성하는 경우에는 서로 관련을 맺고 있는 글을 교차하면서 요약해야 한다. 대학별 입시 전형으로 시행하는 논술 고사에서 두 편 이상의 글을 제시하여 요약문을 작성하도록 하는 문항이 포함되기도 하는데, 이 문항이 바로 여러 편의 글을 대상으로 하는 요약이라고 할 수 있다.

2) 글의 목적

글의 목적은 네 가지로 구분되는데, 정보 전달의 목적, 설득의 목적, 자기표현의 목적, 사회적 상호작용의 목적 등이 그것이다. 글을 효율적으로 요약하기 위해서는 이러한 글의 목적을 잘 고려할 필요가 있다. 글을 쓰는 필자는 목적을 달성하기 위하여 내용과 표현 등을 기민하게 조절하기 때문이다. 정보 전달을 목적으로 하는 글을 요약할 때에는 글이 전달하는 정보에 초점을 두고 요약을 해야 하며, 설득을 목적으로 하는 글을 요약할 때에는 필자가 내세우는 주장과 그 근거를 중심으로 하여 요약을 해야 한다. 자기표현을 목적으로 하는 글에서는 자기표현이 이루어지는 상황과 자기표현의 내용을 중심으로 하여 요약하는 것이 바람직하며, 사회적 상호작용을 목적으로 하는 글에서는 상호작용이 이루어지는 상황과 상호작용의 내용을 중점적으로 요약하는 것이 좋다.

글의 목적에는 필자의 의도가 반영되어 있으므로, 글의 목적을 고려하여 요약하면 필자의 의도까지 반영한 요약이 이루어질 수 있다. 필자의 의도는 글의 내용 선정, 내용의 제시 범위 및 순서, 내용의 표현 방법 등에 영향을 미친다. 그러므로 필자의 의도를 파악하여 요약하면, 글을 정확하게 그리고 비판적으로 이해하는 데 도움을 준다. 즉, 이러한 요약 방법은 글의 표면에 흐르는 중심 내용만을 요약하는 데에서 머무르지 않고 글의 이면에 존재하는 의미를 파악할 수 있도록 해 준다. 이렇게 작성된 요약문은 독자에게 또 다른 감동을 주기도 하므로 요약할 때에는 글의 목적도 주의하는 것이 바람직하다.

3) 글의 유형

글의 유형은 일반적으로 글의 목적과 밀접한 상관관계를 이룬다. 예를 들면, 정보를 전달하려는 목적의 글은 설명문과 같은 유형으로 작성된다. 그러나 글의 유형과 목적이 반드시 일대일 대응을 이루는 것은 아니다. 편지글의 경우 사회적 상호작용의 목적을 수행하기도 하지만 설득의 목적을 반영할 수도 있다.

요약할 때 글의 유형을 고려해야 하는 이유는 글 유형에 따라 중심 내용이 효과적으로 드러날 수 있기 때문이다. 가령 기사문의 경우 표제와 부제를 중심으로 요약문을 작성하는 것이 효과적일 수 있다. 기사문은 대부분 본문뿐만 아니라 표제와 부제도 핵심적인 내용을 포함한다. 또한 육하원칙에 따라 정리하면 기사문이 전달하려는 중심 내용을 간명하게 요약할 수 있다. 그러므로 글의 유형을 고려하면 요약해야 할 주요 내용을 효과적으로 파악할 수 있으며, 따라서 정확하게 글을 요약할 수 있다.

4) 요약할 원문의 길이

요약의 대상이 되는 원문의 길이가 어떠한가는 요약할 때 고려해야 하는 주요 요소이다. 한 문단 정도의 길이를 요약해야 한다면 그것은 중심 문장을 찾으라는 것과 같다고 할 수 있다. 그러나 글이 길다면, 예를 들어 책 한 권 정도의 분량이 된다면 요약의 방법을 효율적으로 적용해야 한다. 읽어야 할 양이 방대하고 무엇을 주요 내용으로 요약해야 할 것인지를 판단하기가 어렵기 때문이다. 그러므로 요약할 글의 분량이 어느 정도인가는 중요하게 고려해야 할 사항이다.

글의 길이가 짧을 때에는 요약의 원리 중 삭제, 일반화의 원리를 적용하여 중심 내용을 간추리거나 구성하는 것이 용이하다. 그러나 글의 길이가 길 때에는 요약의 원리 중 선택의 원리와 구성의 원리를 적용하여 요약하는 것이 바람직하다. 선택은 어휘나 문장의 수준에서 적용하는 것이 아니라 문단, 에피소드, 장이나 절 등 상위 수준에서 이루어져야 한다. 여러 개의 문단 중에서 다른 문단과 관련성이 높은 문단을 선택하거나 전제가 되는 문단을 선택할 수 있으며, 중심 내용이나 필자의 의도가 명시적으로 드러난 문단, 장, 절 등이 있을 때에는 그것을 요약의 주요 내용으로 선택할 수 있다. 또한 글 전체 내용을 포괄하고 아우를 수 있는 문장이나 표현을 새롭게 구성함으로써 글에 대한 요약을 완성할 수 있다.

5) 글의 내용 구조

필자는 독자의 내용 이해를 돕기 위하여 내용의 특성에 따라 글의 구조를 구성한다. 가령 역사적 사건을 소개하는 글이라면 시간의 순서에 따라 내용 구조를 조직하여 표현한다. 혹은 목적에 따라서는 자연적인 시간의 흐름보다는 인물을 중심으로 내용을 조직할 수도 있다. 두 가지의 대상이

가지고 있는 특성을 설명할 경우에는 비교나 대조의 방법을 활용하여 내용을 조직할 수 있다. 그러므로 글의 중심 내용을 요약하기 위해서는 필자가 적용한 내용 구조를 고려하는 것이 바람직하다. 내용 구조를 고려하여 요약하면 글의 중심 내용을 효과적으로 발견할 수 있으며, 글의 주요 내용을 빠뜨리지 않게 되어 요약의 오류나 실수를 줄일 수 있다. 글을 효과적으로 요약하려면 글의 내용 구조를 충분히 고려해야 한다.

6) 요약의 목적

글을 읽는 독자가 요약을 할 때 어떠한 목적으로 요약하는가가 요약의 형식과 방법 등에 영향을 미친다. 시험에 대비하기 위해 요약을 해야 한다면 주요 내용의 기억과 회상이 요약의 목적이므로 시각적인 방법을 활용하여 요약을 하거나 핵심어를 중심으로 하여 요약을 할 수 있다. 굳이 문장으로 써서 요약문을 작성해야 할 필요가 없으며, 가능한 한 구성의 원리를 적용하지 않은 채 요약을 하는 것이 바람직하다. 그러나 글의 내용을 더 깊이 있게 이해하기 위한 것이라면 독자 자신이 이해한 내용을 요약에 반영할 필요가 있다. 이 경우에는 구성의 원리를 활용하여 요약하고, 요약한 결과를 요약문으로 작성함으로써 이해를 더 확장하고 심화할 수 있다. 이처럼 요약을 하는 독자가 어떠한 목적으로 요약을 하는가에 따라 요약의 형식, 방법 등에 차이가 있으므로, 요약을 할 때에는 어떠한 목적을 지향하는지 분명하게 정하는 것이 중요하다.

4. 요약의 방법

요약의 원리를 실제로 적용하여 글을 읽고 주요 내용을 간추리는 과정이 요약의 방법이다. 요약의 방법을 적용함으로써 글을 더 효과적으로 요약할 수 있다. 요약의 방법은 여러 가지가 있지만 타일러(B. M. Tylor)의 방법이 널리 알려져 있으므로 이를 중심으로 하여 정리하고자 한다. 요약의 방법에는 위계적 요약하기, 협동적 요약하기 등이 있다(한철우 외, 2001).

1) 위계적 요약하기

위계적 요약하기는 글의 핵심적인 내용에 주목하여 요약하는 방법으로, 일반적으로 널리 활용되는 방법이라 할 수 있다. 위계적 요약하기는 아홉 가지의 절차로 구성되어 있다. 그 절차를 차례대로 정리하면 다음과 같다.

① 먼저 글에 들어 있는 표제나 소제목을 먼저 읽는다. 표제나 소제목은 주요 내용을 반영하고 있는 글의 주요 표지이므로 요약을 할 때 가장 많은 주의를 기울여야 한다. 따라서 위계적 요약에서도 표제나 소제목을 먼저 읽도록 권장하고 있다.

② 표제어나 소제목에 이어지는 내용에 대해 골격 개요를 작성하고, 골격 개요 사이에는 3~4개의 문장이 들어갈 수 있도록 여백을 둔다. 골격 개요는 뼈대처럼 핵심적인 단어나 내용으로만 작성한 개요를 일컫는다. 골격 개요 사이에 여백을 두도록 함으로써 문장이나 내용 추가를 자유롭게 할 수 있다.

③ 글에 포함된 절을 읽는다. 하위 절은 한 번 이상 읽는다. 글의 절은 요약해야 할 내용을 담고 있으므로 정독하는 것이 중요하다. 그래서 위계적 요약에서는 한 번 이상 읽음으로써 글의 내용을 정확하면서도 구체적으로 파악할 수 있다.

④ 절의 내용을 반영하는 단어를 2~3개 선정한다. 절의 내용을 반영하는 단어는 글에 쓰인 핵심적인 단어일 수도 있고, 독자가 새롭게 구성해 낸 단어일 수도 있다. 그 단어는 무엇이든 관계가 없으나 중요한 것은 내용을 전체적으로 포함할 수 있어야 한다는 점이다.

⑤ 앞의 단어를 활용하여 절의 내용을 반영하여 새롭게 구성한 중심 문장을

쓰고 밑줄을 긋는다. 밑줄을 긋는 이유는 시각적으로 쉽게 인지할 수 있게 하기 위해서이다. 이를 통해서 글의 중심 문장을 효과적으로 파악할 수 있다.

⑥ 중심 문장을 뒷받침할 수 있는 세부 문장을 2~3개 쓴다. 세부 문장은 자신의 말로 작성한다. 중심 문장을 뒷받침하는 세부 문장을 만드는 것인데, 이때 세부 문장은 너무 많지 않아야 한다. 세부 문장이 많으면 요약의 효과가 떨어지기 때문이다.

⑦ 하나의 절을 요약한 후, 다음 단락이나 절을 반복하여 요약한다. 하나의 절에 적용한 위의 과정을 다른 절에도 동일하게 반복적으로 적용하면서 글을 요약한다. 이 과정을 반복하면 글에 대한 전체 요약을 마무리할 수 있다.

⑧ 절 전체의 내용을 반영하는 문장을 맨 위쪽에 적는다. 그러면 글의 전체적인 내용을 한눈에 확인할 수 있으며, 글의 상위 구조를 반영한 문장이라는 상징적인 의미를 부여할 수 있다.

⑨ 완성한 요약문을 몇 번 읽어 보고 수정한다.

2) 협동적 요약하기

협동적 요약하기는 위계적 요약하기를 변형한 것으로, 학습 과제에 따라 동료들과 함께 요약하는 방법이다. 절차는 다음과 같다.

① 세 명으로 소집단을 구성한다. 협동적으로 진행하는 요약하기이므로 소집단 구성이 필요하다.

② 각 구성원이 요약해야 할 글을 교대로 소리 내어 읽는다. 묵독으로 각자 읽는 것도 가능하다. 여기에서 소리 내어 읽도록 하는 것은 읽기 과업을 모든 사람이 함께 하도록 하기 위함이다. 한 사람이 소리 내어 읽으면 다른 사람들은 눈으로 따라 읽는다.

③ 하위 절의 표제에서 화제를 나타낸다고 생각하는 단어를 2~3개 선정한

다. 이 활동은 표제어를 보고 내용, 즉 화제를 반영하고 있다고 생각하는 단어를 선정하는 것이다. 이를 통해 중심 단어, 핵심 어휘를 발견할 수 있다.

④ 그 단어를 활용하여 중심 문장을 각각 써 보고, 그중에서 가장 잘된 중심 문장을 고른다. 또는 더 나은 중심 문장으로 수정한다. 모든 구성원이 그 단어를 활용하여 중심 문장을 구성해 보고, 그중에서 가장 잘된 것을 선택하는 것이다. 다 만족스럽지 못한 경우에는 구성원들이 힘을 모아 중심 문장을 수정하여 최선의 문장으로 만든다.

⑤ 각 구성원은 중심 문장을 지지하는 뒷받침 문장을 2개씩 제안하고, 최선이라고 생각되는 뒷받침 문장을 선정한다.

⑥ 모든 하위 절에서 이 과정을 반복한다. 글 전체에 대해 이 과정을 반복하면서 글을 요약한다.

⑦ 글 전체 내용을 반영하는 문장을 1~2개 작성한다. 이때 작성한 글 전체를 반영하는 문장은 글 전체에 대한 중심 문장이라고 할 수 있다. 이 문장을 새롭게 구성하여 내용을 포괄할 수 있도록 한다.

⑧ 요약문을 같이 읽어 보고 생략된 내용에 대해 피드백을 한다. 핵심적인 내용만을 간추려 요약하였으므로 어떠한 내용이 생략된 것인지를 잊기 쉬운데, 이에 대해 피드백을 제공함으로써 세부적인 내용도 효과적으로 기억할 수 있다.

5. 요약문의 작성 방법

요약문을 작성할 때에는 과정 중심의 쓰기 원리를 활용하는 것이 바람직하다. 과정 중심의 원리를 적용하면 초등학생들도 쓰기 과제를 성공적으로 마칠 수 있는데, 이는 부분의 완성을 통해 전체의 완성을 추구하는 과정 중심 쓰기의 특성 때문이다. 그러므로 과정 중심의 원리를 적용하여 요약문을 작성하면 효율적으로 요약문 쓰기를 완성할 수 있다.

과정 중심의 원리는 요약해야 할 글을 읽으면서 요약의 결과를 개요의 형태로 정리한 후 그것을 초고로 작성하고, 검토·수정하여 요약문을 완성하는 과정으로 진행된다. 물론 글을 읽기 전에 먼저 요약의 목적이 무엇인지를 설정하는 계획 단계를 거쳐야 한다. 요약의 목적은 요약의 유형이나 방법에 영향을 미치는 주요 요인이기 때문이다. 요약문 쓰기는 읽기와 쓰기가 통합되어 있다는 점에서 읽기·쓰기 통합 전략을 활용할 수 있을 것이다. 요약문을 작성하는 일반적인 절차 모형은 다음과 같다.

요약문을 작성하는 절차 모형에서는 개요 작성 방법을 활용하여 요약문 쓰기에 필요한 내용을 생성하고 조직하도록 하였으나, 이 방법이 익숙하지 않을 때에는 자유롭게 쓰기의 방법을 활용하여 요약문 작성에 필요한 내용을 마련할 수도 있다. 물론 브레인스토밍, 자유연상, 토의·토론 등의 방법도 가능하다. 중요한 것은 요약문 작성에 필요한 내용을 효과적으로 마련하고 조직할 수 있는 방법을 찾아 적용해야 한다는 점이다. 자유롭게 쓰기의 방법을 활용하면, 요약문의 초고 작성까지 확대할 수 있어 과정에 따라 요약문 쓰기 활동을 전개할 때 용이한 점이 있다.

그러나 요약문 쓰기의 절차 모형은 대략적인 절차를 제시한 것일 뿐 확정적이고 고정적인 것은 아니다. 반드시 이러한 절차로만 요약문을 써야 한다는 것은 아니며, 요약문을 쓰는 상황에 따라 탄력적으로 절차를 가감할 수 있다. 상황에 따라서는 앞의 모형에 제시된 절차 중에서 하나의 단계를 더 확대하여 진행할 수도 있다. 가령 요약해야 하는 글이 매우 길면서도 어려운 내용이라면, 글 읽기 단계를 더 확대하여 진행할 수 있다.

과정 중심의 쓰기에 따라 요약문의 초고가 완성되면 검토의 단계와 수정의 단계를 필수적으로 거쳐야 한다. 요약문이 글의 이해를 확장하고 심화하는 것이라고 해도 글의 형태로 표현되므로 검토 단계와 수정 단계를 거침으로써 완성도를 더 높일 수 있다. 검토하고 수정할 때 일반적인 글쓰기 과정에서 활용할 수 있는 점검 기준을 사용할 수 있지만, 요약문이라는 특성을 고려하여 점검 기준을 새롭게 적용할 수도 있다. 다음과 같은 기준이 그 예라고 할 수 있다.

요약문 점검 기준 예시

- 요약문에는 글의 중심 내용이 잘 정리되었는가?
- 요약문에는 글의 정보와 지식이 선별되고 정리되어 있는가?
- 요약문에는 글의 내용이 간결하고 명확하게 진술되었는가?
- 요약문에는 요약문을 작성한 필자의 개인적인 관점이 포함되었는가?

이러한 기준을 적용하여 요약문의 초고를 검토한 후에는 요약문을 수정하는 과정을 거쳐야 한다. 요약문에서는 요약 과정에서 새롭게 구성하여 넣은 내용이나 표현이 있으므로 그것이 적절하며 효과적인지를 판단하여 수정할 필요가 있다. 요약문도 일반적인 글처럼 검토와 수정 과정을 거칠수록 완성도가 높아진다는 점을 유의해야 한다.

모범적인 글과 수정이나 보완이 필요한 글

아래에 수록한 글은 원문과 그것을 대상으로 하여 학생들이 작성한 요약문이다. 모범적인 요약문으로 선정된 것과 수정이나 보완이 필요한 요약문으로 선정된 것을 제시하였다. 우선, 학생들이 요약문을 작성하기 위하여 읽었던 원문은 다음과 같다.

개미와 말한다

– 언어의 기본구조 갖춘 지능적 의사소통

대부분의 곤충들이 그렇듯이 개미의 언어도 기본적으로 화학언어이다. 먹이를 물고 집으로 돌아가는 개미를 발견하면 배를 땅에 깐 채 눈높이를 최대한으로 낮추고 개미의 옆모습을 관찰해 보라. 배의 끝부분을 땅에 끌며 걸어가는 모습을 관찰할 수 있다. 개미가 먹이로부터 집까지 냄새길(chemical trail 또는 odor trail)을 그리고 있는 모습이다.

개미는 그렇게 냄새길을 그리며 돌아오는 길목에서나 또는 집에 돌아와서라도 다른 동료들을 만나면 우선 자기가 물고 온 먹이를 시식할 수 있게 해준다. 먹이의 맛을 보고 자극을 받은 다른 일개미들은 곧바로 냄새길을 따라 먹이가 있는 곳으로 향한다. 아무리 사소한 일이라도 흔적이 남는다는 뜻으로 '개미도 기어간 자취는 있다.'라는 속담이 있다. 아마도 옛사람들은 이미 개미들이 냄새길을 놓는 습성에 대해 알고 있었는지도 모를 일이다.

개미가 냄새길을 그릴 때 사용하는 화학 물질은 일종의 페로몬(pheromone)이다. 개미가 만드는 페로몬의 종류는 무척 다양하다. 개미의 몸속에는 머리 끝에서 배 끝까지 온갖 크고 작은 화학공장들이 있다. 그래서 개미는 마치 걸어다니는 공단과도 같다. 냄새길 페로몬은 대개 배 끝에 있는 외분비샘 중의 하나에서 만들어지는데 정확히 어느 분비샘에서 만들어진 페로몬을 사용하는지를 찾아내는 일은 그리 어렵지 않다. 가능성이 있는 몇몇 분비샘들을 따로 해부해내어 개미집 문으로부터 각각 다른 방향으로 길게 문지른 후 개미들로 하여금 먹이를 찾아가게 해보면 어느 분비샘의 페로몬을 따라가는지 쉽게 알 수 있다. 그러나 때로 명확한 결과가 나오지 않는 경우도 있는데 그것은 개미가 그 페로몬을 합성할 때 하나 이상의 외분비샘에서 생성된 물질들을 섞어 칵테일을 만들기 때문이다.

화학언어는 우리 인간이 사용하는 음성언어에 비해 훨씬 경제적이다. 잎꾼개미의 냄새길 페로몬은 독침샘에서 분비되는 화학적으로 매우 복잡한 구조를 가지고 있다. 기본 화학 구조가 'methly-4-methly-pyrrole-2-carboxylate'로 밝혀졌는데 외워두었다가 다른 이들에게 한번쯤 들려주며 은근히 뽐낼 만한 명칭이다. 그런데 이 화학물질은 얼마나 민감한지 1mg만으로도 지구를 세 바퀴나 돌 만큼 긴 냄새길을 만들 수 있다. 냄새길 페로몬은 또 대단히 휘발성이 강한데 그 또한 경제적이다. 먹이를 다 거둬들이고 난 후에도 오랫동안 냄새길이 없어지지 않는다면 그만큼 많은 일개미들이 아직도 먹이가 남아 있는 줄 알고 헛걸음을 할 것이 아닌가? 그래서 먹이를 물고 돌아오는 개미들만이 이미 한 쪽에선 희미해지기 시작한 냄새길 위해 페로몬을 더 뿌려 길의 모습을 유지한다. 그러다가 맨 나중에 먹이가 없어 빈 입으로 돌아오는 개미는 더 이상 페로몬을 뿌리지 않음으로써 냄새길은 자연스레 사라져 버리는 것이다.

자기의 터나 집 안에 침입자가 나타났을 경우 개미들은 화학 경보를 울린다. 필자가 파나마의 바로콜로라도 섬에 있는 스미스소니언 열대연구소에서 연구하던 시절에 관찰한 일이다. 중남미의 열대림에 광범위하게 분포하는 아즈텍개미 중 몇몇 종들은 큰 나뭇가지에 어른 키만큼이나 길게 집을 지어 매달고 산다. 그런데 이들은 어찌나 사나운지 그 나무 주변에서 잠시만 머뭇거려도 어느새 몇십 마리나 되는 일개미들이 들러붙어 온몸을 물어뜯는다.

침입자를 발견하면 즉시 경보 페로몬(alarm pheromone)을 분비한다. 순식간에 수많은 동료 일개미들이 사건 현장으로 집결하여 침입자를 완전히 포위한 후 다리와 더듬이를 겨냥하여 공격을 시작한다. 그리 오래지 않아 침입자는 사극 영화에서나 가끔 볼 수 있는 극형인 능지처참을 당한다. 세 쌍의 다리들과 한 쌍의 더듬이 모두가 팔방으로 찢기는 참사를 면치 못한다.

아프리카와 동남아시아 그리고 호주의 열대림에 서식하는 베짜기개미(weaver ants)의 화학언어는 휠도블러와 윌슨 박사의 오랜 공동 연구에 의해 매우 자세하게 알려져 있다. 베짜기개미들은 여럿이 힘을 합해 한 가지에 달려 있는 여러 나뭇잎들을 끌어당긴 후 애벌레들이 분비하는 명주실을 사용하여 바느질하듯 잎들을 엮어 살 집을 만든다. 이처럼 미성년자들까지 동원한 조직적인 협동사회를 유지하는 데 절대적으로 필요한 것이 또한 고도로 발달한 화학언어다. 터의 경계를 표시하는 일이나 먹이가 있는 곳 또는 침입자를 발견한 곳 등을 알리는 일 모두를 불과 몇 가지의 간단한 화학단어들을 가지고 표현한다. 그들을 적절히 조합하여 여러 종류의 문구를 만드는 것이다. 우리 인간의 전유물로만 생각하기 쉬운 언어의 기본구조를 갖춘 의사소통 수단이다.

— 최재천,『개미제국의 발견』, 사이언스북스, 1999, pp. 62~67.

개미는 화학언어를 통해 소통한다. 이때 사용되는 화학물질은 페로몬의 일종이다. 개미들은 이 페로몬을 이용해 영역의 경계를 표시하는 일이나 먹이가 있는 곳 또는 침입자에 대한 경보를 알리는 일을 한다. 페로몬을 이용한 화학언어는 우리가 사용하는 음성언어에 비해 높은 민감성과 강한 휘발성이 있어 매우 경제적이다. 개미의 언어는 간단한 화학단어의 조합을 통해 여러 종류의 문구를 표현해 내는 창의적인 특성도 가지고 있다. 개미는 생산적이고 경제적인 의사소통 방식을 통해 조직적인 협동사회를 유지한다.

● 평가

이 글은 제시된 원문의 중심 내용을 명확하게 파악하여 정리한 모범적인 요약문이다. 원문에서는 개미의 언어, 즉 개미가 사용하는 의사소통의 원리와 방법, 소통의 예와 장점을 제시하고 있다. 이 요약문은 바로 이러한 핵심적이고 중요한 정보를 효과적으로 파악하여 제시하였다. 요약문을 작성한 필자의 개인적인 관점이 잘 드러나지 않는 단점이 있지만, 중심 내용의 선별과 배열, 내용의 간명한 진술, 그리고 내용의 재구성이 잘 이루어진 요약문이라고 할 수 있다. 또한 요약문을 완결된 구성을 갖춘 글로 완성함으로써 내용을 명확하게 요약하였다고 할 수 있다.

▶ 수정이나 보완이 필요한 글

개미도 '인간의 전유물로만 생각하기 쉬운 언어의 기본적인 구조를 갖춘 의사소통을 한다'가 이 글의 주제이다. 그 의사소통의 수단이 되는 것이 바로 '페로몬'이라는 화학물질의 일종인데, '페로몬'을 이용해 만든 간단한 화학단어들을 적절히 조합해서 자기의 터나 집에 침입자가 나타나 경보를 울리거나 협동심을 발휘해야 하는 순간에 고도의 화학언어를 만들어 내는 것이다. 개미들이 고도의 화학언어를 만들어 내는 예로, 필자는 '아즈텍개미'와 '베짜기개미'를 들었다. 큰 나뭇가지에 어른 키만큼이나 길게 집을 지어 매달려 사는 '아즈텍개미'는 침입자를 발견하면 페로몬을 분비해 동료들을 집결해 침입자를 공격하는데, 그 침입자는 다리와 더듬이가 찢겨나가는 참사를 면치 못하며, '베짜기개미'는 미성년자인 애벌레들까지 동원하여 집을 만들 정도로 화학언어를 통해 협동사회를 유지한다. '페로몬'은 개미들이 냄새길을 만들 때도 사용하는데, 아무리 사소한 일이라도 흔적이 남는다는 뜻의 '개미도 기어간 자취는 있다.'라는 속담처럼 1mg만으로도 지구를 세 바퀴나 돌 수 있을 만큼 매우 민감한 화학물질이다.

● 평가

이 글은 원문의 주요 내용이 개미의 의사소통 방식이라는 점은 파악하였으나, 개별적이고 부분적인 글의 내용을 그대로 인용하는 문제, 각 사례를 일반화하여 내용을 재구성하지 못한 문제를 보이고 있다. 또한 각 문단별 중심 내용을 순서대로 나열하는 방식에 그치고 있어 내용의 선별과 배열이 잘 이루어지지 않는 모습을 보여 준다. 따라서 이 요약문은 각 문단의 내용은 이해하였으나 글의 전체적인 핵심 내용을 파악하여 일반화하지 못하였다는 점, 핵심적인 내용을 효과적으로 재구성하여 정리하지 못하였다는 점, 내용을 간결하고 명확하게 진술하지 못하였다는 점을 단점으로 지적할 수 있다.

01 다음 글을 읽고 요약해 보자.

우리는 생존 기계다. 여기서 '우리'란 인간만을 가리키는 것이 아니다. 모든 동식물, 박테리아, 그리고 바이러스를 포함한다. 지구 상 생존 기계의 총수를 파악하기는 매우 어렵다. 심지어 종의 총수마저 제대로 알지 못하는 실정이다. 예컨대 곤충의 경우 현재 3백만 종이 있다고 추정되며, 그 개체 수는 10^{18}마리나 된다.

생존 기계는 종류에 따라 그 외형이나 체내 기관이 매우 다양하다. 문어는 생쥐와 전혀 닮지 않았으며, 이 둘은 참나무와 또 다르다. 그러나 그들의 기본적인 화학 조성은 다소 균일하다. 특히 그들이 갖고 있는 자기 복제자, 즉 유전자는 박테리아에서 코끼리에 이르기까지 기본적으로 모두 동일한 종류의 분자다. 우리 모두는 같은 종류의 자기 복제자, 즉 DNA라고 불리는 분자를 위한 생존 기계다. 그러나 세상을 살아가는 데는 여러 종류의 생활 방법이 있는데, 자기 복제자는 이 방법들을 이용하기 위해 다종다양한 기계를 만들었다. 원숭이는 나무 위에서 유전자를 유지하는 기계이고, 물고기는 물속에서 유전자를 유지하는 기계다. 심지어 독일의 맥주잔 받침에서 유전자를 유지하는 보잘것없는 작은 벌레도 있다. 이처럼 DNA는 매우 신비하게 일한다.

— 리처드 도킨스 지음, 홍영남·이상임 옮김,

『이기적 유전자』, 을유문화사, 2010, pp. 68~69.

교권붕괴, 그들만의 문제인가?

하루의 일과를 교권(敎權) 침해와 관련된 사건을 접하면서 시작할 정도로 최근 교권 침해에 대한 논란이 뜨겁다. 교권 침해가 비단 지금의 일만은 아니지만 교권 붕괴라는 표현으로 그 심각성을 지적하고 있으며, 그 현상은 갈수록 악화되고 있는 것 같다. 교권이 교육받을 권리와 교육할 권리를 함께 포함하는 개념으로 본다면, 최근의 교권 침해 문제는 교육받을 권리의 침해라기보다는 교육할 권리의 침해로 보는 것이 옳을 것이다. 물론 교권을 보는 시각은 보는 이에 따라 달라질 수 있다. 그러나 문제의 심각성은 교권 침해가 특정 교사 개인만의 문제가 아니라는 것이다. 학교라는 교육적 시공간 속에서 한 교사의 행동은 개인으로서의 행동이 아닌 모든 교사를 대표하는 상징적 교사의 행동일 수 있기 때문이다. 따라서 교권 침해를 받은 한 교사의 상처는 모든 교사의 상처일 수 있다. 그래서 더욱 가슴 아프다.

비단 교권 침해는 유아 혹은 초·중등학교에서만 나타나는 현상은 아니다. 오히려 대학에서의 교권 침해는 그 정도가 더 심각할 수 있다. 대학에서의 교권 침해는 초·중등학교에서의 교권침해와 다르다. 초·중등학교에서의 교권 침해는 단순히 가르치는 자와 배우는 자의 문제뿐만 아니라 가르치는 자와 학부모와의 문제일 수 있다. 반면 대학에서의 교권 침해는 학부모와의 관계에서 야기되는 문제라기보다는 교수와 학생과의 문제일 수 있다. 또한 대학에서의 교권 침해는 유아 혹은 초등에서부터 시작된 마치 초기 암이 말기 암으로 되어가는 치유하기 어려운 누적된 문제일 수 있다. 그러나 대학에서의 교권 침해가 이미 말기 암의 진단을 받았다 하더라도, 교원 양성 대학에서의 교원침해는 반드시 치유되어야 한다. 우리 대학과 같은 교원 양성 대학에서의 교권 침해는, 대학 내에서 별 생각 없이 행동했던 교권 문제가 교사 임용 후 학교 현장에서 교권 침해의 당사자로 그 위치가 바뀔 수 있다는 점에서, 일반 대학에서의 교권 침해와는 전혀 다른 차원의 문제이며, 더욱 걱정스러운 일이 아닐 수 없다. 예비교사들 스스로 교단의 권위와 교권 확립의 마음가짐이 없다면, 장차 학교 현장에서 학생들이나 학부모들에게 어떤 교권을 요구할 것인가.

교권 확립은 가르치는 자 스스로 지킨다고 해서 혹은 강한 신념을 갖는다고 해서 문제가 해결되지 않는다. 왜냐하면 교권은 가르치는 자의 권리일 수 있지만, 가르치는 자의 권위일 수도 있기 때문이다. 가르치는 자의 권리로서의 교권은 법적인 지위상의 권한을 의미하지만, 권위는 반드시 법적 지위를 전제하지 않기 때문에, 교수의 권위는 스스로의 노력만으로 지킬 수 있는 것이 아니다. 단순히 가르치는 자의 법률적 지위나 전문직 지식이나 탁월한 교수법의 소유자라고 해서 교권이 스스로 확립되는 것이 아니다. 이런 점에서 스승은 자기 자신이 스스로 붙일 수 있는 호칭이 아니다. 스승은 가르치는 자로부터 인격적 감화를 받은 이의 자발적 존칭이지 자기 자신이 스스로 부여하는 것이 아니다.

대학에서의 교권 확립은 교수들만의 개인적 노력이 아닌 대학 구성원 모두의 상호 신뢰와 노력이 전제되어야 한다는 것은 당연한 귀결일 수 있지만, 그것만큼 어려운 것도 없다. 교권은 매우 주관적인 개념일 수 있으며, 교권 확립의 대안은 다양하다. 그러나 지금 우리에게 필요한 것은 자기들만의 입장에서 해석하는 교권에 대한 사적 개념이 아닌 우리 모두가 공감을 할 수 있는 공적 개념이 아닐까 한다.

— 권동택, 「교권붕괴, 그들만의 문제인가?」, 『한국교원대학교신문』

264 호, 2006. 5. 29.

03　다음 책을 선정하여 읽고 요약문을 써 보자.

- 김흥식, 『한글 전쟁: 우리말 우리글 5천년 투쟁사』, 서해문집, 2014.
- 조한욱, 『문화로 보면 역사가 달라진다』, 책세상, 2000.
- 한국민족미술연구소, 『진경문화: 찬란한 우리 문화의 꽃』, 현암사, 2014.

- 마이클 샌델, 안기순 역, 『돈으로 살 수 없는 것들』, (주)미래엔, 2012.
- 코델리안 파인, 이지윤 역, 『젠더, 만들어진 성: 뇌 과학이 만든 섹시즘에 관한 환상과 거짓말』, 휴먼사이언스, 2014.
- 토머스 쿤, 김명자·홍성욱 역, 『과학 혁명의 구조』(제4판), 까치, 2013.
- 피터 앳킨스, 이한음 역, 『갈릴레오의 손가락: 과학의 10가지 위대한 착상들』, 이레, 2006.

- 자신이 최근에 읽었던 책이나 글 한 편.

04 다음 수필이나 소설을 골라 읽고, 요약해 보자.

- 김유정, 「동백꽃」, 「금 따는 콩밭」, 「운수 좋은 날」
- 채만식, 「탁류」, 「치숙」, 「태평천하」
- 이상, 「날개」
- 박태원, 「천변풍경」, 「소설가 구보씨의 일일」

- 이효석, 「낙엽을 태우면서」
- 법정, 「무소유」, 「산정에서」
- 피천득, 「인연」

- 자신이 최근에 읽었던 수필이나 소설 중 한 편.

6장 | 리포트 쓰기

대학에서의 과제를 총칭하는 개념인 리포트는 대학 생활과 밀접한 관련이 있다. 리포트의 특징을 이해하고 학습 능력과 연구 능력을 높이는 방법인 리포트 쓰기에 대해 알아보자.

1. 리포트란 무엇인가

대학에 들어와 학생들이 겪는 어려움 중의 하나는 리포트 쓰기일 것이다. 대부분의 교과목은 한 학기에 적어도 한두 개 혹은 그 이상의 리포트 제출을 요구한다. 리포트는 학생들의 학습 결과물이기 때문에 학점과 밀접한 관련이 있다. 따라서 대학 생활을 효과적으로 하기 위해서는 리포트 형식이나 작성 방법을 충분히 익혀야 한다.

대학에서의 '리포트'[1]는 학생들이 학점을 취득하기 위해 제출하는 과제를 총칭하는 개념이다. 학생이 교수의 지도에 따라 읽고, 조사하고, 실험하고, 연구한 결과를 정리하여 보고하는 것 외에도 사회단체나 관공서

---

[1] 리포트(report)의 사전적 정의는 조사나 연구, 실험 등의 결과에 대한 글이나 문서, 혹은 학생이 교수에게 제출하는 소논문(小論文)이다. 그러나 실제 대학에서 소통되고 있는 리포트는 강좌에 따르는 과제의 의미가 강하다. 따라서 리포트는 내용, 형식, 장르가 미리 고정되어 있는 것이 아니라 과제의 성격에 따라 내용, 형식, 장르를 유연하게 결정해 가는 쓰기의 형태라 할 수 있다.

등에서 참관, 시찰, 조사한 결과를 담은 보고서[2] 또한 리포트라고 할 수 있다.

교수는 해당 과목과 관련하여 학생의 이해 정도를 확인하고, 더 나아가 필요한 서적이나 자료를 읽게 하여 심화·확장된 지식을 얻게 하려는 목적으로 리포트를 쓰게 한다. 따라서 대학에서 요구되는 리포트는 지적 수련의 과정이라 볼 수 있다. 리포트를 쓰는 과정을 통해 학생들은 학습 능력과 연구 능력을 점차 배양할 수 있게 된다. 스스로의 힘으로 자료를 찾고, 찾은 자료를 선별하고 종합하여 한 편의 체계적인 소논문을 완성하는 과정은 다양한 연구논문 및 학위논문을 쓰는 데 디딤돌 역할을 한다는 점에서도 매우 중요하다.

리포트는 독자가 명확히 설정된 상태에서 쓰는 글이다. 물론 리포트의 1차 독자는 교수이다. 따라서 리포트를 작성하면서 우선적으로 고려해야 할 것은 교수가 요구하는 리포트의 성격이다. 즉 단순히 요약을 하는 것인지, 아니면 조사를 해야 하는 것인지, 혹은 각자의 주관적인 평가와 견해를 포함시켜야 하는 것인지를 정확히 알고 있어야 한다. 이는 곧 교수가 과제를 부과한 의도를 이해하고 있다는 것을 의미한다. 이러한 이해를 바탕으로 교수의 의도에 적합한 리포트를 작성해야 좋은 평가를 얻을 수 있다. 특히 과제의 평가 항목 및 방식을 미리 알고 리포트를 작성할 때에는 교수의 그 의도를 정확하게 파악하는 것이 더욱 중요하다.

---

2   보고서는 답사, 조사, 관찰, 관측, 실험, 실습 등을 통해서 얻어진 자료들을 정리하여 보고하기 위한 글이다. 보고서의 유형은 결과를 얻는 방법을 중심으로 나누는 것이 일반적인데, 조사 보고서, 실험 보고서, 관찰 보고서, 답사 보고서 등이 그 예이다.

2. 리포트를 잘 쓰려면

리포트는 종류가 다양하기 때문에 글을 쓰는 그 절차가 항상 동일할 수는 없다. 여기에서는 가장 기본적인 절차로 '주제 선정하기 → 문제 파악하기 → 자료 수집하기 → 자료 정리하기 → 개요 작성하기 → 글쓰기 → 참고도서 밝히기 → 퇴고하기'를 제시하고자 한다.

1) 주제 선정하기

대체로 리포트는 학기 중에 과제로 작성되는 경우가 많다. 주제는 주로 교수가 제시하지만, 때로는 학생들이 자유롭게 선택할 수도 있다. 주제를 직접 선택하는 경우에는 자신이 평소 관심과 흥미를 가져 왔던 문제를 선정하는 것이 좋다.

주제는 글에서 필자가 주장하고자 하는 핵심 내용이다. 리포트를 쓰기 전에 가장 먼저 주제를 선정하고 이를 명확하게 해야 내용의 일관성을 유지할 수 있다. 주제를 명확하게 만드는 과정은 주제와 관련된 참고 자료를 읽고 그 내용을 정리해 가는 과정과 일치한다. 즉, 다양한 자료를 읽고 정리해 가면서 자신이 쓸 리포트 주제의 범위와 방향을 구체화하는 것이다.

2) 문제 파악하기

주제가 선정되면 강의 내용이나 전문서적, 소논문, 학위논문 등을 통해 문제의 일반적인 성격을 파악해야 한다. 이것은 문제의 범위를 한정하고, 리포트를 구성하는 기초가 되며, 자료 수집의 방향을 결정해 준다.

교수가 리포트를 요구할 때에는 리포트의 진술 방식을 제시하는 경우가 많다. 따라서 학생들은 리포트에서 요구하는 진술 방식이 무엇인지를 명확히 파악하는 것이 중요하다. 리포트 진술 방식은 서술, 기술, 설명, 제시, 논의, 논술 등으로 다양한데, 일반적으로 설명형, 논술형, 보고형으로 구분해 볼 수 있다. 설명형은 개인적 평가나 비평을 요구하지 않는 경우에 쓰이고, 논술형은 개인의 생각이나 견해를 제시하는 경우에 쓰인다. 보고형은 연구의 과정과 결과를 정리하는 경우에 쓰이는데, 보고서에 많이 사용된다.

3) 자료 수집하기

주제와 관련된 자료를 찾는 방법에는 두 가지가 있는데, 첫 번째는 대학도서관이나 국립중앙도서관, 국회도서관 등을 직접 방문하여 자료를 수집하는 방법이다. 두 번째는 도서관에 직접 방문하지 않고 자료를 수집하는 방법으로, 각 도서관에서 운영하는 사이트에 접속하여 원문 서비스를 이용하는 것이다(국립중앙도서관: http://www.nl.go.kr, 국회도서관: http://www.nanet.go.kr, 학술연구정보서비스: http://www.riss.kr 등).

인터넷 사이트에서 원문 검색을 할 때에는 해당 주제의 키워드를 입력하여 자료를 검색할 수 있다. 또는 주제와 관련된 분야에서 인정을 받고 있는 학자들의 이름을 키워드로 입력하여 그들이 최근에 발표한 글을 읽어 볼 수도 있다. 그런데 도서관 등에 탑재된 자료가 아니라 인터넷 검색 엔진을 통해 얻을 수 있는 자료 중 일부는 불필요하거나 출처가 명확하지 않을 수 있다. 따라서 수집한 자료가 신뢰할 수 있는 것인지 판단할 수 있어야 한다.

4) 자료 정리하기

자료를 정리할 때에는 독서 카드를 활용하는 것이 좋다. 신문에 실린 기사 한 편이든 한 권의 저서이든 간에, 리포트에 사용할 자료는 반드시 정리하는 것이 필요하다. 때문에 자료를 읽은 후에는 그것의 출처도 함께 정리해 두는 것이 좋다.

5) 개요 작성하기

개요란 글을 통해 전달하고자 하는 내용을 글에서 어느 위치에 둘 것인가를 결정하는 것과 관련된다. 일반적으로 개요를 '글의 설계도'라고 하는데, 이는 개요가 글의 전체적 구상을 확정짓는 과정이기 때문이다. 개요를 작성한 후 글을 쓰면 좀 더 체계적이고 정돈된 글을 쓸 수 있으며, 그 독자에게 전하고자 하는 바를 잘 전달할 수 있다.

학생들이 제출한 리포트에서 가장 흔히 발견되는 문제 중 하나가 리포트 내용의 흐름이 논리적이지 않다는 것이다. 논지의 전개가 분명하지 못하고, 결론으로 나아가는 과정에 비약도 나타난다. 이런 오류가 나타나는 이유는 리포트를 쓰기 전에 개요를 짜지 않았거나 제대로 짜지 못했기 때문이다. 즉, 머릿속에 대략적인 구상만 하고 글을 썼기 때문에 자신의 주장이나 논지를 일관성 있게 유지하지 못하는 것이다.

이미 작성한 개요를 바탕으로 글을 쓰는 과정에서 생각의 흐름이 전체적으로 바뀔 수 있다. 이때는 바뀐 생각을 반영하여 기존의 개요를 수정하는 것이 좋다. 개요는 초고는 물론 퇴고할 때에도 끊임없이 수정될 수 있으며, 탈고 시에 목차로 최종 확정되는 과정을 거친다.

6) 글쓰기

리포트를 쓸 때에는 '바르고 간결한 문장'을 써야 한다. 문장이 서너 줄을 넘어가다 보면 자신이 전달하려는 내용이 무엇인지 모호해지고, 주어와 서술어의 호응에도 문제가 생기기 쉽다. 그러므로 항상 간결하고 정확하게 문장을 구성하는 것이 좋다.

문제 확인하기 단계에서 리포트에서 요구하는 진술 방식을 파악하였다면 리포트를 쓸 때에 이를 고려해야 한다. 즉, 진술 방식인 설명형, 논술형, 보고형 중에 리포트에서 요구하는 진술 방식에 알맞게 글을 써야 한다.[3]

리포트에는 전문 용어나 핵심어를 사용하는 것도 필요하다. 이것은 강의 시간에 배운 전문 용어를 정확하게 사용함으로써 교수에게 해당 지식에 대한 이해도와 적용 능력을 보여 주는 효과가 있다. 그뿐만 아니라, 장황한 표현 대신 핵심어를 이용하여 핵심 내용을 간략하게 표현할 수 있다.

다음으로, 접속 부사와 연결 어미를 적절히 사용한다. 읽는 사람이 내용의 논리적 관계를 정확하게 파악하여 쉽게 읽어 나갈 수 있도록 문장과 문장을 연결하는 연결어를 적절히 사용한다. 예를 들어, '그리고, 그래서, 그러나' 등과 같은 접속 부사나, '-고, -며, -서' 등과 같은 연결 어미를 적절히 활용한다.

7) 참고도서 밝히기

리포트를 쓰면서 도움 받는 사항은 반드시 참고문헌과 인용으로 밝혀야 한다. 이는 자신의 리포트 작성에 활용한 자료를 밝힌다는 점에서, 또 선행 연구자의 업적을 존중한다는 점에서 의미가 있다. 그리고 이후에 비슷한 연구를 할 사람들을 위한 길잡이 역할을 한다는 점에서도 의미가 있다.

기본적으로 각주와 참고문헌에서 밝혀야 하는 사항은 필자, 글의 제목 (글이 실린 단행본, 학위논문, 소논문, 잡지 등의 제목), 출판사(대학교 등), 출판연도, 쪽수(해당 부분이 실린 쪽수) 등이다. 이때 정확하게 기입하였는지 반드시 확인해야 한다.

---

3 '설명형' 진술 방식, '논술형' 진술 방식은 리포트 쓰기에만 해당되는 것이 아니라 대학교에서의 중간고사, 기말고사 등 서술형 시험을 포함하여 다양한 글쓰기에 폭넓게 적용할 수 있다. 가령 '설명형' 시험 문항, 즉 '~에 대하여 서술하시오', '~에 대하여 기술하시오', '~에 대하여 설명하시오'의 경우에는 주어진 문제에 대한 이론이나 원리, 사실 등을 객관적으로 기술하여야 한다. 한편 '논술형' 시험 문항, 즉 '~논의하시오', '~논술하시오', '~에 대하여 자신의 생각을 쓰시오'의 경우에는 자신의 생각이나 주장을 설득력 있게 논리적으로 전개하는 것이 좋다.

8) 퇴고하기

어떤 종류의 글이든 다 쓴 후에는 한번 읽으면서 전체적으로 재검토하는 작업을 거쳐야 한다. 이를 퇴고라 한다. 퇴고는 단순히 틀린 글자나 문장을 손질하는 수준을 넘어서, 자신의 의도에 맞추어 글 전체의 내용을 재조정하고 내용이 효율적으로 전달될 수 있는지도 점검하는 것이다.

3. 리포트 쓰기의 유의점

리포트를 잘 쓰기 위해서는 다음 사항에 유의해야 한다. 첫째, 리포트 주제에 대한 문제 인식을 명확히 하고 리포트를 작성해야 한다. 리포트 주제에 대한 작성자의 문제 인식 없이 글을 쓸 수는 없으므로 주제에 대한 문제 인식을 명확히 해야 한다. 이때 사실과 의견을 구분하여 정보와 그것에 대한 작성자의 해석을 구분해서 진술하는 것이 중요하다. 정보와 해석을 구분함으로써 정보의 객관성을 높일 수 있고, 해석의 타당성을 확보할 수 있다.

둘째, 감정에 치우친 표현이나 어휘를 사용하지 않는다. 리포트에서는 주관적이고 모호한 문장은 피한다. 예를 들어 '~인 것 같다'나 '~일지도 모른다' 식의 모호한 어투, 혹은 지나치게 감상적인 어투나 미사여구가 화려한 문장 등은 피한다.

셋째, 리포트 내용을 시각적으로 보완하는 자료를 제시한다. 이는 정보를 정확하면서도 효율적으로 전달하기 위한 방법적 전략이기도 하다. 문장으로만 내용을 장황하게 설명하거나 묘사하는 것보다 사진이나 그림 자료를 첨부하면 정보를 효율적으로 전달할 수 있다. 특히 세밀한 내용은 필수적으로 시각 자료를 통해 보완해야 한다. 통계량의 증감이나 의미를 그림, 도표 등으로 나타내어 그 변화를 일목요연하게 제시할 수 있을 뿐만 아니라 전달하려는 정보에 대한 관심과 흥미를 더해 줄 수 있다.

넷째, 리포트 중에서도 보고서의 경우에는 조사, 관찰, 실험 등의 과정도 항목화하여 자세하게 기록한다. 연구의 목적이 무엇인지, 연구를 위하여 조사하는 사람은 누구이며 실험을 하는 사람은 누구인지, 어떻게 그 방법을 적용하는지, 연구의 기간은 언제인지, 장소나 지역은 어디인지 등을 사실적으로 기술한다. 또한 보고서의 목차에는 문제 인식 및 그 배경, 문제를 해결하는 절차 등을 명료하게 나타내야 한다.

4. 리포트 쓰기의 실제

리포트는 어느 정도 정형화되어 있으므로 교수가 요구하는 형식에 맞추는 것이 아주 중요하다. 리포트는 기본적으로 표지, 목차, 본문(서론, 본론, 결론), 참고문헌의 순서로 제시된다.

1) 표지

리포트의 표지에는 제목, 수강 과목, 담당 교수, 제출일, 소속 학과, 학번, 제출자 등이 제시된다. 표지를 작성할 때에는 지나치게 외형에 치중하기보다는 깔끔하게 하고, 표지에 들어갈 핵심 항목이 잘 보이게 제시하는 것이 중요하다.

2) 목차

독자는 목차를 통해 리포트 전체 내용을 파악하게 되므로 리포트 전체의 구성을 일목요연하게 보여 줄 수 있도록 목차를 작성한다.

3) 본문

리포트는 특징에 따라 다양한 본문의 구성이 가능하다. 하지만 리포트에 담긴 내용을 논리적으로 드러내기 위해 '서론-본론-결론'이나, '처음-가운데-끝'과 같은 3단 구성이나, '기-승-전-결'과 같은 4단 구성을 취하는 것이 일반적이다.

리포트 본문 내용은 장, 절, 항 등으로 보다 세분화되는데, 이때 장, 절, 항 등을 표시하는 방법은 수문자식, 숫자식, 장절식 등으로 구분할 수 있다.

리포트 본문의 장, 절, 항 표시 방법

수문자식

- 숫자와 문자를 번갈아 가면서 장, 절, 항 등을 표시하는 방식
- 관례적으로 장에는 로마 숫자를 사용하고, 절에는 알파벳 대문자를 사용하며, 항에는 아라비아 숫자를 사용한다.
- 장에는 I, II, III 등을 쓰고, 절에는 A, B, C 항에는 1, 2, 3 등을 쓰는 식이다. 그러나 우리나라 리포트에서는 절에서 A, B, C 등을 쓰는 대신에 1, 2, 3 등을 쓰고, 항에는 가, 나, 다 등을 쓰는 경우가 있다. 즉, 'I- 1-가'로 표시하기도 한다.

숫자식

- 숫자만으로 장, 절, 항 등을 표시하는 방식
- 장에는 한 자리 수인 1, 2, 3 등을 쓰고, 절에는 두 자리 수인 1.1, 1.2, 1.3 등을 쓰며, 항에는 세 자리 수인 1.1.1, 1.1.2, 1.1.3 등을 쓴다.

장절식

- 장, 절, 항 등을 표시하는 가장 전통적인 방식
- '제1장', '제1절', '제1항'과 같은 방식으로 표시한다.

3단 구성을 중심으로 리포트 본문의 구성을 설명하면 다음과 같다.

리포트의 본문

서론

서론은 리포트 전체를 안내하는 부분이다. 서론에서는 주제에 대한 문제 제기와 그 문제를 어디까지 다루고자 한다는 연구 문제의 범위를 기술하고, 필자의 문제의식을 명확히 한다.

본론

본론은 제기된 문제에 대한 해결 방안을 탐구하여 그 결과를 기술하는 부분이다. 과제에 대한 탐구 내용을 일목요연하게 정리하여 제시한다.

결론

결론은 리포트의 마지막 부분이다. 결론에서는 본론의 주장을 정리·요약하여 간단하게 그 논지를 제시한다.

---

4) 각주와 참고문헌

특정 현상을 조사·정리·보고하거나, 그에 대한 감상 내지는 비평을 글의 내용으로 다루려면 학생 자신의 생각만으로는 완성할 수 없다. 이때에는 다양한 자료를 참조하여 글을 쓰게 되는데, 글을 쓰면서 참조한 자료의 출처는 반드시 밝혀야 한다. 글의 참조를 밝히지 않는 경우 이 리포트는 단순히 베끼기를 한 것에 불과하다. 더욱이 요즘과 같이 다양한 자료를 손쉽게 접할 수 있는 환경에서 인용 자료의 출처를 밝히는 일은 윤리적으로 준수해야 할 사항이다.

또한 리포트를 작성하면서 참고했거나 내용상 도움을 받았던 서지 사항들은 참고문헌에 꼭 기재해야 한다. 리포트는 특정한 주제에 대한 결과를 보고하는 글이므로 참고문헌은 리포트 전체의 객관성을 보여 주는 데 매우 중요한 역할을 한다.

모범적인 글과 수정이나 보완이 필요한 글

여기에서는 대학생들이 제출한 리포트를 예시로 삼아 리포트 쓰기의 실제를 살피고자 한다. 여기에 수록된 글은 대학생들이 강의 과제물로 제출한 리포트이다.

▶ **모범적인 글** ···

리포트 과제:[4]

자신의 듣기 태도를 점검하고, 문제점에 대한 해결 방안을 제시하시오.

【표지】

제목: 나의 듣기 태도와 그에 따른 해결 방안

소속: _____과 _____학년

학번:

이름:

담당 교수:

제출 일자: 년 월 일

【목차】

I. 시작하며

II. 검사 결과·분석·원인

  1. 검사 결과

  2. 검사 결과 분석·해석

III. 해결 방안

IV. 마치며

---

4 이 리포트는 제주대학교 교육대학 김민지 학생이 '언어와 생활' 강좌 과제로 제출한 리포트이다.

【본문】

I. 시작하며

사람은 누구나 주변 사람들과 대화를 하면서 생활한다. 상호간에 대화를 할 때, 화자의 화법도 중요하지만 청자의 듣기 태도도 매우 중요한 요소이다. 특히나 교사가 되어야 할 우리들에게는 아이들과의 대화에서 듣기의 올바른 태도가 중요한 요소이며, 따라서 자신의 듣기 태도를 점검하고 문제점을 파악하여 개선해 나가야 한다. 이번 과제를 하며 나의 듣기 태도를 스스로 점검함은 물론, 주변의 친구와 가족, 선배를 통해서도 나의 듣기 태도를 점검해 보았다.

II. 검사 결과·분석·원인

1. 검사 결과

내용	나	친구A	친구B	친구C	가족	선배A	선배B
1. 흥미 없는 주제라고 여겨도 잘 들어 주는 편인가?	3	4	4	2	4	3	3
2. 화자의 말재간, 용모, 복장 따위에 크게 신경을 쓰는가?	3	2	1	2	3	3	2
3. 넘겨짚고서 반박을 준비하는가?	4	1	2	2	3	2	2
4. 사실에만 귀를 기울이는가?	1	2	2	2	4	1	2
5. 한 마디도 놓치지 않고 모두 기억하려고 하는가?	2	1	2	1	1	2	2
6. 화자의 말에 관심을 보이는가?	2	3	2	3	2	2	3
7. 주의 산만의 요인을 방치하는가?	1	2	3	1	3	2	3
8. 어려운 내용은 모르고 넘어가는가?	2	4	3	3	3	3	3
9. 사소한 표현에 영향을 받는가?	4	2	2	2	1	2	2
10. 그냥 사실적인 내용만 들으려 하는가?	1	2	2	3	4	2	2

2. 검사 결과 분석·해석

첫 번째 '흥미 없는 주제라고 여겨도 잘 들어 주는 편인가?'라는 질문에는 대부분의 설문자들이 '그렇다'고 대답해 주었다. 두 번째 질문 '화자의 말재간, 용모, 복장 따위에 크게 신경을 쓰는가?'에서는 나 스스로는 그렇다고 생각했는데 주변 사람들은 그렇지는 않다고 대답하였다. 세 번째 '넘겨짚고서 반박을 준비하는가?'라는 질문을 보았을 때, 나는 항상 반박을 준비하며 그냥 넘어가는 법이 없으므로, 이것은 앞으로 고쳐야 할 점이라고 생각했는데 주변사람들은 나와는 반대로 생각하고 있었다. 왜 내 생각과 다른 사람들의 결과가 정반대였을까 생각해 보았는데, 나와 대화하는 상대방이 내가 반박할 만한 말을 할 때, 속으로만 반박할 말을 생각하고 실제로는 잘 말하지 않는 내 태도가 원인이었던 것 같아 보였다. 네 번째 질문 '사실에만 귀를 기울이는가?'에서, 나는 사실이든 아니든 모든 이야기에 관심과 호기심을 갖고 듣는다고 확신해서 '1'을 선택했다. 친구나 선배들은 나와 비슷한 의견을 보였지만 가족(엄마)은 '4'를 주었다. 이를 토대로, 평소에 엄마와 대화를 나누면서 이야기를 들을 때 엄마가 하는 말들을 잘 신뢰하지 않는 경향이 있어서가 아닐까 추측해 볼 수 있었다. 다섯 번째로 조사했던 '한 마디도 놓치지 않고 모두 기억하려고 하는가?'는 나의 평소 태도가 분명하게 드러나는 질문이었다. 평소에도 친구들이랑 대화를 한 일이나, 평소에 있었던 일, 또는 친구랑 대화를 하면서 내가 하려던 이야기를 자주 잊어버려 핀잔을 듣는 일이 많았는데, 이번 조사에서 설문에 응답한 사람들이 내가 한 마디도 놓치지 않고 모두 기억하려고 하는 경향이 약하다고 느끼고 있었다. 여섯 번째 질문인 '화자의 말에 관심을 보이는가?'에서는 나를 포함한 모두가 '2', '3'의 결과를 내놓았다. 나는 관심을 표명하는 척만 하는 것은 당연히 안 좋은 것이지만 가끔은 화자가 말하는 내용이 관심 없는 내용이라도 관심있게 들으려 노력하는 것은 필요한 요소라고 생각한다. 일곱 번째 '주의 산만의 요인을 방치하는가?'라는 질문에 나는 주의가 산만하면 대화에 쉽게 집중하지 못하기 때문에 주의 산만 요인을 없애려 노력하는 편이라 생각했는데 몇몇은 다른 생각을 가지고 있었다. 특히 가족(엄마)에게 조사할 때, '대화할 때 다른 주변 요인보다 나 자신이 산만하다'는 말을 듣기도 하였다. 여덟 번째 질문인 '어려운 내용은 모르고 넘어가는가?'에서 나는 어려운 내용은 대부분 짚고 넘어간다고 생각하고 있었는데 남들과 생각이 많이 다른 것을 깨달았다. 아홉 번째 '사소한 표현에 영향을 받는가?'라는 질문에서도 나는 사소한 표현 하나하나에 영향을 받고 그 사소한 표현과 그에 따른 이야기로 빠져버린다고 생각했는데 이 역시 남들과 나는 많이 다른 생각을 하고 있는 것이었다. 마지막 질문인 '그냥 사실적인 내용만 들으려 하는가?'에서 나와 친구 선배는 대부분 '1', '2'의 대답을 한 반면 가족(엄마)은 '4'라는 대답을 하였다. 이는 네 번째 질문과 비슷한 유형의 결과였는데, 이 자료를 보며 가족들과의 대화와 친구 선배들과의 대화에서 듣기 태도가 다르다는 것을 깨닫게 되었다.

III. 해결 방안

우선 가장 필수적으로 해결해야 할 문제는 다섯 번째 질문에 따른 것이다. 내 평소 최대 단점이었던 기억해야 할 것을 자주 잊어버리는 생활 습관이 내 듣기 태도에도 스며들어 버린 듯싶다. 이런 듣기 태도는 나에게 말을 하는 상대방에게 내가 대충대충 듣고 있다는 느낌을 주기 쉽고, 실제로도 나 또한 대충 듣는 경향이 있고 상대방이 했던 말을 금방금방 잊어버리곤 한다. 이러한 것을 고치기 위해서는 앞으로 상대방과 대화를 한 후에 다시 이를 상기시켰을 때 대부분의 내용이 생각날 만큼 집중해서 들어 보는 연습이 필요할 것이라는 것을 느꼈다.

일곱 번째 질문을 점검할 때 엄마가 해 주셨던 '다른 어떠한 요인보다 내가 산만하다'는 말은 다시 한 번 내 평소 듣기 태도를 점검하고 반성하게 만들었다. 나는 대화를 할 때 내 스스로 산만한 환경을 없애려 한다고 생각했는데, 다시 생각해 보니 내가 화자의 입장일 때는 그러한 편일지 몰라도 내가 청자의 입장이 되었을 때는 상대방이 말을 하는 데 방해가 될 정도로 산만하게 굴었던 것이다. 앞으로는 대화를 할 때 내가 화자의 입장이든 청자의 입장이든 간에 원활한 대화를 위해서 주의 산만의 요인을 없애려 노력하고 대화에 집중해야겠다고 다짐했다.

또한, 이 과제와는 다른 주제의 내용이지만 세 번째 질문에서 느낀 것은, 무조건 반박만 하는 것은 좋지 않지만 그래도 내가 마음속으로 반박하고 의심한 것은 마음속에만 담아두지 말고 솔직하게 반박도 하면서 내 마음에 좀 더 솔직해져야 할 것 같다는 것이다. 머릿속으로는 분명 반박거리를 생각해 두는데 정작 말로는 표현하지 못하는 나를 보면서 조금 가식적이고 표리부동한 사람이라는 걸 깨닫기도 했다.

IV. 마치며

평소에는 이러한 듣기 태도를 점검해 본 적도 없고 해 볼 생각도 없었는데, 막상

이렇게 주변 사람들에게 나의 듣기 태도에 대한 솔직한 생각을 들어보니 나의 듣기 태도의 문제점을 알아낼 수 있었고 더 나아가 내 생활 태도 전반적인 문제도 찾아낼 수 있었다. 또한 내가 생각했던 나의 듣기 태도와 남들이 생각하는 나의 듣기 태도가 많이 다르다는 것과 대화를 할 때 청자가 어떠한 반응을 보이느냐에 따라 대화 방식도 달라지고 대화 내용도 달라질 것이라는 것도 새삼 느끼게 되었다.

가장 중요한 것은 이러한 해결 방안과 다짐들이 이렇게 글로만 그치는 게 아니라 실생활에서도 직접적인 실천과 개선으로 바뀌고, 이러한 개선을 통해 지금보다 더욱 올바른 듣기 태도를 가지는 것이 앞으로 가장 중요한 과제라는 것이다. 또한 이러한 올바른 듣기 태도를 쌓아 교사가 되었을 때 아이들이 좀 더 주의 집중한 환경에서 편안하게 이야기하고 나 또한 집중하여 그들의 이야기를 귀담아 들어 주는 교사가 되고 싶다.

● **평가**

이 리포트는 자신의 듣기 태도를 점검하고 이에 따른 해결 방안에 대한 자신의 생각을 표현한 글이다. 작성자는 크게 4장으로 구성하였는데, 목차의 각 항목을 통해 리포트의 내용을 한눈에 파악할 수 있게 하였다. 1장에서는 리포트 전체의 내용을 안내하고, 2장에서는 검사 결과를 분석하고, 3장에서는 해결 방안을 제시하고, 4장에서는 본론의 주장을 정리·요약하여 짜임새 있는 구성을 보여 주었다. 그리고 2장과 3장의 논지 전개가 자연스럽고 설득력이 있다. 그런데 2장에서의 결과 분석 및 결과 해석 내용을 두세 문단으로 제시하거나 조사 항목을 범주화하여 제시하였다면 논의의 타당성을 더 높일 수 있었을 것이다.

보고서 과제:[5]

최소한의 무게를 사용하여 가장 많은 무게를 견디는 종이다리 만들기

【목차】

I. 서론

    1. 탐구 목적

    2. 탐구 절차 및 방법

II. 문제 해결 과정

    1. 실험 I 과정

    2. 실험 II 과정

III. 탐구 결과

IV. 결론

【본문】

I. 서론

1. 탐구 목적

이 탐구는 최소한의 종이를 사용하여 최대한의 무게를 견디는 종이다리를 만들기 위해 실험을 수행하고, 그 결과를 정리하는 데 목적이 있다.

2. 탐구 절차 및 방법

1) 해결하여야 할 문제 알아보기

2) 문제를 해결하기 위한 조건 알아보기

3) 실험 수행하기(실험 I, 실험 II)

4) 실험 결과 정리하기

---

5   이 글은 한국교원대학교 윤지희, 이자경 학생이 '초등실과교육방법론' 강좌의 과제로 제출한 보고서이다.

II. 문제 해결 과정

1. 실험 I 과정(A4 용지 1장 이용하기)

가. 실험 절차

1) 문제 해결을 위한 아이디어 탐색

처음 이 문제를 접하고는 다리의 기둥을 만들 때 고려해야 할 것들에 대해서 마인드맵을 그렸고, 여러 가지 고려할 것을 변수로 하여 실험을 계획하였다.

2) 문제 해결을 위한 실험 계획

• 변수 1: 다리 기둥의 면적

• 변수 2: 다리 기둥 종이의 두께

변수 1, 2를 고려하여 각각의 경우 모두 A4 용지 한 장을 이용하여, 제일 넓은 원기둥을 2개 만들고, 중간 넓이의 원기둥을 2개, 가장 좁은 넓이의 원기둥을 2개 만들었다. 제일 넓은 원기둥 종이는 얇고, 그 종이의 두께는 뒤로 갈수록 두꺼워진다. 즉, 종이의 두께와 면적 두 가지의 변인 중 어느 것이 더 영향을 미치는지 알아보기 위한 실험 계획이다.

3) 문제 해결을 위한 실험

① A4 용지 3장을 가지고 높이가 10cm인 원기둥을 각각의 조건에 맞게 제작한다.

② 가장 넓으면서 얇은 기둥(A), 중간 넓이의 적당한 기둥(B), 가장 좁으면서 두꺼운 기둥(C)

(A)   (B)

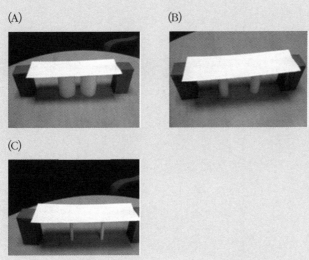

(C)

③ 각각의 다리의 기둥을 세우고 그 위에 다리의 윗판을 올린다.

④ 일정한 간격을 가지고 두 개의 원기둥을 세운다.

⑤ 빨래비누를 하나씩 올려 본다.

나. 실험 결과

① A의 경우: 비누 3개를 모두 지탱할 수 있음

② B의 경우: 비누 3개를 모두 지탱할 수 있음

③ C의 경우: 비누를 하나도 지탱하지 못했음

이를 통해서 종이가 아무리 두껍더라도 종이의 면적이 넓지 않으면 튼튼하지 않음을 알 수 있다. 따라서 종이의 두께보다는 단면적이 더 많은 영향을 끼치는 것을 알수 있다. 그러나 A, B의 경우 실험상에 유사한 결과가 나오자, 어떻게 하면 더 튼튼한 것을 알 수 있을까 고민이 되었다. 그러다가, 비누를 올려 놓는 위치를 달리해 보아야겠다는 생각이 들었다. 왜냐하면 그림에서 나타내듯이 일정한 간격으로 둔 기둥에서 비누를 가운데 올려 놓았을 때의 결과이기 때문이다. 그러나 실제 다리는 가운데에만 무거운 것이 있는 게 아니라 어느 부분에서든지 견딜 수 있게 튼튼하기 때문에 기둥의 위치에 대한 변수를 고려하여야 한다. 이를 참고하여 또 다른 실험을 설계하였다.

2. 실험 II 과정(A4용지 1/2장 이용하기)

(중략)

가. 실험 절차

1) 문제 해결을 위한 아이디어 탐색

이동 도르래의 원리에 따르면, 힘을 분산시킬수록 더 작은 힘으로 물체를 들어 올릴 수 있다. 이러한 관점에서 다리의 무게를 분산시켜 다리 기둥과 기둥 사이의 간격을 좁힐수록 튼튼하다는 점을 발견하였다. 그러나 A4 1/2이라는 한정된 자원이 있기 때문에 세밀한 간격으로 모든 기둥을 세울 수 없었다. 그래서 종이를 3등분 하여, 2개는 큰 기둥을 만들고, 나머지 1/3의 종이는 다시 4등분하여 튼튼하게 원기둥을 만들자고 생각했다.

2) 문제 해결을 위한 실험 설계

우선 원기둥이 튼튼해야 하기 때문에 주어진 종이를 3등분한다. 2개는 큰 원기둥을 만들고, 나머지 1개는 다시 4등분한다. 4등분한 것으로 작은 원기둥을 만들어서 나뭇가지처럼 큰 원기둥에 작은 원기둥 2개를 붙여서 총 6개의 기둥이 다리의 윗판에 접착되도록 제작한다.(D)

나. 실험 결과

① D의 결과 비누 3개는 거뜬히 지탱했다.

② 책을 올려도 튼튼한 기둥이 종이 1/2로 가능했다.

III. 탐구 결과

다리의 무거운 하중을 견디기 위해서는 힘을 분산시킬 수 있어야 한다는 결과를 얻을 수 있다. 이는 다시 말해 다리 기둥과 기둥 사이의 거리가 짧을수록 즉, 숫자가 많을수록 더 튼튼하다는 것을 의미한다. 실제로 원리를 찾아보면 압력은 단위면적에 작용하는 힘이기 때문에 면적이 넓을수록 받는 힘이 더 적어진다. 물체가 닿는 면적이 넓을수록 힘이 분산되어 압력이 약해지고, 또 닿는 면적이 좁을수록 힘은 집중되어서 압력이 강해진다. 예를 들어 팔굽혀펴기를 할 때 한 팔로 하는 것과 양팔로 하는 것은 엄청난 차이가 난다. 그건 상체의 무게를 양팔로 지탱하느냐 한 팔로 지탱하느냐의 문제가 되는 것이기 때문이다. 건물도 기둥을 많이 세울수록 튼튼해지고 기둥이 적을수록 약한 건물이 되는 것과 같은 이치이다.

찰흙이나 지우개를 바늘의 끝부분으로 누르는 것과 연필의 뒷부분으로 누르는 것을 비교해 보았을 때, 바늘을 찔러 넣은 깊이만큼 연필의 뒷부분을 밀어 넣는 것이 힘이 더 들 것이다. 또한, 종이에 손을 베이는 것과 압력의 관계는 마찬가지로 적은 면적에 힘이 적용되기 때문이다. 칼로 음식물을 썰 때 칼날 부분과 칼 등 부분을 비교해 보면 쉽게 이해할 수 있다. 이를 통해 다리는 무거운 하중을 견딜 수 있도록 힘을 분산시키는 것이 관건이라고 할 수 있다.

IV. 결론

(생략)

● 평가

이 글은 실험 보고서로 탐구 과정 및 절차가 잘 드러나 있는데, 다음과 같은 점에서 모범적이라 할 만하다.

첫째, 탐구 목적, 탐구 절차 및 방법, 문제 해결 과정, 탐구 결과의 항목이 일목요연하게 정리되어 있고, 각 항목의 내용도 알맞다. 연구의 시작에서부터 결과까지 필요한 내용을 잘 갖추어 보고서의 형식에 부합한다고 볼 수 있다.

둘째, 사진과 같은 시각 자료를 사용하여 표현의 효과성을 높였다. 문제 인식에 따른 실험 과정을 단계적으로 제시하면서 실험 과정을 단적으로 나타내는 사진 자료를 제시하였다. 이러한 시각 자료를 잘 사용하면 읽는 사람이 정확한 실험 과정을 이해하는 데 도움이 되므로 효과적이다.

셋째, 각 항목의 구분을 명확히 하여 체계성을 높였다. Ⅰ-1-가-1)-①의 순으로 항목을 구분하는 기호를 일관되게 사용하고 있는데, 이러한 장치들은 보고서의 체계성을 더해줄 뿐 아니라 독자가 보고서의 흐름을 파악할 때에도 중요한 역할을 한다.

리포트 과제:

초등학생의 독서 생활 실태를 조사하고, 독서 습관 형성을 위한 방안을 제시하시오.

I. 조사 기간 및 기타

– 조사 기간: 2011년 6월 30일

– 조사 대상: 서울특별시 강동구 ○○초등학교 4학년 35명

– 조사 동기: 요즘 아동의 독서 생활 실태를 조사하기 위하여 조사를 하게 되었다.

– 조사 내용

① 가장 좋아하는 책(책 종류와 도서명)

② 읽는 빈도수(한 달 또는 일주일에 몇 권?)

③ 아동이 책을 잘 안 읽는다면 그 이유는?

④ 교사의 독서 교육 내용과 방법

II. 결과 분석

아동의 독서 생활을 조사하기 위해서 설문지를 작성하였다. 질문과 답변에 대한
결과 분석은 아래와 같다.

① 자신이 가장 좋아하는 책의 제목과 종류는 무엇입니까?

가. 책 제목? (   )

나. 자신이 좋아하는 책의 종류에 ∨표시 하세요.

　　 ㉠ 동화책　 ㉡ 만화책　 ㉢ 위인전기　 ㉣ 백과사전　 ㉤ 기타(   )

	동화책	만화책	위인전기	백과사전	기타	총 명수
남자	4(20%)	10(50%)	2(10%)	2(10%)	2(10%)	20
여자	3(20%)	8(54%)	4(26%)	0	0	15

② 책은 얼마나 자주 읽나요?

　　 ㉮ 일주일에 1~2번　 ㉯ 일주일에 3~4번　 ㉰ 일주일에 4~5번　 ㉱ 매일　 ㉲ 가끔

	일주일에 1~2번	일주일에 3~4번	일주일에 4~5번	매일	가끔	총 명수
남자	3(15%)	3(15%)	1(5%)	9(45%)	4(20%)	20
여자	3(20%)	6(40%)	1(7%)	4(26%)	1(7%)	15

위 설문 조사 결과를 분석해 보면, 남녀 모두 만화책을 즐겨 읽는 것으로 나타났다. 아이들은 주로 『삼국지』, 『그리스 로마 신화』, 『나의 라임 오렌지 나무』와 같은 유명한 책들을 글보다는 초등학생용 만화책으로 읽고 있었다. 시각적으로 주는 즐거움과 편집 과정에서 첨가한 재미있는 요소들이 아이들의 시선을 사로잡아 좋은 이야기들을 널리 알리는 것은 좋지만, 진지하게 독서하는 습관을 형성시키고, 사고력과 표현력, 문장 읽기 능력 등과 같은 고등 사고 능력을 기르는 데에는 부적합한 것으로 보인다. 초등학생들의 독서의 질을 향상시키기 위해서는 학교와 교사와 부모 그리고 동화작가, 출판사 모두 힘을 모아 노력해야겠다.

③ 만약 자신이 책을 읽는 것을 싫어한다면 그 이유는 무엇인가요?

아이들은 주로 "위인전에 나오는 어려운 말 때문에", "글로만 된 책은 너무 지겨워서", "너무 길어서"와 같이 대답했다. 아동용 도서를 만들거나 고를 때 고려해야 할 점을 알 수 있었다.

④ 아이들이 독서를 잘하게 할 지도 방법

선생님께서는 아이들이 독서를 잘하게 할 방법으로 일기 쓰기를 추천해 주셨다. 일기의 주제를 '독후감'으로 정해서 그 날의 일기는 책을 읽고 감상을 적는 '독서 일기'를 쓰게 하는 것이다. 또한 고학년인 경우, 좋아하는 책을 정해서 읽고 그 책에 대해서 토론을 하는 시간을 한 학기에 한두 번 정도 가지는 것도 좋다고 하셨다. 내 경험을 돌이켜보면, 초등학교 다닐 때 형성한 독서 습관이 아직까지 남아 있을 정도로 이 시기의 독서 지도는 아주 중요하다. 위 두 가지 방법이 아이들의 독서 습관을 형성시키고 신장시키는 데에 아주 적합하다고 생각된다.

● 평가

첫째, 이 리포트는 형식 면에서 문제가 있다. 전체 구성은 크게 두 개의 장이며, 1장에는 조사 기간, 방법 및 내용을, 2장에는 결과를 기술하여 리포트의 기본 형식인 3장 체계, 즉 '처음-가운데-끝'으로 구성하지 않았다. 문제 해결 방안에 해당하는 결론 부분을 별도의 장으로 제시할 필요가 있다.

둘째, 조사 결과를 객관적으로 제시한 부분과 결과에 대한 해석을 기술한 부분을 명확히 알 수 있게 제시해야 한다. 이 리포트에서 조사 내용 ①과 ②에 대한 결과를 제시하고, 이에 대한 해석을 ②의 결과 다음에 한 문단으로 나타냈다. 그런데 그 내용은 결국 ①에 관한 분석뿐이었고, ②에 대한 분석은 제시되지 않았다.

셋째, 리포트의 개요 번호 방식이 들쑥날쑥하다. 일반적으로는 수문자식을 사용하고 있지만 상위와 하위 항목에 대한 개요 번호의 일관성이 없다. 가령 'Ⅰ-◎-가' 혹은 'Ⅰ-■-가'와 같이 블릿 기호가 들어가고, 또 서로 다른 블릿 기호가 동일 논의의 층위에 제시되었다. 수문자식을 사용한다면 적어도 'Ⅰ-1-가'의 순서로 제시되는 게 타당할 것이다.

01 아래 항목에 비추어 자신이 쓴 리포트를 점검하여 보자.

- 과제 진술 방식(설명형, 논증형, 보고형)을 고려한 글쓰기인가?
- 연구 내용에 적합한 목차인가?
- 서론에 문제 인식이 명확하게 나타났는가?
- 서론, 본론, 결론의 내용이 유기적인가?
- 소제목(장, 절 제목)과 글 내용이 잘 연결되는가?
- 각 단락 내에서 소주제문을 중심으로 일관되게 기술되었는가?
- 맞춤법 및 띄어쓰기가 올바른가?
- 참고문헌과 인용이 정확한가?
- 과제 조건(분량, 편집 등)을 만족시켰나?

02 '정책연구관리 시스템' 누리집(http://www.prism.go.kr)을 방문하여 자신
의 전공 영역의 정책연구 보고서를 1편 찾아 읽고, 보고서 형식과 내용에 대
하여 토의해 보자.

7장

비평문 쓰기

비평문이란 어떤 대상에 대한 비평적 견해를 화제, 논평, 근거 및 반응의 구조에 따라 작성한 글을 말한다. 비평문만의 성격과 요소를 알아보고, 실제로 비평문을 작성해 보자.

1. 비평문의 개념 및 특징

비평문이란 어떤 대상에 대한 비평적 견해를 화제, 논평, 근거 및 반응의 구조에 따라 작성한 글을 일컫는다. 흔히 비평문이라고 하면 문학 비평문을 떠올린다. 하지만 문학 비평문도 비평문의 한 종류일 뿐 이것이 비평문 전체를 대신하지는 않는다. 문학 비평문은 문학 작품을 대상으로 한 비평문을 일컫는다. 비평하는 대상에 따라 비평문의 하위 유형이 더 세분될 수 있다. 가령 정치를 비평 대상으로 하는 정치 비평문, 문화를 대상으로 하는 문화 비평문, 연극을 대상으로 하는 연극 비평문, 영화를 대상으로 하는 영화 비평문 등으로 세분된다.

비평문과 유사한 글 유형 중에는 감상문이 있다. 어떤 경우에는 이 둘이 혼용되어 쓰이기도 하고, 실제 이 둘을 혼동하기도 한다. 어떤 대상에 대한 필자의 생각이나 느낌 등을 쓴 글이라는 점에서 보면, 이 둘은 유사한 글의 유형으로 볼 수도 있을 듯하다. 그러나 비평문과 감상문은 큰 차이가 있다. 그 차이는 다음과 같이 정리해 볼 수 있다.

첫째, 감상문은 대상에 대한 글쓴이의 정서적 반응을 개인적으로 기술하는 글이고, 비평문은 글쓴이의 견해나 해석 등을 다른 사람에게 설득하는 글이다. 감상문이 개인적이고 독백적인 차원의 글이라고 한다면 비평문은 사회적이고 대화적인 차원의 글이라고 할 수 있을 것이다. 그러므로 글을 쓰는 목적과 관련하여 감상문은 자기표현적인 목적을 가지고 있는 반면 비평문은 설득적인 목적을 지니고 있다는 점에서 뚜렷한 차이가 있다. 감상문을 쓸 때의 글 내용 및 조직과 비평문을 쓸 때의 글 내용 및 조직이 다른 것은 바로 이 때문이다.

둘째, 텍스트를 구성하는 요인에서도 감상문과 비평문은 차이가 있다. 비평문과는 달리 감상문, 특히 학교에서 학생들이 작성하는 감상문은 일정한 구조적 형태를 지니고 있다. 일반적으로 글을 읽게 된 계기나 배경, 글의 요약이나 줄거리, 내용과 관련된 자기 자신의 다짐(또는 도덕적 공감)이 그것이다. 글의 요약은 읽은 글의 성격에 따라 줄거리로 나타나기도 하고, 핵심어 정리로 나타나기도 한다. 자기 자신의 다짐 또는 도덕적 공감은 흔히 '이런저런 것을 배울 수 있었다', '나도 이제는 이렇게 생활해야겠다'는 식의 형태로 나타나기도 한다. 그러나 비평문은 대상의 내용과 관련된 화제, 그에 대한 글쓴이의 논평, 그 논평에 대한 근거 및 반응이 핵심적인 요소로 기능한다.

셋째, 비평문과 감상문은 글의 구성 원리에서도 차이가 있다. 비평문은 대상과의 관계, 즉 상호텍스트적인 관련성이 핵심이며, 독자의 설득을 주된 목적으로 하고 있다. 그러나 감상문은 글쓴이의 개인적인 정서 반응을 표현하는 글이므로 읽은 글에 대한 독자의 마음을 글로 표현하는 것을 주된 목적으로 한다.

넷째, 비평문과 감상문은 읽기와 쓰기를 바라보는 관점에도 차이가 있다. 비평문은 대상에 대한 읽기가 바탕이 되기는 하지만, 새로운 의미를 구성해 내는 쓰기에 중점이 있다. 그러나 감상문은 읽기가 확장된 것이다. 감상문도 글이기는 하지만, 이 쓰기는 읽기의 다른 형식일 뿐이다.

다섯째, 비평문과 감상문은 글쓴이가 작성하는 글의 지향점에서도 차이가 있다. 비평문은 예상 독자를 전제로 한다는 점에서 사회적이며 대화적이다. 그러므로 비평문은 '개인 간(interpersonal)'을 지향하는 글이라고 할 수 있다. 이에 비해 감상문은 어떤 대상을 읽고 형성된 주관적인 생각이나 느낌을 표현하고 내면화하는 데 기본적인 목적이 있으므로 감상문은 '개인 내(intrapersonal)'를 지향하는 글이라고 할 수 있다.

2. 비평문을 잘 쓰려면

비평문을 잘 쓰기 위해서는 먼저 비평문이라는 글의 성격에 대해서 명확하게 이해하는 것이 중요하다. 그리고 비평문의 특징을 반영하고 있는 요소를 파악하면서 비평문을 작성해 보는 연습을 할 필요가 있다.

1) 비평문의 성격

비평문은 주관적 성격과 객관적 성격이 교차한다는 특징이 있다. 비평문은 비평의 대상에 대한 글쓴이의 비평적 견해나 의견, 정서나 감정 등을 쓴 글이라는 점에서 주관적 성격이 강하게 드러나지만, 이를 읽는 독자의 설득을 목적으로 한다는 점에서 객관적인 성격을 띤다. 즉, 비평문의 주관적인 성격은 비평 대상의 인식, 이해, 해석에서 잘 드러나고, 객관적인 성격은 인식과 이해와 해석에 대한 근거를 요구하는 데에서 잘 드러난다.

이와 같이 비평문은 주관적인 성격과 객관적인 성격이 교차하는데, 이러한 교차로 인해 비평문에는 몇 가지의 주요 특징이 있다. 해석적 성격, 상호텍스트적 성격, 비판적 성격, 통합적 성격, 메타적 성격이 바로 그것이다.

첫째, 해석적 성격이다. 비평문은 글쓴이가 비평 대상을 어떻게 해석하고 이해하는가에 따라 내용이 달라진다. 비평문의 내용은 전적으로 글쓴이의 인식과 이해와 해석에 달려 있다고 볼 수 있다. 비평문에서 글쓴이의 창조적이고 개성적인 관점이나 태도를 흔히 만나게 되는 것은 바로 이러한 이유 때문이다. 이처럼 비평문이 글쓴이의 해석과 이해에 의존하는 것을 비평문의 해석적 특징이라고 부를 수 있다.

둘째, 상호텍스트적 성격이다. 비평문은 비평의 대상이 존재한다는 점에서 필연적으로 상호텍스트적인 성격이 드러난다. 문학 작품을 대상으로 하는 문학 비평문, 책을 대상으로 하는 서평문 등에서 상호텍스트적 성격을 확인할 수 있다. 또한 미술 작품과 같은 물질적 실체, 어떤 현상, 의견이나 생각까지도 비평문에 영향을 미친다는 점을 고려하면 비평문이 지닌 상호텍스트적 성격을 더욱 명료하게 이해할 수 있다. 비평문을 쓰기 위해서는 비평거리가 마련되어야 하는데 그 기준은 다른 텍스트와의 관계에서 비롯되는 경우가 일반적이다. 이러한 기준의 발견과 적용도 텍스트와의 관계를 바탕으로 하고 있으므로 이 점에서도 비평문의 상호텍스트적 성격을 확인할 수 있다.

셋째, 비판적 성격이다. 비평문은 비평이라는 인식적 기능을 바탕으로 삼고 있으므로 비평문에는 비판적 성격이 매우 강하게 드러난다. 비평문이 비판의 성격을 지니고 있다는 점은 거의 모든 영역의 비평문에서 확인할 수 있다. 비평문의 바탕이 되는 비평의 인식은 긍정적, 중립적, 부정적인 것으로 구분된다. 물론 비평문에서 이 세 가지의 비평적 인식이 모두 드러날 수 있지만, 중요한 것은 비평의 대상에 대해 적절하게 인식하여야 한다는 것이다. 이러한 점에서 비판이라는 지적 행위는 비평문 쓰기의 기본적인 동력이 된다고 할 수 있다.

넷째, 통합적 성격이다. 여기에서 말하는 비평문의 통합적 성격은 읽기와 쓰기가 동시에 작용한다는 특성을 지적한 것이다. 비평문을 쓰기 위해서는 대상을 어떤 관점으로 읽는 (또는 읽어 내는) 활동이 수반된다. 대상을 읽지 않는 비평은 이루어질 수 없다. 읽기와 쓰기는 병행될 수밖에 없는 본질적 성격으로 인해 학교 교육에서도 읽기와 쓰기의 통합적 성격을 강조하지만, 비평문에서는 이러한 특징이 더욱 선명하게 드러난다.

다섯째, 메타적 성격이다. 비평문은 글에 대한 쓰기라는 점에서 메타적인 성격이 드러난다. 문학 비평문을 예로 생각해 보자. 비평문에서는 어떤 작가가 생산한 작품을 비평적 관점으로 다루게 된다. 말하자면 작품에 대한 반성적 사고를 통해 그 작품을 평하는 글이 문학 비평문이다. 또한 비평에 대한 비평문도 존재할 수 있다. 비평문에 대한 비판적 인식을 통해 다시 비평문을 작성하는 것이다. 이러한 점에서 본다면 비평문은 비평문을 작성하는 글쓴이로 하여금 반성적 사고를 하도록 자극한다는 특징이 있다.

2) 비평문의 구성 요소

비평문의 구성 요소로는 대상과 관련된 '화제', 그리고 이에 대한 '논평'을 꼽을 수 있다. 화제는 대상에 대한 내용의 요약과 관련된 부분이고, 논평은 그 대상에 대한 평가와 관련된 부분이다. 이 화제와 논평의 구조가 '반응'이라는 조직화된 유형을 구성하는데, 그 조직 방식에 따라 분리 구성이나 통합 구성의 형태를 보인다. 화제와 논평이 통합되고 연결되는 방식에 따라 비평문의 구성이 결정된다고 할 수 있다. 화제와 논평의 분리 구성과 통합 구성을 도식적으로 나타내면 다음과 같다(Spivey, 신헌재 외 역, 2004: 316).

다음의 왼쪽 도식은 화제와 논평이 통합되어 있는 유형이고, 오른쪽 도식은 화제와 논평이 분리되어 있는 유형이다. 대학생이 쓴 비평문을 평가한 대학교수들은 일반적으로 화제와 논평이 통합되어 있는, 왼쪽 유형을 반영한 글을 더 우수한 것으로 인식하는 경향이 있다. 오른쪽 유형은 비평문의 핵심적인 요소인 논평이 상대적으로 적게 반영되어 있고, 화제가 주

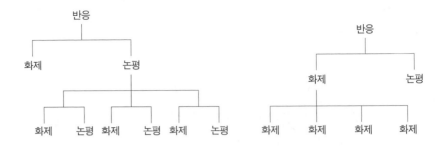

로 나열되어 있기 때문이다.

화제는 대상의 요약과 관련된다고 하였는데, 이 요약 자체가 해석적이며 전략적이라는 점에 주의할 필요가 있다. 요약을 글의 중심 내용을 찾아 단순히 옮겨 적은 것으로 생각한다면, 이는 요약의 특성을 올바르게 파악한 것이 아니다. 대상의 내용 중에서 어떠한 내용을 선택하여 요약할 것인가의 문제는 대상을 어떻게 읽었는가, 어떻게 읽을 것인가를 결정짓는 것으로서 대상의 해석과 밀접하게 관련되기 때문이다. 그러므로 대상의 요약, 즉 화제에는 필자의 주관적 견해의 개입이 선명하게 드러나게 된다. 대상을 어떻게 요약하는지에 따라 주제가 달라지는 것은 바로 이 때문이다.

그리고 동일한 과제라고 하더라도 비평문을 작성하는 필자가 대상과 관련된 문제를 어떻게 규정하는가에 따라 화제의 내용과 진술이 달라진다. 여기에서 말하는 '과제'는 필자가 비평문을 써야 하는 과업의 요구 사항을 지칭하고, '문제'는 부여된 과제에서 필자가 써야 할 것으로 인식한 내용을 지칭한다. 대상으로부터 문제를 찾아내고, 규정된 문제에 따라 글의 내용 중에서 경중을 가려 선택하고, 그것을 화제로 정리하는 데에는 인지 능력의 전략적 운용이 필요하다.

화제에는 요약 이외에 분석이라는 항목도 관련된다. 분석이란 총체적인 어떤 대상을 하위 요소로 나누어 그 관련 양상을 파악하는 지적 활동이다. 분석이 화제 범주와 관련되는 이유는, 비평적 대상을 논평의 대상으로 삼기 위해서는 논의의 초점을 분절적으로 가려내지 않으면 안 되기 때문이다. 분절적으로 가려낸 논의의 초점은 화제 범주로 나타나므로 화제 범주는 분석과 밀접한 관련을 맺고 있다고 할 수 있다. 예를 들어 하나의 대상에 대하여 세 가지의 화제를 선정하였다는 것은 논평의 대상을 세 가지로 선정하였다는 것이며, 이는 곧 화제를 선정하기 위한 분석이 세 수준에서 이루어졌음을 의미하는 것이다. 대상 전체를 비평의 대상으로 삼는다는 것은 쉽지 않은 일이다. 대상이나 대상이 다루고 있는 내용을 분석적으로 파악함으로써 논평을 효율적으로 진행할 수 있게 된다.

화제와 달리 논평은 '긍정', '부정', '유보'를 하위 항목으로 삼고 있다. 어떤 전문가들은 '긍정', '부정', '보류'로 분류하기도 한다. 용어에 다소 차이가 있지만, 그 본질적인 개념은 유사하다고 할 수 있다. 이러한 논평은 다른 한편으로는 '수용', '거부', '협상', '참조'와도 밀접하게 관련되어 있다. '수용'과 '거부'는 대상의 내용에 대해서 필자가 동의하는지의 여부를 나타낸 것으로서 비평문 구조의 한 축인 논평 항목과 밀접한 관련이 있다. '수용'은 '긍정'에 대응하고, '거부'는 '부정'에 대응된다. 그러므로 '수용'과 '거부'는 평가적 논평 항목에 포함되는 것으로 설명할 수 있다.

그런데 '협상'과 '참조'는 수용 및 거부의 경우와는 다소 차이가 있다. 이는 태도의 영역을 형성하는 것이 아니라, 논평에 이르는 전략적 행위를 보여 주는 것이기 때문이다. 대상을 읽고 자신의 비평적 관점에 따라 논평을 내리는 데에는 고차적인 인지 전략이 개입한다. 비평문에서 유효한 논평에 이르기 위해서는 인지적 전략이 요구되는데, 이것이 바로 협상과 참조인 것이다.

협상은 필자가 의미 구성 과정에서 갈등 상황에 빠졌을 때 인지적 노력을 통해 그것을 해결하고 타협점을 찾아가는 과정이다. 그런데 비평문 쓰기의 상황에서는 대상에 대한 논평의 상황이 갈등의 상황이며, 대상과 자료 글 사이의 의미 관계를 조율하고 선택하는 상황이 갈등의 상황이다. 여러 가지 글에서 의미를 선택하는 과정, 여러 가지 평가적 논평 가운데 하나의 관점을 선택하는 과정이 모두 갈등 상황을 해결하는 협상의 모습으로 나타나는 것이다. 그러므로 평가적 논평은 협상이라는 전략을 바탕으로 하여 결론이 내려지는 범주라고 할 수 있다.

그리고 논평을 하는 행위는 필자의 내면화된 가치를 일정한 척도로 이용한다는 점에서 여기에 개입하는 참조도 전략적 차원으로 이해할 수 있다. 여기에서 참조는 참고한다는 의미에서의 참조라기보다 필자 자신의 내면화된 가치에 비추어 본다는 의미에서의 참조이다. 그러므로 참조가 적극적으로 수행될수록 비평문에서 이루어지는 논평은 더욱 선명하게, 더욱 명확하게 이루어질 가능성이 커진다.

지금까지 비평문을 구성하는 요소로 '화제'와 '논평'을 다루었지만, 논평을 뒷받침하는 요소 하나를 더 추가할 필요가 있다. 왜냐하면 논평이 평가를 내리는 판단 행위와 관련된다고 할 때 여기에는 그 판단을 합리적으로 지지해 주는 근거가 요청되기 때문이다. 판단의 인지적 행위에서 근거가 있는가 없는가, 또는 근거가 합리적인가 아닌가의 문제는 중요한 기능을 한다. 이 여부를 통해 타당성과 신뢰성 여부를 판단하기 때문이다.

논평을 뒷받침하는 근거는 학문적인 근거와 개인적인 근거로 분류할 수 있다. 학문적인 근거는 대상이나 자료 글로부터 판단의 근거를 마련한 것이고 개인적인 근거는 필자 개인이 가지고 있는 경험, 배경, 지식, 의견으로부터 판단의 근거를 마련한 것이다. 그런데 이러한 근거들은 모두 특정한 텍스트를 바탕으로 하고 있으므로, 이 둘을 따로 구분하지 않고 '텍스트적 근거'라 명명할 수 있다.

그런데 논평에 대한 근거를 제시하는 부분은 비평문을 쓰는 필자의 정서적 반응과 밀접하게 관련되어 있다는 점을 지적해 두어야 할 것이다. 정서적 반응은 비단 근거 범주에만 관련되는 것이 아니라, 수용이나 긍정, 거부나 부정, 유보나 중립과 같은 논평과도 밀접하게 얽혀 있다. 이와 같은 인지적 영역의 언어가 정서적 반응과 관련되는 것은 언어의 본질적 특성 때문이다. 언어는 본질적으로 대상에 대한 서술적 성격을 지니고 있지만, 정서표현적 기능과도 분리될 수 없다. 그러나 여기에서는 논평에서 정서적 반응 항목을 분리하여 근거 범주와 통합해 제시하고자 한다. 그 이유는 정서적인 반응이 근거 범주, 그중에서도 개인적인 근거와 밀접한 관련을 보이기 때문이다.

지금까지의 논의를 정리하면 비평문의 구성 요소를 다음과 같이 구체적으로 제시할 수 있다.

- 화제 범주: 요약, 분석
- 논평 범주: 부정적, 긍정적, 유보적
- 근거 반응 범주: 텍스트적 근거, 개인적 반응

이러한 비평문의 구성 요소는 비평문을 분석할 때 준거로 활용할 수 있다. 이것은 이 범주와 하위 항목을 상황에 적합하도록 재조직하고 재진술함으로써 필자들이 완성한 비평문을 평가 장면에도 활용할 수 있다는 의미를 내포하고 있다.

3. 비평문 쓰기의 실제

대상에 대한 비평적 견해를 반영하는 비평문은 사회적 성격을 지향하는 글이라는 점에서 인지적 부담이 큰 글 유형이라고 할 수 있다. 그러므로 이러한 부담을 줄이기 위해서는 과정 중심의 방법을 원용하는 것이 효과적이다. 과정 중심으로 이루어지는 비평문 쓰기는 다음과 같이 여섯 단계로 구성할 수 있다. '대상에 대한 비판적 접근', '비평문 쓰기의 계획',

'자료 글의 참조', '비평문 초고의 완성', '비평적 반응의 수용', '비평문의 완성'이 그것이다. 이는 비평문이 완성되어 가는 거시적인 과정을 범주화한 것이어서 각각의 단계는 좀 더 세부적인 하위 과정이나 전략을 포함할 수 있다.

1) 대상에 대한 비판적 접근

대상에 대한 비판적 접근은 비평문을 써야 하는 필자가 그 대상을 어떻게 읽을 것인가와 관련된다. 이것은 대상 읽기의 방법을 구체화한 것으로 두 가지의 중요한 전략을 포함하고 있다. 하나는 '해석으로서의 읽기'이고, 다른 하나는 '발견으로서의 읽기'이다. '해석으로서의 읽기'는 대상에 구속을 받지 않고 그 의미를 자유롭게 구성하는 읽기를 말한다. 비평문의 내적 구조에 부합하게 비평문을 쓰기 위해서는 대상의 의미를 뒤따라가기보다는 적극적으로 해석하고 판단해야 한다. '발견으로서의 읽기'는 대상에 숨겨진 이면적 의미를 파악하면서 읽는 전략을 말한다. 이는 비평의 대상이 되는 글에서 필자의 의도를 발견하면서 읽어야 함을 뜻한다.

2) 비평문 쓰기의 계획

비평문 쓰기의 계획은 비평문의 주제와 목적을 정하고 비평문을 읽게 될 독자가 누구인지를 판단하는 것이다. 주제를 정하는 것은 비평문의 내적 구조에 속하는 화제 범주와 논평 범주의 내용과 밀접한 관련이 있다. 이는 비평문의 전체적인 의미 구성에 영향을 미치므로 중요하다고 할 수 있다. 유능한 필자들이 쓰기의 계획에 많은 노력을 기울이는 것도 이러한 이유 때문이다. 계획 단계에서 특히 고려해야 할 대상은 독자이다. 독자는 비평문을 읽고 반응을 보이는 존재로서, 비평문의 내용과 표현에 영향을 미치는 주요 요인이다. 그러므로 독자들이 이 비평문에 대해서 어떻게 반응할지, 비슷한 관점 또는 전혀 다른 관점을 가진 다른 사람들은 이 비평문에 대해서 어떻게 생각할지를 떠올리면서 다루어야 할 내용과 드러내는 표현의 방식을 조절해야 한다.

3) 자료 글의 참조

자료 글의 참조는 비평문을 쓰는 데 요구되는 배경지식을 확장하고 비평의 관점을 확보하기 위하여 다른 텍스트를 읽고 참조하는 것을 의미한다. 비평문을 작성하기 위해서는 선행하는 다른 글을 참조하는 것이 일반적이다. 비평의 관점 수립을 위해서도 그 관점을 뒷받침할 근거를 마련하기 위해서도 자료가 되는 다른 글을 참조해야 한다. 그러므로 비평문을 효과적으로 완성하기 위해서는 이 과정을 잘 수행할 필요가 있다.

전통적으로 이루어져 온 쓰기 교육은 통상 다른 글을 쓰기 재료로 활용하지 않는다. 필자의 배경지식과 인지 구조에 의존하여 글을 완성하도록 요구한다. 그러나 비평문과 같이 다른 글과 상호관계가 밀접한 유형을 다룰 때에는 자료로 삼을 만한 글을 참조하는 것이 유용하며, 필자의 목적을 달성하는 데에도 효과적이다.

자료 글은 비평문의 바탕이 되는 필자의 해석, 논평, 반응을 객관화하는 데에도 도움을 제공한다. 비평문은 필자의 주관적이면서도 주체적인 해석과 발견, 논평과 반응을 바탕으로 하고 있으므로 이를 타당화할 수 있는 자료가 필요하다. 그래서 비평문의 필자가 내세우는 화제 범주의 해석과 논평 범주의 판단을 적절하게 뒷받침하기 위해서 권위적인 외적 자료를 활용하기도 한다. 외적 권위에 매몰되는 것은 문제가 있겠지만, 이를 완전히 배제하는 것도 적절치 않다. 필자의 해석과 판단을 상호주관적인 영역으로 끌어 올리지 못하고 독선적인 주관 상태에 방치하게 되기 때문이다. 비평문 쓰기를 학습하는 필자들은 종종 외적 권위를 상호주관적인 차원으로 수용하지 못하고 여기에 굴복하고 종속되기도 한다.

4) 비평문 초고의 완성

비평문에서 초고 쓰기는 자료 글을 참조하여 내용을 생성하고 조직하여 초고를 완성하는 것까지이다. 쓰기 교육에서는 내용 생성 단계와 조직 단계를 별도로 두고 있으나, 비평문을 쓰는 단계에서는 이 두 단계가 통합적으로 내면화되어 진행될 수 있다. 그러므로 비평문을 쓰는 필자는 내용 생성이나 조직에 초점을 두어 생각을 마련하기보다 의미를 구성하고 그것을 문자 언어로 표현하는 초고 쓰기에 몰두할 수 있다. 비평문 쓰기의 과정을 곧장 비평문의 초고로 설정하는 이유는 바로 이것 때문이다.

비평문의 초고를 완성하기 위해서는 협상 전략을 적절하게 활용할 수 있어야 한다. 비평문 쓰기에서의 협상 전략이란 말하고 싶은 내용을 모두 다 표현하는 것이 아니라 필자의 상황과 목적, 독자의 상황과 목적을 고려하여 전략적으로 내용을 선정하고 구성하고 표현하는 것을 말한다. 실제 협상에서도 목적을 달성하기 위하여 감출 것은 감추고 드러낼 것은 드러내는 것과 같이, 비평문 쓰기에서도 독자의 설득이라는 목적을 달성하기 위하여 상황과 조건에 적합하게 내용과 표현을 조절해야 한다.

5) 비평적 반응의 수용

비평적 반응의 수용은 비평문의 초고를 완성한 뒤에 그 글을 읽을 사람들의 비평적 견해와 반응을 예상하고 예상한 결과를 수용하여 초고 비평문을 수정할 수 있는 근거를 마련하는 것을 말한다. 처음 쓰는 글이 곧바로 완성된 텍스트가 될 수는 없다. 더욱이 비평문 쓰기를 학습하는 과정에 있는 필자라고 한다면, 초고로 작성한 비평문을 검토하고 수정 방향을 모색하는 것은 매우 자연스러운 것이다. 다른 사람들이 표현한 비평적 견해는 자신이 작성한 비평문의 초고를 검토하고 그것을 수정하기 위한 방향을 정하는 데에 유용하게 쓰일 수 있다. 다른 사람들의 관점을 비평문 초고를 판단하는 기준으로 삼음으로써 내가 구성한 비평문 내용의 장점과 단점을 상대적으로 쉽게 파악할 수 있기 때문이다. 필자 스스로 초고로 완성한 비평문에서 무엇이 잘되었고 잘못되었는지를 판단하기가 쉽지 않다. 이때 다른 관점을 바탕으로 하여 작성된 비평문이나 비평적 견해를 참조함으로써 비평문의 초고를 검토할 수 있는 기회를 마련할 수 있다.

6) 비평문의 완성

비평문은 다른 자료를 수용하여 참조하고 비평문을 고쳐 씀으로써 완성된다. 여기에서는 이 단계를 마지막으로 설정하고 있지만, 실제적인 비평문 쓰기에서는 이 단계가 한 번만 이루어지는 것이 아니라 반복될 수도 있다. 수정한 비평문을 다시 수정하고 고쳐 쓰면서 완성도를 높일 수 있기 때문이다.

학습 과정에 있는 필자들은 논리적 서술을 바탕으로 하는 글 유형에 대해 가장 큰 인지적 부담을 느낀다. 비평문도 독자의 설득을 위하여 논리적 서술을 근간으로 삼고 있어 필자들에게 큰 부담을 주는 글 유형에 해당한다. 또한, 필자들은 대상에 대해 자신들이 비평할 수 있는 것인지를 의심하는 경우가 많아 비평문 쓰기에 대한 부담을 크게 느낀다. 특히 그 대상이 어떤 권위를 가지고 있는 경우라면, 예를 들어 명저나 고전으로 인식되는 대상이라면 더욱 그러하다. 그런데 과정 중심의 방법으로 비평문 쓰기를 설계하고 교육하면 필자가 느끼는 이러한 부담을 상대적으로 크게 줄일 수 있다. 대상에 대한 해석과 발견, 자료 글을 활용한 배경지식의 확충, 외적 권위를 참조한 관점의 설정, 다른 사람의 비평적 견해나 반응 참조, 비평문 초고의 수정을 단계별로 수행해 갈 수 있기 때문이다. 과정 중심의 방법은 비평문 쓰기 교육의 효율적인 방법이라고 할 수 있다.

4. 비평문 검토 및 평가하기

지금까지 비평문의 개념과 비평문의 특징 및 성격, 비평문을 과정 중심의 방법으로 작성하는 방법 등을 살펴보았다. 비평문은 대상에 대한 읽기로부터 시작된다는 점, 예상 독자를 설득하기 위한 사회적 성격의 글이라는 점, 대상에 대한 비판적 견해가 바탕을 이룬다는 점에서 다른 글의 유형과 구분되는 특징이 있다.

비평문의 형식은 매우 자유롭다. 따라서 어떠한 형식이든 비평문의 구성 요소인 화제, 논평, 근거를 포함하고 있다면 모두 비평문으로 인정될 수 있다. 앞에서 논의한 내용을 바탕으로 하여 비평문의 평가 요소를 제시하면 다음과 같다.

평가 요소
• '비평문'을 쓰기 위한 계획과 준비가 적절하게 이루어졌는가?
• '비평문'은 구성 요소(화제, 논평, 근거)를 포함하고 있는가?
• '비평문'은 구성 요소 간의 관계와 전개가 적절하게 이루어졌는가?
• '비평문'은 예상 독자들의 설득을 위해 다양한 전략을 활용하고 있는가?
• '비평문'은 비평적 견해에 대한 근거가 충실하게 제시되었는가?

위의 내용을 기준으로 하여 다음 비평문을 평가해 보자.

예시글

가수리 지역 사람들
−다큐멘터리에 대한 비평문

2000년 6월 정부는 동강의 '영월댐(동강댐)' 건설을 백지화하기로 하였다고 발표하였다. 발표가 있고 나서 강원도 정선군 가수리 사람들은 서울로 올라와 시위를 하였다.

문제는 정부가 1997년 9월 수도권 지역의 상수원을 확보하고 홍수를 막기 위해 '동강댐'을 건설하기로 발표하면서부터였다. 가수리는 동강의 줄기 옆에 위치하고 있는 마을로서 이번에 '동강댐'이 건설되면 수몰 지역이 되는 곳이었다. '동강댐' 건설 발표와 함께 가수리 지역 사람들의 찬반론이라든지 환경 보호운동이 일어나 사회의 큰 이슈가 되었다.

이 다큐멘터리는 전국을 시끄럽게 했던 '동강'의 지역주민인 가수리 사람들에 대해 이야기하고 있다. '동강댐'의 문제에 대해서 신문과 다른 프로그램도 많이 다루었다. 하지만 신문과 다른 프로그램들은 정치적인 문제와 관련하였고 환경의 문제에서만 다루었을 뿐 정작 내부를 들여다보고 있지는 않다. 반면, 이 다큐멘터리는 그 지역 사람들이 아니면 알기 어려운 상황들을 다루어서 문제를 좀더 정확하게 알 수 있도록 해 주었다는 데서 큰 의미를 지닌다.

가수리는 80여 세대 300여명이 살고 있는 농촌 마을이다. 가수리는 '동강댐' 발표 후 찬성과 반대로 나뉘어졌다. 반대하는 사람들의 주장은 댐이 건설되면 환경의 이상으로 농작물의 피해가 크다는 것과 더 중요한 것은 그곳이 부모님이 살아왔고 묻혀 있는 곳이며 자기들이 살아가야 할 자기네들의 고향이라는 것이다. 그리고 수몰지역 사람들이 찬성하는 경우는 거의 없지만 특이하게도 이 마을은 사람들의 90% 이상이 찬성하였는데 찬성하는 사람들의 주장은 가수리는 낙후 지역이라서 더 이상 살아가기가 어려운데 댐이 건설되면 수몰지역 사람들은 보상금을 받을 수 있다는 것이었다.

살기가 어려웠으므로 보상금을 받자는 주장과 지역을 지키자는 주장은 첨예하게 대립하였다. 생존의 문제와 결부되어 있기 때문이었다. 그런데 이 문제는 찬반의 문제에서 그치지 않았다. 가수리는 씨족 마을로서 대부분이 친척들 사이였는데 찬반 문제로 인하여 친척들 사이가 서먹해지고 멀어졌다. 친구들 간에서도 서로 의견이 달라 평생을 같이 해온 사람들이 언성을 높이고 감정이 쌓여갔다.

그리고 찬반 갈등으로 인하여 정책 결정은 계속 지연되고 있었다. 댐 건설이 지연되면서부터 가수리 사람들은 그야말로 큰 아픔을 겪는다. 댐 건설 예정지로 되면서부터 이 지역에는 다년성 나무도 심지 못하게 되었으며 건물 또한 짓지 못하게 되었다. 그리고 이 지역에 대한 정책이나 지원도 모두 끊기게 되어 사람들은 무엇하나 해볼 수 없는 상황에서 결정이 나기만을 기다리고 있다.

가수리 지역 사람들의 고통은 여기에서 끝나지 않았다. 이 지역에 소작지를 가지고 있는 사람들은 보상금 문제 때문에 소작지를 거의 대부분 회수당하였다. 그래서 농민들은 농사를 지을 수도 없게 된 것이다. 농촌지역에서 평생 농사를 지어왔던 사람들이 농사를 짓지 못하게 되면 어떻게 살아갈 것인가? 사람들은 대출에 대해 아무런 혜택도 받지 못해 비싼 이자로 대출을 하고 그것에 대해 갚을 길은 없었다. 그리고 이들은 연대 보증을 해왔기 때문에 이때의 어려움으로 죽은 사람들의 빚까지 짊어지게 되었다.

농사도 지을 수 없고 빚이 늘어나자 가수리 지역의 사람들은 가족을 지키기가 어렵게 되었다. 일부는 가족이 모두 떨어져 생활하게 되었다. 부인은 다른 지역으로 나가서 돈을 벌고 남편은 해결을 위해 백방으로 뛰어 다녀야 했다. 그리고 제초제를 먹고 자살하는 사람까지 생겼다. 이제야 수몰 지역인 가수리 사람들이 왜 보상금을 바라고 찬성했는지 이해할 수 있는 것이다. 그들도 자기의 고향이 사라지기를 바라지는 않기 때문이다.

사람들은 살아가기가 어렵기 때문에 조금의 보상금을 바라고서 과일 나무를 심기 시작했는데 이에 대해 여론의 비난이 빗발치게 쏟아졌고 댐 건설에 찬성하는 것에 대해 환경론자들의 비난의 대상이 되기도 하였다. 이러한 문제로 가수리 지역이 유명해지자 사람들이 모여들기 시작했는데 아름다운 환경을 보고 사람들은 '동강 살리기' 등 범국민 운동을 벌였다. 사람들이 모여들자 동강은 2급수로 떨어지는 등 동강은 더러워졌다.

결국에 2000년 6월 생태계 보존을 위해 '동강댐' 건설은 백지화되었다. 결정이 나기까지 가수리 지역 사람들의 고통은 아무도 책임지지 않은 채 말이다.

나는 가수리 지역 사람들의 입장에 대해서는 전혀 알지 못했다. 동강 문제를 처음 대했을 때는 단순히 환경론자와 댐 건설로 인한 이익 관계의 대립인 줄 알았다. 그리고 아름다운 동강을 지키기 위해서 동강댐 건설은 안 될 말이라고 생각하였다. 하지만 나는 가수리 지역의 사람들의 상황도 모른 채 내가 사는 곳이 아닌 아름다운 곳으로서만 그 문제를 대해 왔었다. 정부의 결정과는 관계없이 댐 건설에 대해 입장을 표명하라면 아직도 모르겠다. 좀 더 생각해 볼 문제라고 생각한다. 하지만 이 프로그램을 통해서 한 쪽 면만이 아니고 다른 쪽 면도 볼 수 있게 되었다.

— 학생 글

이 비평문은 텔레비전 다큐멘터리를 다룬 것이다. 그런데 비평문에는 대상에 대한 화제와 논평과 근거를 요소로 포함해야 하는데, 이 비평문은 전체적으로 이러한 요소를 균형 있게 반영하지 못하고 있다. 이 비평문은 다큐멘터리의 내용을 요약하여 제시하고 있는데, 이것을 비평문의 대부분을 차지하도록 서술함으로써 화제의 한 요소만을 확대하여 비평하고 있기 때문이다.

비평적 견해를 드러내는 논평이 비판적인 태도를 명확하게 보여 주지 못한 것도 이 비평문의 단점으로 꼽을 수 있다. 이 비평문을 작성한 글쓴이는 "정부의 결정과는 관계없이 댐 건설에 대해 입장을 표명하라면 아직도 모르겠다. 좀 더 생각해 볼 문제라고 생각한다."고 하여 유보적인 태도를 보이고 있는데, 이것에 대한 적절한 판단 근거를 작동시켜 판단한 결과를 드러내 주는 것이 필요하다.

모범적인 글과 수정이나 보완이 필요한 글

아래에 수록한 비평문은 김동훈의 『한국의 학벌, 또 하나의 카스트인가』(책세상, 2001)를 읽고 학생이 작성한 것이다.

> ▶ **모범적인 글** ⋯⋯⋯⋯⋯⋯⋯⋯⋯⋯⋯⋯⋯⋯⋯⋯⋯

학벌이라는 편견에 맞서는 방법[1]

보통 우리 사회에서 학벌은 기득권 세력에 편입될 수 있는 가장 확실한 길이며 개인에게 사회적 존재로서의 자긍심을 고양시켜주는 원천이다. 명문대 출신자들은 그들만의 특권을 유지하고자 학벌 만들기와 굳히기를 원하고 있다. 그런가 하면 반대로 좋지 않은 학벌을 가진 사람들도 있는데 그들은 능력과 관계없이 엄청난 불이익과 차별, 소외를 경험하게 된다. 또한 각 개인은 열등감과 패배의식에 젖어 잠재된 가능성의 문을 닫아버리기도 한다.

정말 우리 사회에서 학벌의 영향은 대단하다. 사회 각계각층의 간부들 대부분은 명문대 출신자들이다. 그러다 보니 각 대학 출신자들의 명성과 무언의 압력으로 자연스럽게 대학의 서열화는 점점 더 심화되고 이것과 더불어 명문대 진학을 희망하는 학생들도 치열한 입시경쟁에 빠져들게 된다. 단 한 번의 시험으로 성공을 좌지우지 한다는 것은 수험생의 숨통을 막는 일이다. 속에 잠재되어 있는 능력과 수많은 가능성들을 무참히 앗아가는 일인 것이다. 교육이 살아야 나라가 산다는 말이 무색하게 요즘 학교들은 입시 위주의 교육, 경쟁에서 살아남는 방법만을 강요하고 주입하는 교육을 하고 있다.

분명 대한민국 교육부에서는 교육의 궁극적인 목표가 전인교육이라고 말하고 있지만 어쩔 수 없는 현실에 교사도, 학교도 따라가고 있는 것이다. 입시위주의 교육은 학생의 인권마저도 앗아가고 있다. 대학 입학 성적의 공개는 물론이고 입시에만 치중할 수 있도록 개성을 무시하고 모든 패션을 획일화시켜 버린다. 또한 주말에 종교

---

[1] 이 글은 국어교육과 1학년 김효복 학생이 한국교원대학교 글쓰기 강좌인 '사고와 표현'을 수강하면서 작성한 비평문이다.

활동을 금지하는 건 일쑤고 성적에 따라 차별하고 대학을 어디로 지원하는지가 평가의 도마 위에 오른다. 이제 이러한 입시 제도와 학벌사회 풍토에 대해서 사회 구성원 전체가 거부 의사를 표명해야 한다. '입시 경쟁'이 없는, 하지만 각 학생들의 소질을 충분히 끌어내어 평가할 수 있는 방안을 조속히 마련해야 할 교육자로서의 사명을 느낀다.

한편 참 다행인 것은 학벌로 인생의 성공을 가늠하는 이 세대를 관조하고 있지만 않고 변화를 모색하려는 움직임이 곳곳에서 일고 있다는 것이다. 물론 내가 재학 중인 '한국교원대'도 교육계에서는 어느 정도 학벌로서의 자리를 굳히고 있는 실정이라고 한다. 하지만 사회적 기득권을 놓치지 않으려 발버둥치는 부정적 의미의 학벌이 아닌 교육계의 발전에 동력을 제공하고 '노블레스 오블리지'를 충실히 지키려 노력한다면 학벌이 가진 폐단과 그로 인해 듣는 비판들에 대해서는 충분히 맞설 수 있을 것이라 생각된다.

— 학생 글

● 평가

이 글은 학벌에 관한 쟁점을 다루고 있는 책에 대한 비평문이다. 이 비평문은 비평문이 갖추어야 할 요건을 잘 포함함으로써 모범적인 비평문으로 평가를 받았다. 즉, 비평 대상이 다루고 있는 학벌의 문제를 '화제'로 삼고 있으며, 이 화제에 대해 반대와 부정의 '논평'을 포함하고 있다. 또한 개인적인 수준이기는 하지만, 이러한 논평에 대한 '반응'을 빠뜨리지 않고 있다. 다소 표현이 가다듬어지지 않은 부분이 보이기는 하지만, 비평문의 특징을 잘 보여 주고 있는 글이다.

▶ 수정이나 보완이 필요한 글 ···

이 책은 우리나라에만 존재하는 '학벌'이란 문제에 대해 다룬다. 먼저 학벌을 봉건적이고 신분적인 가치관을 지닌 전근대적인 것으로 규정하고, 이로 인해 많은 문제점이 나타나므로 없어져야 한다고 주장한다. 이를 위한 대안으로 책의 저자는 대학입시제도 폐지 등을 통해 중등교육에서는 사회의 경쟁 논리로부터 보호되어야 하며 반면에 고등교육에서는 고착된 대학 서열을 완화시키는 대신에, 적정하고 공정한 경쟁 체제를 갖추어야 한다고 주장한다.

나는 이 책을 읽고 새삼 학벌이 끼치는 폐해가 크다는 걸 깨닫게 되었다. 대학에서는 배움의 과정이 제일 중요한데, 그 이전의 중등교육에서의 치열한 경쟁을 통해 얻은 결과로 한 사람의 진로가 결정된다면 그것은 분명 잘못된 것이다. 예를 들어 이름 높은 명문대에 진학한 학생과 이름 없는 지방대에 진학한 학생을 비교했을 때 나중에 지방대에 진학한 학생이 노력하여 명문대에 진학한 학생보다 실력이 나아져도 학벌이라는 족쇄에 묶여 진로를 개척하기가 어렵게 되는 것이다. 따라서 학벌이라는 폐해는 없어져야 할 것이다.

학벌의 문제점에 대해 구체적으로 밝혀보자면, 우선 우리 사회의 활력을 빼앗고 학벌에 의해 개인의 사회적 지위를 고착화시킨다. 즉, 위 문단에서 든 예와 같이 자신이 아무리 노력하더라도 학벌이라는 족쇄에 묶여 자신의 사회적 지위가 정해지는 불합리한 현실이 우리 사회의 현실인 것이다. 그리고 학벌의 붕당적이고 폐쇄적인 성격 때문에 서로 다른 학벌에 대한 배타성과 이로 인한 부작용은 사회 발전에 심각한 부정적 영향을 끼치게 되는 것이다. 이 밖에도 학벌은 우리 사회에 여러 가지로 나쁜 영향을 끼치고 있다. 분명히 학벌은 없어져야 할 사회악인 것이다.

● 평가

이 비평문도 학벌의 쟁점을 다룬 책을 대상으로 삼고 있는 글이다. 그러나 비평문의 요소를 포함하고 있으면서도 감상문의 특징을 공유하고 있어 수정이나 보완이 필요한 글이다. 가령 이 책을 통해 학벌이 미치는 악영향을 깨닫게 되었다고 하면서 개인적인 감상을 짙게 드러내고 있는데, 독자 설득을 목적으로 하는 비평문에 비추어 볼 때 그 성격이 충실히 구현되지 않은 것으로 보인다. 좀 더 개선된 비평문이 되도록 하려면 비평적 논평을 명확하게 하고, 그것을 뒷받침하는 근거 반응 범주를 명확하게 드러낼 필요가 있다.

01 다음 비평문을 읽고, 화제, 논평, 근거가 명확한지, 그리고 글의 주제를 드러
내는 데 기여하는지 평가해 보자.

『영어, 내 마음의 식민주의』에 대한 비평

회화 실력, 토익 등 영어 관련 평가 기제들이 우리 생활 가운데 얼마
나 많은 영향력을 끼치고 있는가. 각종 고시와 채용 과정 중에 평가 도
구가 되며, 많은 사람들의 능력을 평가하는 데 기준이 되기까지 한다.
이러한 영어 관련 능력이 중요시되는 사회분위기 속에서 우리는 점점
영어 교육의 본질을 잃어가고 있는 경향을 보이고 있다.

이 글은 이런 시대적 상황을 객관적으로 인지하려고 쓴 글 중 하나
라고 생각한다. 이 글에서는 세계화의 도구로서의 영어보다 맹목적인
영어로 전락되고 있는 사회 현실을 비판하고 있다. 특히 저자는 영어
학습에 대한 태도를 중점적으로 이야기하고 있다. 영어라는 문자를 수
단으로만 여겨 극단에 치우치기보다 그 언어의 본질을 이해하며 모국
어에 대한 바른 정체성을 가지고 타국어를 대하자고 말하고 있다. 또
한 영어를 대하는 우리의 태도가 제국주의 영향 아래 있다고 말하면서
이 제국주의적인 영향력에서 벗어나 주체성, 바른 정체성을 가져야 하
다고 역설하고 있다. 또한 이 바른 주체성, 정체성만이 더욱 더 확장된
지식을 수용하는데 바람직한 역할을 감당할 수 있다고 말한다.

이러한 저자의 의견은 영어에 관련된 직업을 가진 사람의 의견이라
서 더욱 더 설득력 있고, 현실적인 감정 표현을 통해 공감도를 높이고

있다. 특히 언어표현에 있어서 감정의 상황에 따라 직설적으로 표현한 부분들이 동일한 경험을 한 사람들에게 강한 수긍을 끌어내고 있다고 본다. 예를 들면 "누구나 영어를 조금씩 지껄이는 것이 중요한 것이 아니라, (…) 영어를 모국어로 삼자는 전혀 실현성 없는, 말하자면 일종의 썰렁한 농담을 두고 온 나라가 벌인 소동 자체가 이 나라의 각 계층에 퍼진 영어 광증을 입증한다.", "끊임없이 따라다니며 괴롭히는 악령처럼 영어 문제는 두뇌 조직의 어딘가에 달라붙어 떨어지지 않는다." 등 다양한 표현들이 이 글을 읽는 사람들에게 강한 흥미와 동조를 끌어내고 있는 것이다. 이러한 표현을 통해 독자들이 이 글에 쉽게 몰입할 수 있게 되며 공감하게 된다고 생각한다.

그리고 제국주의적 언어에 대한 언급이 논리적이고 강한 설득력을 내포하고 있다고 본다. 분명 언어는 형태만 있는 것이 아니라 그 언어를 형성하고 있는 문화와 사회의 가치가 반영된 것임을 인식시켜 주면서 무분별한 영어 교육의 태도에 반성을 요구하고 있다.

하지만, 이 글에서 의문을 가졌던 부분은 '실용 영어의 환상과 왜곡된 언어관' 문단이다. 실용 영어에 대한 왜곡된 개념은 영어 학습 태도에 왜곡을 조장하게 된다고 말하는데 수긍되지 않는 부분이 있다. 이러한 상황은 중세의 라틴어의 상황과 비슷한 상황이겠다. 하지만 여기서 의문이 들었던 점은 이 글 속의 교육 대상이 학자들을 중심으로 한 이야기가 아닐까라는 것이다. 과연 실제적으로 영어의 기초적 기술이 요구되는 사람들에게 설득력이 있을 것인가 의심된다. 또한 영어의 내적인 요소들이(이 글에서 표현하기로는 교양) 학자와 같이 지적이고 이론적인 학문으로서의 지식, 실제 상황에 필요한 기술적 지식이 아닌 단순한 이론적 지식이 상황으로서 영어를 중요시하는 이들에게 필요성이 있는 것인지 의심이 된다. 그래서 이 부분은 학자 중심에서 수긍되는 영역이라고 이야기하고 싶다. 따라서 이 문단에서 좀 더 확대된

대중을 이해시키고 설득시킬 수 있는 내용으로 보충되어야 한다고 생
각한다.

— 학생 글

02 다음 '유의사항'을 고려하여 최근에 관심이 있는 대상을 하나 정하여 비평문
을 작성해 보자.

〈유의사항〉

1) 비평적 견해를 명확하게 결정하였는가?

2) 비평적 견해를 뒷받침할 적절한 근거를 설정하였는가?

3) 비평문을 완성하는 데 필요한 자료 글은 충분히 확보하였는가?

4) 과정 중심의 비평문 쓰기 절차에 따라 비평문을 작성하였는가?

논술문은 비판적 사고를 통해 얻은 자신의 주장을 제시하고, 독자를 설득하는 글이다. 논술문을 쓰는 구체적인 과정과 유의점을 알아보고, 좋은 논술문은 어떠해야 하는지 생각해 보자.

1. 논술문의 개념

논술문은 우리에게 대단히 익숙한 장르이다. 대체로 논술문의 범주에는 '논설문, 논증문, 설득적인 글, 비판적인 글, 비평문, 논평문' 등이 포함되는데, 이외에도 더 많은 하위 유형의 글이 포함될 수도 있다. 이들은 서로 유사하게 보이지만 동일한 것은 아니다.[1]

논술문 쓰기에서 가장 중요한 것은 '비판적 사고'이다. '비판적 사고'는 근본적으로 일정한 대상에 대한 평가를 전제로 한다. 평가의 주체는 단순히 논술문을 쓰는 필자 자신이기도 하지만, 더 넓게 보자면 사회 속의 일원으로 글을 쓰는 필자 자신이다. 따라서 특정 대상에 대해 평가할 때에는 일정한 기준이 필요한데, 그 기준은 사회에서 공유될 수 있고 공감할 수

---

1 논평문, 논술문의 정의를 살펴보면 논설문과 큰 차이가 없음을 확인할 수 있다. 논평문은 "어떤 대상에 대해 자신의 관점이나 생각, 느낌 등을 표현한 글"이고, 논술문은 "발산적 사고, 주체적 사고, 능동적 사고, 비판적 사고를 바탕으로 하여 현상을 비판적으로 이해하고 생각을 논리적으로 전개하며 문제를 창의적으로 해결하는 글쓰기"이다(한철우 외, 2003).

있는 내용이어야 한다. 논설문은 결국 설득을 목적으로 하기 때문이다. 그러므로 논술문을 쓰는 사람은 자신의 주장을 합리화하고 타인의 동의를 얻기 위해 다양하고 명확한 근거를 준비해야 한다.

2. 논술문을 잘 쓰려면

앞에서 우리는 논술문 개념의 중심에 '비판적 사고'가 있다는 것을 확인할 수 있었다. 그럼 비판적 사고는 무엇인가에 대해 다음의 예를 통해 생각해 보자.

학교 도서관에서 내일 아침 시험 준비를 하려는 '나'는 저녁 식사를 하기 위해 지금 생활관 식당으로 가는 중이다. 그런데 도중에 오랜만에 보는 친구를 우연히 만난다. 그가 '나'에게 식사나 하자며, 자기와 같이 가지 않겠느냐고 묻는다.

'나'는 어떤 결정이든 해야 한다. 그 결정을 내리기까지 얼마나 타당한 과정을 거쳐 이르렀는가를 가늠할 수 있는 것이 바로 비판적 사고이다. 다시 말해 판단의 기준을 정하고 그 기준이 다른 기준에 비해 합리적인지를 평가하며, 그 기준에 따라 결정한 결과들이 어떤 영향을 미칠 것인지 등을 고려하는 사고의 과정이 바로 비판적 사고 과정이다.

우리의 삶은 다양한 문제 상황에 직면하고 그것에 대한 정확한 판단을 통해 의사 결정을 하는 비판적 사고 과정의 연속이라고 할 수 있다. 그럼에도 비판적 글쓰기가 쉽지 않은 이유는 비판적 사고를 다루어야 하는 두 상황이 다르기 때문이다. 말하자면 일상생활에서는 개인적 취향 등 개인적인 삶과 관련된 상황이 전개되는 반면 글쓰기에서는 글쓰기 주제와 관련하여 개인적인 호불호를 다루지 않는다. 그것은 사회적 문제에 대한 것이며 따라서 개인적 차원을 넘어서는 비판적 사고가 다루어져야 한다.

글쓰기에서 비판적 사고를 유지하기 위해서는 어떻게 해야 하는가? 우선 개인의 입장을 벗어나 객관적 시각으로 문제를 인식해야 한다. 그것은 곧 다루어야 할 문제가 사회와 어떤 영향을 주고받는지, 그리고 현재뿐만 아니라 가까운 미래에는 어떤 결과를 가져올지에 대해서 생각해 보는 것이다. 이를 위해서는 관련 내용에 대한 다양한 정보를 확인하고 찾아보는 노력이 필요하다. 보다 신중하게 관련 내용에 대해 조사를 하거나 더 많이 알고 있는 사람에게 자문을 구하는 등의 활동을 통해 거시적인 관점에서 문제를 인식해야 한다.

관련 자료를 수집할 때 가장 고려해야 할 점은 수집한 자료가 객관적인가 하는 것이다. 실제로 다양한 매체에서 전달되는 정보는 일관성을 보이지 않으며, 때로는 같은 자료에 대해서도 정반대의 시각을 나타내기도 한다. 따라서 수집된 정보를 이용할 때에는 반드시 그 정보가 정확하고 사실적인 것인지를 여러 자료를 통해 판단해야 한다.

3. 논술문 쓰기의 유의점

논술문 작성 과정에서 고려해야 할 중요한 요소 중의 하나가 바로 '타인의 반론에 대해 어떻게 대비하고 반응할 것인가'이다. 반론이란 남의 논설이나 비난, 논평 따위에 대하여 반박을 하는 것이다. 그런데 경우에 따라서는 자신의 견해에 대해 제기할 수 있는 반론에 대해 재반론하는 것으로 논증을 탄탄하게 구성할 수도 있다. 그럼 반론에 대한 논의는 어떻게 진행하고 어떤 단계에서 제시하는 것이 좋을지에 대해 구체적으로 살펴보도록 하자.

1) 반론에 대한 논의 방법

반론을 다루기 위해서는 그것을 언급하고 넘어갈 것인지, 아니면 그냥 무시하고 자신의 주장만 제시해도 문제가 없을지를 고민해 보아야 한다. 그런데 논술문에서 반론을 언급하는 것은 실제로 상대방 반론의 가치를 부각하기 위한 것은 아니다. 그것은 자신이 주장하는 내용에 대해 독자의 설득을 끌어내는 과정의 일부라고 보아야 한다.

반론에 대한 본격적인 논의를 하기에 앞서서 구체적으로 반론의 내용이 무엇인지를 확인해야 한다. 그리고 그 반론이 정확히 자신의 주장 어느 부분과 관련이 있는지도 확인해야 한다. 그다음으로 해야 할 일은 제기될 수 있는 반론을 다양한 방법으로 약화시키는 것이다.

상대방의 반론을 약화시키는 방법에 대해서 임영환 외(1998: 296~297)에서 밝히고 있는 내용을 참고하여 정리하면 다음과 같다. 첫째, 반대 의견도 좋은 것이지만, 필자의 견해도 장점이 많다는 점을 독자가 확인하도록 한다. 반론에 대해 무조건적인 비판을 해서는 안 된다. 이는 오히려 글을 쓴 사람에 대한 신뢰를 떨어뜨리고 생트집을 잡는다는 안 좋은 인상만 남길 뿐이다. 반론의 내용 중에서도 훌륭하고 좋은 견해가 있다면, 경우에 따라서는 그러한 내용을 칭찬하거나 인용하는 것도 가능하다. 다만, 자신의 견해에도 반론의 내용과 비교하여 상당히 많은 장점이 있다는 것을 밝히는 것이 중요하다.

둘째, 반대 의견보다는 필자의 견해가 더 좋다는 것을 독자가 인식하도록 한다. 이미 앞에서 밝힌 바와 같이 필자의 주장과 반론은 공존이 절대 불가능한 차이를 가진 견해가 아닌 경우가 많다. 그러므로 반대 의견은 틀리고 자신의 견해만 옳다는 주장보다는, 두 견해 사이에 일정한 입장 차이가 있다는 것을 분명히 하면서 두 견해의 상대적 가치를 논의하여 자신의 견해가 더 가치 있고 효과적이라는 점을 강조해야 한다.

셋째, 반대 의견에 사실과 다른 점들이 있다면 이를 분명히 밝혀 반론의 신뢰성을 문제 삼을 수 있다. 전체적으로 반론 내용이 모두 잘못된 것이라는 주장보다는 반론 내용 중에 일부 부적절하거나 관련이 없는 내용이 포함되어 있다는 점을 밝힌다든지, 세부적인 일부 내용에서 오류가 있다는 점을 밝힐 수 있다. 이러한 방식은 경우에 따라서는 말꼬리를 잡는다거나, 숲을 보지 못하고 나무만 살피는 좁은 시각이라는 오해를 받을 수 있으므로 유의해야 한다. 이러한 오해를 피할 수만 있다면, 독자는 글을 쓴 사람이 정확하고 꼼꼼하며 관련 분야에 대한 논의를 충분히 이해하고 있다고 생각하게 될 것이다. 글을 쓰는 사람에 대한 이러한 신뢰는 반론을 부정하지는 못하더라도 독자의 설득에서 매우 중요한 역할을 한다.

2) 반론의 배열

반론이 글의 어느 단계에 위치하는 것이 특별히 적절하다고 말하기는 어렵다. 대체로 반론은 글의 단계에서 자연스럽게 논의를 진행하면서 제시되는 것이 가장 바람직하다. 따라서 반론은 글의 어느 부분에서든지 나타날 수 있다.

필요한 반론의 내용만을 추려 자신의 주장과 대립적으로 제시하는 것도 설득의 효과를 높이는 방법이 된다. 또한 반론에 대한 내용을 글의 도입 부분이나 본론의 첫 단락에서 모두 제시하고, 나머지 부분에서는 반론에 대한 논박에 집중하는 방식도 있다. 이 방식은 자신의 견해에 대한 반대가 많거나 상대방의 반론 내용이 매우 확실하고 광범위하게 일반 독자들에게 알려진 경우에 유용하다고 할 수 있다. 이 방식은 우세한 반론의 내용을 구체적으로 제시하고, 자신의 견해와 비교하면서 관련된 부분에 세밀하게 접근하여 자신의 견해가 더 효과적인 이유를 밝히기 때문에 필자의 주장을 강조하는 효과를 얻을 수 있다.

자신의 견해에 대한 반론이 거의 없거나 미미할 경우에는 모든 반대 의견을 하나의 단락으로 처리하는 것도 가능하다. 굳이 중요하지 않은 반론을 필자 스스로 독자에게 제시하여 문제를 확대할 필요가 없다. 이러한 경우라면 관련 내용은 도입부나 본론의 어느 한 단락, 혹은 결론에서 간단히 언급하여 필자 자신이 반론의 내용을 인지하고 있음을 간단히 밝혀 독자의 신뢰를 얻는 것으로 충분할 것이다.

4. 논술문 쓰기의 실제

논술문은 어떤 비판의 대상과 직면하는 데에서 글쓰기가 시작된다고 할 수 있다. 논술문을 작성하는 과정을 몇 가지 단계로 나눠 문제가 되는 상황을 파악해 보도록 하자.

1) 문제 분석

가장 먼저 논술문을 쓰기 시작하면서 해야 할 일은 논의 대상에 대한 '문제 분석'이라 할 수 있다. 이 '문제 분석'은 논의하고자 하는 대상에 대한 이해의 과정이라고 할 수 있는데, 플라워(Flower, 1998)가 제시한 다섯 단계를 살펴보면 다음과 같다.

(1) 갈등 요소, 혹은 핵심 문제 정의하기

논술문을 쓰기 전에 무엇보다도 내가 다루고자 하는 상황에서 일어날 수 있는 혹은 일어난 갈등 요소는 무엇인지와 관련하여 핵심 문제를 정의하는 것이 필요하다. 이것은 좋고 나쁨 혹은 옳고 그름의 문제가 아니다. 앞서 논술문은 개인적인 취향을 다루는 것이 아니라 여러 사회 구성원들 간의 문제를 다루는 것이라고 하였다. 이는 논술문에서 다루는 문제가 상당히 복잡하게 얽혀 있음을 의미한다. 따라서 관련 내용을 확인하면서 문제가 되는 내용을 파악하고, 이렇게 파악한 내용을 갈등 요소별로 묶어 정리하여 문제를 파악하는 작업을 진행해야 한다.

(2) 넓은 문맥 속에 문제 넣고 보기

파악한 핵심 문제에 대해 내가 어떤 입장을 취할 것인가를 결정하는 것은 곧 그 문제에 대해 평가를 하는 것이다. 이를 위해서는 적절한 평가 기준이 마련되어야 한다. 특히 평가 대상에 대한 평가의 척도를 그 대상이 스스로 제공하는 것이 아니기 때문에, 우리는 일정한 평가의 기준을 마련하기 위해 보다 폭넓은 상황을 고려하여 문제를 다시 생각해 볼 필요가 있다.

올바른 평가 기준을 마련하기 위해서는 확산된 시각 또는 창의적인 관점에서 문제를 파악해야 한다. 다시 말해, 그러한 문제가 발생하게 된 배경, 현재 시점에서 이러한 문제가 우리에게 주는 의미, 기존의 관점이 간과한 점 등이 무엇인지, 그리고 이러한 문제에서 언급해야 할 가장 핵심적인 사항이나 논의가 무엇인지 다시 한 번 살펴볼 필요가 있다. 예를 들어, 에너지와 관련하여 원자력의 문제를 생각해 보자. '원자력은 우리에게 필요한 것인가'라는 문제에 대해 에너지의 안정적인 공급이나 비용 및 안전의 측면에서 접근하는 것이 현재 일반적인 방식이라 할 수 있다. 그런데 더 넓게 보자면 원자력의 사용은 일종의 대체 에너지에 대한 논의라고 생각할 수도 있다. 대체 에너지 자원의 하나로서 원자력 사용의 타당성에 대해서 논의하는 것은 단순히 다른 화석 연료 에너지 자원과 원자력 에너지 자원의 효용성, 경제성, 안전성을 대비하는 것과는 다른 시각의 접근이라 할 수 있다.

(3) 문제를 조작적으로 정의하기

조작적 정의란 추상적이고 모호한 대상에 대하여 구체적·객관적·경험적으로 기술하기 위한 정의를 말한다. 그러므로 논의할 문제에 대해서 조작적으로 정의하라는 말은, 그것이 먼 나라 또는 자신과는 관계가 없는 다른 누구의 문제가 아니라 바로 우리의 문제임을 인식하고 실제로 이행할 수 있는 행동이나 과제와 같은 구체적인 내용으로 언급하는 것을 의미한다. 결국 문제를 더 구체화하여 독자와의 거리를 좁히는 것이다.

우리 주변에서 흔히 접하게 되는 다양한 정책이나 사회 현상들은 그 자체로만 고립된 것들이 아니다. 예를 들어, 하나의 정책은 단순히 그 정책 입안 분야에만 한정되는 것이 아니라 그와 관련된 경제·환경·인권 등의 여러 분야와 다양한 영향 관계에 있다. 관련된 분야와의 관계를 분석하여 그것이 우리에게 미치는 영향을 고려하는 것을 통해 문제에 대한 인식을 더욱 명확하게 할 수 있다.

(4) 문제의 부분 탐구하기

문제에 대한 정의가 마무리 되었다면 관련된 하위 논점과 문제들을 생각해 보아야 한다. 중요한 것은 앞에서 밝힌 바와 같이, 관련 문제에 대한 조작적 정의에 의해 논의의 한계를 명확하게 한 후에 그 범위 내에서 다양한 하위 내용들을 파악하는 작업이 진행되어야 한다는 것이다.

예를 들어 공공장소에서의 흡연 금지에 대해서 논의한다고 할 때, 주변에서 흡연권을 주장하는 사람들은 반론을 제기할 수 있다. 이들은 흡연에 대해 개인 기호품의 선택이라고 강조한다. 이러한 논의에 대해 건강 문제를 제기하는 것은 올바른 대응이라고 보기 어렵다. '공공장소에서의 금연이 개인의 기호품 선택에 대한 자유를 박탈하는 것인가'라는 구체적인 내용을 중심으로 논의를 진행해 볼 수 있다. 이러한 논의를 위해서는 먼저 담배는 기호품인가, 기호품은 공공장소에서 자유롭게 선택될 수 있는 것인가, 개인의 기호품이 타인의 권리나 건강에 문제가 된다면 기호품으로 인정할 수 있는가, 흡연은 보호해야 할 개인의 자유인가, 공공장소에서의 흡연은 다른 사람의 자유를 침해하지 않는가 등의 하위 문제에 대해서 깊이 고민해 볼 수 있을 것이다.

(5) 열린 결론 도출하기[2]

우리가 제시하는 논술문의 결론이 항상 완벽한 것만은 아니다. 다른 기준과 논의 과정을 거친다면 결론은 언제나 수정될 수 있다. 그래서 항상 우리가 제시하는 결론이나 해결책이 문제에 대한 현실적이면서도 효과적인 대안이 될 수 있다는 점을 독자에게 알리고 설득해야 한다. 물론 '열린 결론'이 자신의 논점을 흐리거나 결론의 내용에 대해 자신 없는 태도를 보이는 것은 아니다. 결론은 자신의 논의 과정의 결과로서 항상 확고하게 정리된 것이어야 한다.

이러한 점을 고려하여 플라워(Flower, 1993)에서는 좋은 결론을 쓰기 위한 3가지 방안을 제시하고 있는데, 그 내용은 다음과 같다.

- 진지하게 대안을 고려하라.
- 자신의 입장이 함의하는 바를 인식하도록 하라.
- 합리적이면서 열린 태도를 보이기는 하지만 확고한 입장을 견지하라.

2) 논증을 이용한 글의 구성

(1) 논증의 구조

논증은 대체로 '(다양한) 전제 + (하나의) 결론'으로 구성된다. 논증의 구조는 글의 구성 방식 자체에 영향을 준다. 간단한 문제에 대한 비판적 글쓰기에서 글의 구성은 전제와 결론을 배치하는 방식에 따라 연역적 또는 귀납적일 수 있다.

① 두 개의 전제가 개별적으로 하나의 결론을 지지하는 논증

---

2 원래 원진숙·황정현 역(1998)에서는 '열려진 결론'으로 표현되어 있으나 이 글에서는 '열린 결론'으로 수정하여 싣는다.

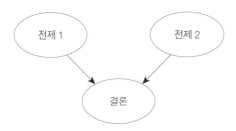

전제 1: 성호는 운동선수다.
전제 2: 성호는 잘 먹고, 잘 자고, 잘 논다.
결론: 성호는 건강하다.

위와 같은 구조의 논증에서 간단히 그 특징을 말하자면 전제들 사이의 유사성이나 관련성이 적다는 것을 알 수 있다. 전제 1의 내용 자체가 결론을 지지하고, 전제 2도 마찬가지로 결론을 뒷받침하고 있다. 그러나 전제 1과 전제 2는 아무 관련이 없다.

② 두 개의 전제가 함께 하나의 결론을 지지하는 논증

두 개의 전제가 함께 결론을 지지하는 논증은 두 전제가 모두 결론에 관여하기 때문에 하나의 전제라도 잘못되면 글의 논리성이 흐트러진다. 전제를 여러 개 두는 것도 가능하다. 다만 이렇게 전제가 서로 연계된 상태에서 많은 전제들이 계속 연속될 경우 논리적 문제가 생길 가능성은 점점 커지므로 전제를 확장하는 경우 결론의 도출 과정에 더 많은 신경을 써야 한다.

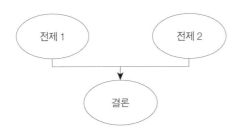

전제 1: 항공기에는 엔진이 있다.
전제 2: 글라이더에는 엔진이 없다.
결론: 글라이더는 항공기가 아니다.

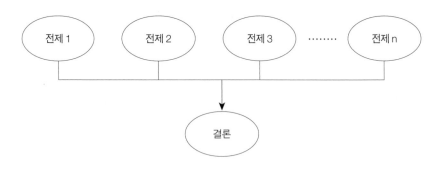

③ 확장된 논증

전제 1: 한국의 은행 이자가 낮다.
전제 2: 국내외 주식 시장의 실적이 저조하다.
　　결론 1: 한국의 부동산 가격이 인상될 것이다.
　　전제 3: 부동산 가격이 인상되면 기업의 신규 투자가 줄어든다.
　　　　결론 2: 한국 기업의 신규 투자가 줄어들 것이다.
　　　　전제 4: 기업의 신규 투자가 줄어들면 청년 실업률이 증가한다.
　　　　　　결론 3: 한국의 청년 실업률이 증가할 것이다.

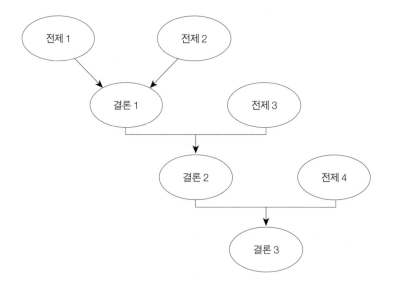

　　앞에서 제시한 두 구조가 복합적으로 연결된 논증 구조도 가능하다. 그런데 이렇게 복잡한 논증 구조가 연이어 제시될 경우 잘못하면 논리의 비

약이 생기거나 전제 간의 문제로 인해 논리적 문제가 발생할 수 있다. 이 예문에서는 한국의 은행 이자가 낮다는 전제(전제 1)가 복잡한 논증 과정을 거치면서 한국 기업의 신규 투자가 줄어들 것이라는 결론(결론 2)을 도출했지만, 은행 이자가 낮은 것은 기업의 신규 투자가 늘어나는 조건이 되기도 한다. 그러므로 이렇게 복잡한 구조를 갖는 논증은 가능하다면 피하는 것이 좋다. 또한 상대방의 논증이 이렇게 복잡한 구조를 갖는 것이라면 그 논증의 문제점을 검토할 때 각각의 전제와 전제 사이의 관계에 문제가 없는지, 제시된 다양한 전제와 각각의 결론 사이에 서로 상충되거나 모순되는 것은 없는지에 대해서 면밀하게 살필 필요가 있다.

(2) 논지의 세목 배열 방식

논술문에서 제시해야 하는 세목의 배열 방식도 글쓰기에서 고려해 보아야 할 사항이다. 우리는 비판적인 글을 쓰고 논증을 하는 과정에서 독자를 설득하기 위한 다양한 논거를 사용한다. 이러한 논거가 독자에게 어떠한 영향을 주는가에 따라서 설득의 효과가 결정되는 것이다. 그런데 제시되는 논거들의 중요도는 다양하게 나타날 수 있다. 제시된 논거의 중요도가 대부분 비슷하거나 논거의 수가 많지 않다면 그 배열에 대해서 크게 고려하지 않아도 될 것이다. 그러나 논거가 다양하다면 그 배열의 문제에 대해서 신경을 쓰지 않을 수 없다.

① 일반적인 배열 방식

중요도 n
⇓
중요도 3
⇓
중요도 2
⇓
중요도 1

이러한 배열 방식은 가장 일반적으로 사용되고 있다. 중요도에 따라 가장 덜 중요한 내용에서부터 시작하여 가장 중요한 내용을 마지막에 배치하는 방식이다. 이러한 배열의 장점이라면 논지 전개 과정에 따라 결론에 이르는 보다 강력한 논거가 제시되기 때문에 자신이 주장하는 바를 점점 강조하면서 제시할 수 있다는 것이다. 또한 마지막의 강한 논거가 독자에게 강한 인상을 줄 수 있다.

② 변형된 방식

중요도 2

$\Downarrow$

중요도 n

$\Downarrow$

중요도 3

$\Downarrow$

중요도 1

이러한 배열 방식은 일반적인 배열 방식을 보다 효율적으로 개선한 것이라 할 수 있다. 중요도에서 두 번째로 중요한 논지에서 출발하여 그다음부터는 일반적인 배열 방식을 따른다. 일반적으로 인간의 기억은 중요성이 낮은 내용에 대해서 기억할 수 있는 양에 한계가 있으며 내용 중에서도 처음과 마지막의 내용을 가장 잘 기억하는 것으로 알려져 있다. 따라서 이 배열 방식은 중요도가 높은 논거가 처음과 끝에 위치시켜 글에 대한 독자의 인상을 더욱 강화할 수 있다는 이점이 있다.

모범적인 글과 수정이나 보완이 필요한 글

논술문을 완성했다면 과연 자신의 의도대로 제대로 된 글인가를 확인할 필요가 있다. 이러한 글의 검토 과정을 일반적으로 '퇴고'라고 하지만 논술문에서는 일반적인 퇴고의 원칙 이외에 추가로 더 고려해야 할 사항들이 있다.

여기에서는 전체적인 비판적 글의 평가 요소를 제시하기로 한다. 한철우 외(2003: 168)를 바탕으로 논술문 쓰기 평가 요소를 제시하면 다음과 같다.

평가 요소

- 논술문에 문제 파악과 문제 해결의 구조가 잘 드러나 있는가?
- 논술문의 논리 전개 과정은 합리적으로 이루어졌는가?
- 논술문의 논리 전개 과정에 쓰인 근거는 타당성과 신뢰성이 있는가?
- 논술문에서 내린 결론은 타당성이 있으며 용인 가능한가?
- 논술문에 쓰인 어조는 객관적이며 일관성이 있는가?

위의 내용을 기준으로 하여 다음 글의 내용을 평가해 보자.

▶ **모범적인 글** ···

현재 우리의 문화에 가장 큰 영향을 미치는 것은 미국의 문화이다. 역사가 짧은 이 문화는 의미의 층위가 얇을 개연성이 크다. 따라서 자본의 논리와 같은 물결에 쉽사리 휩쓸린다. 그런데 이 문화가 오늘날 우리의 주위를 지배하고 있다. 의미의 층위가 얇기 때문에 키치처럼 한 꺼풀만 벗기고 나면 남는 것이 없는 문화가 단지 돈이 된다는 이유로 횡행하고 있고, 대중매체는 물론 문화비평가라는 사람들의 일부마저도 그런 세태에 영합하고 있다. 자본가들이 개발이라는 미명하에 자연경관과 문화유물을 파괴하는 경우를 우리는 흔히 목도한다. 그런데 사태의 본질을 파악하여 문제점을 지적하고 대안을 제시해야 하는 문화비평가들마저도 어쩔 수 없는 세계적 추세라고 주장하며 오히려 자본의 논리를 옹호하고 나선다면 그 폐해는 훨씬 심각할 것이다. 그들이 아무리 짝사랑의 눈길을 보낸다 하더라도, 모든 것을 삼켜버리는 자본의 논리는 결국 문화를 자본의 현장에서 소외시켜버릴 것이기 때문이다.

압구정동의 소비 지향적 문화만이 문화의 전부는 아니다. 다행히도 우리에게는 두꺼운 의미의 층위를 지니고 있는 전통문화가 있고, 저항문화의 맥이 면면히 흐르고 있다. 서양에서 문화현상에 관심을 쏟기 시작했던 선구자들은 인간 실존의 다양성에 의미를 부여하고 그것에 대해 심도 있게 인식하기 위해 연구에 몰두했을 뿐이다. 그리하여 확보한 것이 경제의 논리와 무관하게 자율성을 지니는 문화의 영역이었다. 우리는 문화에 대한 이러한 진지한 논의를 받아들여, 문화를 위한 문화의 이론을 우리의 실정에 접목시킴과 동시에 우리 자체의 이론을 개발해야 할 것이다.

— 조한욱, 『문화로 보면 역사가 달라진다』, 책세상, 2000.

● 평가

이 글의 저자는 문화를 위한 문화 이론을 우리 실정에 맞게 개발해야 한다는 것을 주장하고 있다. 서구의 소비 지향적 문화의 폐해를 언급하고 우리 내부의 문제점도 지적하고 있다. 더욱이 양립이 불가능한 자본과 문화의 속성을 언급하면서 현실의 극복 방안을 논의하고 있다. 구체적으로 우리 실정에 맞는 문화 이론이 무엇인가에 대한 논의는 아직 제시되지 않았지만 문화의 자본적 속성과 소비 지향적 문제점을 우리의 현실 속에서 밝히고 있다는 점에서 필자가 주장한 새로운 이론의 필요성에는 독자들이 공감할 수 있을 것으로 보인다.

그렇다면 이와 비교하여 다음 글의 내용은 어떠한지 생각해 보자. 앞서 살펴본 글의 내용과 마찬가지로 문화의 문제를 다루고 있기는 하지만 그 서술 방식에서 일정한 차이를 보이고 있다.

　우리 문화에 대한 우리의 생각은 다소 불명확한 것으로 보인다. 일종의 오리엔탈리즘에 기반한 우리 문화에 대한 비하는 이제 다분히 겸양의 미덕을 넘어선 수준이다. 차는 아우디나 벤츠가 좋고, 핸드백이나 옷은 이탈리아 구찌나 루이비통이 일류이다. 프로 스포츠 역시 영국의 프리미어리그나 미국의 메이저리그가 최고이고 심지어는 드라마도 미국의 시에스아이(CSI)가 최고 인기이다. 이제 우리의 것이라고 남은 것은 유기농 채소나 김치 정도가 아닐까. 하긴 이것도 캘리포니아 오렌지, 프랑스 와인, 스위스 치즈, 이탈리아 파스타가 최고라고 언제 바뀔지 모르겠다. 이렇게 외래 문화가 우리의 생활 속에 파고들고 있는데, 우리의 인식은 너무나 한심하게도 안일하고 평안하다. 걸 그룹이나 아이돌 그룹 몇몇이 아시아와 유럽에서 잠시 인기를 끄는 것에만 취하여 실제 우리 턱 밑까지 올라온 서구 문화의 엄청난 유입에 대해서는 인식도 제대로 못하고 있는 것이다. 우리가 진정 원하는 것은 이러한 문화가 아니다. 우리 속에 깊이 간직되어 있는 전통적인 문화의 정수를 뽑아내어 외부의 선정적이고 소비적인 문화에 맞서야 한다.

● **평가**

　이 글은 우리 문화를 통해 외부의 선정적이고 소비적인 문화에 맞서자는 주장을 하고 있으며, 이러한 주장을 하게 된 문제의식으로 우리 사회 속에서 외래문화가 엄청나게 유입되어 있는 현실을 지적하고 있다. 그런데 근거로 제시하고 있는 각종 소비 문화의 예들이 일부에 불과하거나 과장되어 있다. 또한 소비 유형이나 인식을 과도하게 확대하여 해석한 면이 있고, 왜 핵심적인 우리 문화를 지키고 서구의 선정적이고 소비적인 문화를 막아내야 하는지에 대한 설명도 불충분하다. 특히 '한심하게도', '취하여' 등의 어휘 선택을 보면 필자가 가진 부정적인 감정을 그대로 표현하고 있음을 알 수 있다. 이는 독자의 이성보다는 감성에 호소하고 있는 것으로 보여 독자에게 편향된 주장이라거나 과장된 내용이라는 평가를 받기 쉽다.

01 다음 글을 읽고, 유의사항을 고려하여 '대중문화는 비판받아야 하는가?'라는 질문에 답하는 글을 쓰기 위한 목차를 작성해 보자.

〈유의사항〉

1) 대중문화와 고급문화의 진정한 차이점은 무엇인가?

2) 현재 대중문화와 고급문화는 각각 어떤 방향으로 이동하고 있는가?

3) 자본주의 사회에서 예술의 상업화를 어떻게 평가해야 하는가?

4) 소위 '크로스오버'라는 문제는 대중문화와 고급문화의 관점에서 어떻게 보아야 하는가?

고급문화는 대중문화와 어떻게 타협하고 있나

바흐의 음악은 스토코우스키에 의해 달콤하게 되었고, 비제의 음악은 로저스와 해머스타인에 의해 조잡하게 되었고, 성서는 진부한 산문으로 변색되어 매끈하게 다듬어졌고, 셰익스피어의 작품은 재미를 곁들여 달콤한 뮤지컬 코미디로 각색되었고, 프로이트의 심리학은 신문 독자에 대한 조언란에나 적당한 천박한 것으로 이용되었다.

미국의 학자 어네스트 반 덴 하그는 대중문화에 의해 고급문화가 타락한 예들을 위와 같이 들고 있다. 위의 글은 1950년대 말에 씌어진 것이다. 오늘의 기준으로 보면 타락이라고 부를 것도 없는 일에 괜한 시비를 걸고 있다고 생각할 사람이 적지 않을 것이다. 고급문화 영역에서 오늘날 일어나고 있는 변화는 40년 전과 비교하여 가히 혁명적인 것이기 때문이다.

1992년 미국의 『워싱턴 포스트』지에 '미국의 문화 위기'를 선언하는 특집 기사가 실렸다. 그 내용인즉, 고급문화가 대중문화에 짓눌려 죽어가고 있다는 것이다. 예컨대, 미국 고급문화의 전당이라 할 케네디 센터는 92년도에 2백 50만 달러의 적자를 냈으며, 미국의 심포니 오케스트라 연맹은 '연주 공연 사업'이 최악의 재정 곤란을 겪고 있다고 보고하였으며, 미국의 44개 충 공연 단체 중 15%만이 적자를 면했고 나머지는 현상 유지가 어려운 실정이라는 것이다.

미국의 한 예술 평론가는 그런 현상을 가리켜 '관객의 죽음'이라 불렀다. 그 평론가는 대중과 고급 예술을 이어 주는 끈이 끊어지고 있다고 통탄하면서 "이는 거대하고 고립된 TV 시청 대중의 예술로부터의 소외"라고 말했다. 우리 돈으로 4만원이나 하는 마돈나의 누드 사진집은 불티나듯이 팔리고 있으며 할리우드의 폭력물 영화가 사람들의 주요 화제 거리로 등장하는 가는데 고급 예술은 몰락의 길을 걷고 있으니, TV로 대표되는 대중문화를 비판하는 것도 무리는 아닐 것이다.

미국에서 고급문화의 몰락은 미국의 대중문화가 세계에서 가장 강력한 시장 경쟁력을 갖고 있다는 점과 무관하지 않을 것이다. 게다가 미국인들은 시장 중심의 윤리관에 투철하며 사회 분위기도 그 어느 나라보다 더 소비 지향적이다. 물론 고급문화에 종사하는 사람들이 대중이 고급문화에 더 쉽게 접근할 수 있도록 교육하는 일을 게을리하였고, '대중화'의 가치에 지나치게 적대적이었다는 점도 적지 않은 영향을 미쳤을 것이다.

어찌됐거나, 중요한 건 정도의 차이는 있을망정 고급문화의 쇠퇴는

전 세계적인 현상이라는 점이다. 한 통계에 의하면 1910년대에는 클래식 음반의 시장 점유율이 세계 음반 시장의 85%를 차지했던 반면, 1990년대에는 12%로 떨어졌다. 미국의 경우는 더욱 심각해서, 클래식 음반의 시장 점유율이 세계 평균의 3분의 1인 4%에 불과하다.

고급문화의 일부 영역이 그나마 버텨 내고 있는 건 대중문화에 이용되고 있는 기술을 받아들였기 때문이다. 예컨대, CD의 대중화로 클래식 음반이 뒤늦게나마 다소 호황을 누리고 있는 것이 그런 경우일 것이다. 그러나 최첨단 매체의 힘을 빌리지 않는 공연 예술은 전반적으로 극심한 불황에 처해 있으며, 많은 나라에서 정부의 보조금으로 연명해 나가고 있다.

그런 상황에서 고급문화는 점차 대중문화와 타협할 수 있는 길을 찾고 있다. 시인이 광고 카피라이터로 일하거나 연극 배우가 TV에 진출하거나 하는 등의 장르 간 이동이 활발하게 일어나고 있으며, 심지어는 클래식 음반의 디스크 재킷에 누드 그림이 등장하는 따위의 방법까지 동원되고 있다.

(중략)

일부 나라에서는 고급문화의 대중화를 국가 정책의 차원에서 보다 적극적으로 추진하고 있기도 하다. 프랑스의 문화적 자존심이라 할 바스티유 극장이 연간 1억 달러에 이르는 적자를 메우기 위해 '문화의 대중화'라는 구호를 내걸고 록 콘서트 공연을 허용하기로 한 것도 그런 변화의 하나다. 우리나라에서도 고급문화는 물론 전통 문화까지 생존을 위해 대중문화와 손을 잡는 일이 점차 눈에 띄게 늘어나고 있다.

대중문화와 타협하려는 고급문화의 노력이 '팝 아트(pop art)'라고 하는 새로운 영역을 탄생시켰다는 점에 주목할 필요가 있다. 우리에게는 미국의 미술가 앤디 워홀이 실크 스크린으로 찍어 만든 마릴린 몬로와 존 F. 케네디의 얼굴들로 잘 알려진 '팝 아트'는 영국의 미술 평론가 로렌스 알로웨이가 1950년대 초에 처음 사용한 용어이지만, 그것이 세상 사람들의 큰 관심을 끌게 된 건 최근의 일이다. 기존의 고급문화 영역에서 대중문화에 대한 긍정적 반응이 가장 잘 나타난 경우라고 볼 수 있는 팝 아트의 표현법에는 유화, 조각, 콜라주, 판화 등 시각 예술의 여러 작업들이 포함된다. 팝 아트는 현실 자체를 대상으로 하지 않는다. 그래픽 디자인이나 대중 매체 가운데서 발견되는 가공된 현실을 음미의 대상으로 삼을 따름이다. 따라서, 거기에서는 광고, 디자인, 회화의 경계가 모호해진다.

이는 현대 도시인들에게 자연이 거의 완전히 인공적인 것으로 대체되었다는 것을 의미한다. 사실 도시에서 자연을 어떻게 만날 수 있는가? 우리는 광고와 TV와 그 밖의 매체들로 가득 찬 숲에서 살고 있다고 해도 지나친 말은 아닐 것이다. 요컨대, 고급문화의 환경 자체가 변화했다는 뜻이다. 그렇게 본다면, 팝 아트가 런던과 뉴욕 등 서구 소비 사회의 중심지에서 발생했다는 건 너무나 당연한 일인지 모른다. 팝 아트가 처음 선보였을 때, 일부 비평가들은 그것이 상업적 작가들의 직업을 모사하는 표절이라고 비난하였으며, 또 어떤 비평가들은 팝 아트가 피상적이며 퇴폐적인 예술 형식이라고 비판했다. 자본주의와 소비주의의 가장 좋지 못한 측면들을 무분별하게 재현하고 찬양하는 '반동적 현실주의'라는 것이다.

그러나 그렇게 일방적으로 비판하기에 앞서 1950년대와 1960년대의 시대 상황을 좀 감안해 줄 필요가 있을 것 같다. 50년대와 60년대 서구 소비 사회의 풍조를 극명하게 요약해 주는 표어는 "나는 소비한다. 고로 나는 존재한다."였다. 영국의 선구적 팝 아티스트인 리차드 해밀턴이 50년대에 "순수 예술가이기를 고집하는 것은 정신 분열증 환자처럼 자기 분열을 감내해내겠다는 것과 다르지 않다."고 말한 것은 아마 그런 시대적 상황을 무시하는 것에 대한 항변이었는지도 모른다.

같은 맥락에서, 팝 아트의 소비주의에 대한 찬양은 50년대와 60년대에 서구의 생활 수준이 괄목할 만큼 증진되었기 때문에 정당화될 수 있다고 말하는 사람도 있다. 또 팝 아트에는 어느 정도 우상 파괴적인 면이 있다. 그때까지 경시되던 상업적 예술을 사용함으로써, 고급문화의 영역 속에 일종의 '억압받던 것'을 복귀시켰다는 것이다. 팝 아트와 소비주의의 타협에 대해선 미국의 대표적 팝 아티스트인 앤디 워홀(1928~1987)의 대담할 정도로 솔직한 견해를 듣는 것이 좋을 듯하다. 그는 다음과 같이 말한다.

이 나라, 아메리카의 위대성은 가장 부유한 소비자들도 본질적으로는 가장 빈곤한 소비자들과 똑같은 것을 구입한다는 전통을 세웠다는 점이다. 이렇게 생각해 보자. 즉, 여러분은 TV를 시청하면서 코카 콜라를 볼 수 있는데, 여러분은 대통령 또는 리즈 테일러가 그것을 마신다는 것을 알고 있으며, 여러분도 마찬가지로 그것을 마실 수 있다. 콜라는 그저 콜라일 뿐, 아무리 큰 돈을 준다 하더라도 길 모퉁이에서 건달이 빨아 대고 있는 콜라와는 다른, 어떤 더 좋은 콜라를 살 수는 없다. 모든 콜라는 똑같은 것으로 통용된다. 리즈 테일러도 거렁뱅이도, 그리고 여러분도 그 점을 알고 있다.

영국의 미술 평론가인 존 워커는 대량 생산이 산업 사회의 모든 사람들로 하여금 동일한 제품을 즐길 수 있게 하며 문화의 평준화와 사회적 관습의 통일을 가져오기 때문에 워홀의 견해에 타당성이 없는 건 아니나, 그의 정치·사회적 이해는 지나치게 어설픈 데다 순진하기까지 하다고 지적하고 있다. 즉, 워홀은 코카 콜라와 같은 청량 음료가 사회적으로 유익하고 필요한 것이냐는 문제와, 그것이 사회적 공익이 아니라 개인적 이익이라는 이해 관계에 따라 제조된다는 사실에는 전혀 관심을 기울이지 않고 있다는 것이다.

그러나 워커는 워홀을 비롯한 팝 아티스트들의 팝 아트가 그것을 공격하는 사람들이 동의하는 것보다 훨씬 복잡하고 모호하며 여러 뿌리가 뒤섞인 것이라는 점을 인정하면서, 산업 사회에 맞는 상업 예술을 제작하기 위해 예술의 생산 방식을 산업화했다는 점에서 워홀은 높이 평가되어야 한다고 말하고 있다. 물론 워홀의 생각은 기존의 예술계 풍토에 비추어 이단적이며 불온한 것이었다. 왜냐하면, 산업 혁명 이후 문인들과 사회 비평가들은 한결같이 기계를 예술에 적대적인 것으로 간주해 왔으므로 워홀의 관점은 엄청난 위협이 아닐 수 없었기 때문이다.

사실, 워홀은 이제 더 이상 한 개인적 예술가로서 간주되지 않는다. 그는 사무실과 많은 직원들을 거느린 사업체를 갖고 있다. '워홀'은 이제 한 무리의 상품에 붙여진 제조 상표인 것이다. 워홀도 자신의 작업을 '비즈니스 아트(business art)'라고 부르면서 다음과 같이 말한다.

비즈니스 아트는 예술 다음에 오는 단계이다. 나는 스스로가 상업적 예술가이기를 주장했고, 이제는 비즈니스 즉, 사업 예술가로서 끝마무리를 지으려 한다. 사업에서 성공한다는 것은 가장 매력적인 종류의 예술이다. 돈을 번다는 것은 예술이며, 일한다는 것도 예술이며, 훌륭한 사업은 최상의 예술인 것이다.

워커는 워홀이 예술의 상업적 차원을 간파한 점을 높이 평가하고 있다. 워홀은 자본주의 제도 속에 존재하는 예술의 자본주의적 본성을 기꺼이 직시하려는 극소수 현대 예술가들 중 한 사람이라는 것이다.

　　　　— 강준만,『대중문화의 겉과 속 Ⅰ』, 인물과사상사, 2008, pp.24~32.

02 다음 글을 읽고 '고등 교육은 경제 발전에 어떠한 영향을 주는가' 문제에 답하는 글을 작성해 보자.

스위스 패러독스

경제가 발전하면서 평범한 노동자들이 교육을 더 받아야 할 필요는 늘지 않더라도 고급 직종의 노동자들은 더 많이 교육받을 필요가 있다고 생각할 수 있다. 결국 위에서 살펴본 것처럼 다른 나라보다 생산적인 지식을 더 많이 창출해 내는 나라가 경제적으로 앞서 나가는 것 아닌가. 그렇다면 한 나라의 번영도를 결정짓는 것은 초등학교보다는 대학교의 질에 달려 있다는 주장도 가능하다.

그러나 이른바 지식 위주의 시대에서조차 고등 교육과 경제 번영 사이의 관계는 그렇게 간단명료하지 않다. 스위스의 놀랄 만한 사례를 들어 보자. 스위스는 세계에서 가장 부유하고 산업화된 나라 중의 하나이다. 그런데 이 나라의 대학 진학률은 놀랍게도 선진국 중 가장 낮아서 1990년대 초까지만 해도 다른 부자 나라 대학 진학률의 3분의 1밖에 되지 않았다. 1996년까지도 스위스의 대학 진학률은 16퍼센트로 OECD 평균 34퍼센트의 절반에도 미치지 못하는 수준이었다. 그 이후 이 비율은 상당히 높아져서 유네스코 자료에 따르면 2007년에는 47퍼센트까지 올랐지만 여전히 선진국 중에서 가장 낮고, 특히 대학에 가는 비율이 높은 핀란드(94퍼센트), 미국(82퍼센트), 덴마크(80퍼센트)에 비하면 현저히 낮다. 스위스에 비해 훨씬 못사는 한국(96퍼센트), 그리스(91퍼센트), 리투아니아(76퍼센트), 아르헨티나(68퍼센트) 등의 나라들마저 스위스보다 훨씬 높은 대학 진학률을 보인다는 점은 특히 흥미롭다.

주요 경쟁자들은 물론이고 훨씬 가난한 나라들에 비해 이렇게까지

고등 교육을 등한히 하고도 스위스는 어떻게 세계적으로 가장 높은 생산성을 기록하는 나라 중의 하나로 자리 잡았을까?

나라마다 대학 교육의 질에 큰 차이가 있어서 그렇지 않겠냐는 것이 가능한 대답 중의 하나일 것이다. 한국이나 리투아니아의 대학들이 스위스의 대학만큼 좋지 않기 때문에 스위스에서 대학 가는 사람 비율이 훨씬 낮아도 한국이나 리투아니아에 비해 부자가 될 수 있었을 것이라는 설명이다. 그러나 스위스를 미국이나 핀란드와 비교하면 이 설명은 빛을 잃고 만다. 스위스 대학이 너무나 우수해서 미국, 핀란드에 비해 대학 가는 사람의 비율이 절반밖에 되지 않는데도 경쟁력을 유지할 수 있다는 주장은 말이 되지 않기 때문이다.

이 '스위스 패러독스' 역시 교육의 생산성 향상 효과가 낮다는 사실로 설명된다. 그러나 초중등 교육의 생산성 향상 효과가 낮은 것은 이 시기의 교육이 자아실현, 모범 시민 양성, 민족 정체성과 같은 것을 함양하는 데 더 초점을 맞추기 때문이라면, 고등 교육의 생산성 향상 효과가 낮은 것은 고등 교육의 기능 중 경제학에서 '분류'라 일컫는 기능이 강하기 때문이다.

물론 고등 교육은 피교육자들에게 생산성과 관련된 지식을 상당 정도 전수해 주지만, 그것의 또 하나의 중요한 기능은 그 피교육자들이 얼마나 고용에 적합한지 순위를 매기는 것이다. 많은 직종에서 중요하게 여기는 능력은 일을 하면서 배워 갈 수 있는 전문 지식보다는 전반적인 지능, 의지, 조직적 사고력 등이다. 따라서 대학에서 역사나 화학을 전공하면서 배운 지식은 보험 회사나 교통부 공무원으로 근무할 때에는 거의 쓸모가 없겠지만, 대학을 나왔다는 사실 자체가 대학을 가지 않은 사람들보다 똑똑하고, 의지가 강하며, 조직적 사고력이 있다는 신호가 된다. 대졸자를 모집하는 회사는 각 직원의 전문 지식보다는 이런 일반적 능력을 보고 직원을 채용하는 것이다. 대학에서 얻은 전문 지식은 대부분 직장에서 수행할 업무와 별 상관이 없기 때문이다.

최근 들어 고등 교육의 중요성이 더 강조되면서 대학을 확장할 만한 여력이 있는 최상층 내지는 중상층 국가들에서는 고등 교육을 둘러싸고 바람직하지 않은 현상들이 생기고 있다. (스위스마저도 이 현상으로부터 자유롭지 않았다는 것은 최근 들어 크게 증가한 대학 진학률에서 짐작할 수 있다.) 대학을 가는 사람들의 비중이 일정 선을 넘어서면 괜찮은 직장을 얻기 위해서는 대학을 가지 않으면 안 되는 분위기가 형성된다. 가령 국민의 50퍼센트가 대학 진학을 한다면 대학을 가지 않는다는 것은 자신이 능력 분포도의 아래쪽 절반에 속한다고 선언하는 것이나 마찬가지이고, 그렇게 되면 일자리를 구하는 데 애를 먹을 것이다. 이렇게 되면 앞으로 일하는 데에 하등의 쓸모가 없는 것을 배우면서 '시간 낭비'를 하게 되리라는 걸 잘 알면서도 대학을 가게 된다. 저마다 대학에 진학하기를 원하면 고등 교육에 대한 수요가 증가하고 그에 따라 대학이 늘어난다. 이렇게 되어 대학 진학률이 더 높아지면 대학을 가야 하는 압박은 한층 증가한다. 시간이 지나면서 이 현상은 '학력 인플레이션'으로 이어진다. 이제 '모든 사람'이 대학을 나왔기 때문에 그중에서 돋보이려면 석사, 심지어 박사까지 하지 않으면 안 된다. 이 학위들을 밟는 과정에서 앞으로 하는 일의 생산성을 올릴 내용을 배우게 될 확률은 아주 작을 테지만 말이다.

1990년대 중반까지 대학 진학률 10~15퍼센트로도 세계 최고의 국민 생산성을 기록한 스위스의 사례를 고려할 때 그보다 더 높은 대학 진학률은 사실 불필요하다는 추측을 할 수 있다. 설령 지식 경제의 부상으로 기술 요건이 많이 올라 스위스의 현재 대학 진학률 40퍼센트대를 하한선으로 친다 하더라도(나는 이 하한선 수준이 너무 높다고 생각한다) 미국, 한국, 핀란드 같은 나라에서는 대학 교육의 절반 정도는 기본적으로 제로섬 게임인 '분류' 과정을 위해 낭비되고 있다는 말이다. 이 나라들의 고등 교육 현실은 영화관에서 화면을 더 잘 보려고 자리에서 일어서는 장면을 생각나게 한다. 한 사람이 서기 시작하면 그 뒷사람도 따라서 서게 되고, 그러다가 일정 비율 이상의 사람들이 서면 결국 모두가 서서 영화를 보지 않으면 안 되는 상황 말이다. 영화관에 있는 사람들은 이제 화면을 더 잘 볼 수도 없으면서 앉아서 보지도 못하는 불편을 감수해야 한다.

교육이냐 기업이냐

기초 교육뿐 아니라 고등 교육까지도 한 나라의 번영에 크게 이바지하지 못한다면 경제에서 교육이 차지하는 역할을 심각하게 재고해 보아야 한다.

부자 나라의 경우 고등 교육에 대한 집착이 줄어들어야 한다. 이 집착 때문에 건전하지 못한 학력 인플레이션이 생겼고, 그 결과 많은 나라에서 대학에 대한 대규모 투자가 일어났다. 어떤 나라의 대학 진학률이 아주 높다고 해서 그것 자체가 잘못이라는 말은 아니다. 경제적인 이유가 아닌 다른 이유라면 진학률이 100퍼센트인들 무슨 문제랴. 그러나 대학 교육이 생산성 향상에 큰 도움을 줄 것이라는 착각은 하지 않아야 한다.

개발도상국의 경우 더 큰 인식 전환이 필요하다. 어린이들이 더 의미 있는 삶을 살 수 있도록 교육 기회를 확장해야 하는 것은 맞지만 생산성을 향상시키는 게 목적이라면 교육 너머로 눈길을 돌려 제대로 된 제도와 조직을 건설하는 데 신경을 쓰는 것이 진정으로 생산성 향상을 도모하는 길임을 깨달아야 한다.

부자 나라와 가난한 나라의 가장 큰 차이는 구성원 개인의 교육 수준이 얼마나 높은가에 있는 것이 아니라 얼마나 각 개인을 잘 아울러서 높은 생산성을 지닌 집단으로 조직화할 수 있느냐에 있다. 이런 조직화의 결과는 보잉이나 폭스바겐과 같은 거대 기업일 수도 있고, 스위스와 이탈리아에 많은 세계적 수준의 제품을 생산하는 중소기업일 수도 있다. 이런 기업을 개발하기 위해서는 투자와 리스크 감수를 장려하는 일련의 제도가 필요하다. 유치 산업을 보호 육성하는 교역 정책, 장기적인 생산성 향상을 위해 '참고 기다릴 줄 아는 자본'을 제공하는 금융 시스템, 제대로 된 파산법으로 자본가에게 새로운 기회를 주고 좋은 복지 정책으로 노동자들에게도 새로운 기회를 주는 제도, 연구개발과 노동자 훈련에 관한 공공 보조금의 규제 정책 등이 필요한 것이다.

교육은 소중하다. 그러나 교육의 진정한 가치는 생산성을 높이는 데에 있는 것이 아니라 우리가 잠재력을 발휘하고 더 만족스럽고 독립적인 생활을 할 수 있도록 하는 데에 있다. 경제를 발전시킬 것이라는 기대를 안고 교육을 확장하면 크게 실망할지도 모른다. 교육과 국민 생산성 사이의 연관성이 약하고 복잡하기 때문이다. 교육에 대한 과도한 열의는 가라앉힐 필요가 있다. 특히 개발도상국에서는 생산적인 기업과 그런 기업을 지원할 제도를 확립하는 데 더 신경 쓸 필요가 있다.

— 장하준 저, 김희정·안세인 역,『그들이 말하지 않는 23가지』, 부키,

2010, pp. 246~251.

9장

기행문 쓰기

기행문은 근본적으로 여행을 전제로 하는 글이다. 기행문의 특징과 요소를 익혀 일상으로부터의 변화와 새로운 세상에 대한 탐색을 담을 수 있는 기행문을 작성해 보자.

1. 기행문의 개념

'기행문'을 국어사전에서 찾아보면 '여행하면서 보고, 듣고, 느끼고, 겪은 것을 적은 글. 대체로 일기체, 편지 형식, 수필, 보고 형식 따위로 쓴다.'라고 설명하고 있다. 이러한 정의를 통해 알 수 있는 것은 기행문이라는 글은 근본적으로 '여행'을 전제로 한다는 것이다. 그렇다면 '여행'에 대해 이렇게 초점을 두거나 강조를 하는 이유가 무엇일까.

여행을 다룬 글을 하나의 문종으로 선택하고 중요하게 평가하는 이유 중의 하나는 바로 이 여행이 일상으로부터의 변화와 새로운 세상에 대한 탐색을 담아내기 때문일 것이다. 여행은 일상사에 지친 사람들에게는 새로운 세상의 문을 여는 열쇠이며 새로운 휴식이고 도전이기도 하다. 지친 일상 속에서 한 장의 사진이나 광고 문구 속에 나타난 어느 여행지의 모습이 머릿속을 스쳐 지나갈 때의 느낌을 우리가 떠올린다면, 이러한 여행이 그것을 실행한 사람에게나 그렇지 못한 사람에게나 어떤 의미인지 쉽게 이해할 수 있을 것이다.

　기행문은 바로 이러한 여행의 결과로 만들어진 글이다. 그 기행문을 쓴 필자에게는 자신의 여행과 그 여행을 통해 얻은 삶의 통찰에 대한 기록이며, 또한 필자가 걸어간 길, 그 여정 속에서 만나고 듣고 보았던 내용 하나하나를 기록으로 정리한 생생한 발자취이다. 독자에게는 자신이 동경해 온 새로운 세상에 먼저 도착한 신대륙의 개척자들이 보내온 희망의 초대장이다. 그것은 신대륙이나 보물섬을 안내하는 소중한 안내서이면서 필자의 내면과 그 삶의 통찰을 들여다볼 기회를 마련해 준다.

2. 기행문을 잘 쓰려면

　기행문을 쓰기 위해서는 먼저 기행문이라는 글의 성격에 대해서 이해할 필요가 있다. 그리고 기행문의 특징을 반영하는 요소에 대해서도 파악하면서 글을 써 보는 연습을 할 필요가 있다.

　앞서 밝힌 바와 같이 기행문은 '여행'을 기반으로 하여 쓴 글이다. 이러한 특징 이외에도 몇 가지 특징으로 기행문의 성격을 규정해 볼 수 있다. 기행문의 성격을 우선 살펴보도록 하자.

1) 기행문의 성격

　기행문은 수필의 일종인데, 수필은 문학적인 글에 속한다. 그러므로 기행문 역시 문학적인 글이라는 점을 간과해서는 안 될 것이다. 또한 기행문이 여행을 기반으로 한 것이고 그 여행 중에서 보고 듣고 느낀 것을 기록하는 것이므로, 새로운 사실이 독자에게 전달된다는 점도 부정하기 어렵다. 그러나 설명문이나 일반적인 안내문과는 달리 기행문은 객관적인 사실이 글의 중심이 되면 곤란하다. 객관성과 사실 전달에만 중점을 두게 된다면 문학적인 글로서의 기행문이라는 성격이 훼손될 것이기 때문이다. 여행의 주체는 사람이고, 그 여행의 과정과 여행지에서 만나게 되는 대상 역시 사람이다. 혹시 여행지에서 살펴본 것이 사람이 아니라 유적, 자연물, 전경이라 할지라도 그것은 결국 사람과 연관된 문제로 귀결될 수밖에 없을 것이다.

이렇게 문학적인 면을 강조하게 된다면 일반인들이 기행문을 작성하는 데에 거부감이나 두려움이 생길 수도 있다. 흔히 우리가 문학적이라고 말하면 이는 마치 전문가의 영역인 것처럼 느끼게 되는 경우가 많기 때문이다. 물론 실제로 우리가 접하게 되는 기행문은 대부분 전문적인 여행 작가들이 쓴 경우가 많다. 그렇지만 '문학'이라는 것, 특히 그 문학의 창작이 반드시 전문적인 능력을 갖춘 사람들의 전유물인 것만은 아니다. 앞서 밝힌 바와 같이 여행은 경험하지 못한 새로운 세상으로의 출발을 의미하는 것이며, 그 느낌마저도 필자 자신만이 느끼는 새로움이라 할 수 있다. 같은 지역, 같은 유적을 답사한 여러 기행문이 있다 할지라도 각 기행문의 내용과 느낌이 서로 다른 것은 바로 개인의 소중한 느낌에 차이가 있기 때문이다. 그러므로 기행문이 문학적인 글이라는 점을 고려한다면 필자는 여행지에서 보고 듣고 느낀 점에 대한 자신의 솔직한 감정을 써야 한다.

한편, 앞에서 밝힌 바와는 좀 상반된 것으로 보이는 기행문의 성격도 생각해 볼 수 있다. 기행문에는 일반적인 문학과는 달리 매우 구체적이고 사실적인 정보가 포함되어 있다. 즉, 여행지로 떠나는 과정과 그 여행지에서 접하게 된 새로운 정보가 포함되어 있다. 그런데 이러한 여정과 정보들은 대부분 실제 여행을 통해서 얻게 되는 것이므로 매우 객관적인 자료로 제시되는 경우가 많다. 학술답사 보고서는 아니라 하더라도, 기행문 속에 포함된 일부 정보는 독자에게 객관적인 정보로서의 가치를 가진다고 할 수 있다. 그러므로 기행문을 쓸 때는 이러한 객관적 정보에 대한 제시 과정이나 방법에 대해 유의해야 할 필요가 있다. 여정에 대한 정보가 아주 자세하게 제시된다면 그것 자체가 안내문의 성격을 갖게 되어 문학적인 기행문의 성격에 반하는 것이 되겠지만, 반면에 이러한 정보가 무질서하고 사실과 달리 기록된다면 그것도 좋은 기행문이라고는 할 수 없다.

이러한 점들을 고려한다면, 사람 냄새가 나는 문학적인 글이면서도 객관적인 정보가 담긴 글이 기행문이라고 할 수 있을 것이다. 여행기로서의 성격이 강하게 드러난다면 문학적 수필의 측면을 강조한 것이고, 학술답사 보고서나 관찰 기록문과 같은 형식이 드러난다면 보고서와 같은 객관적인 면이 강조된 기행문이 된다. 물론 기행문은 기본적으로는 문학적인 글이라는 점에 근본을 두어야 한다. 하지만 특히 최근에 독자들의 요구 등으로 객관적 정보에 대한 문제도 중요하게 다뤄지는 경우가 있어서 이 두 가지 성격을 잘 고려하여 기행문을 작성하여야 할 것이다.

2) 기행문의 구성 요소

많은 학생들이 국어 수업 시간에 배운 바와 같이 기행문의 구성 요소에는 여정, 견문, 감상이 있다. 기행문에서 '여정'은 여행의 과정을 시간적·공간적으로 안내하는 요소라고 할 수 있다. 왜, 언제, 어디에서 출발하여, 어디를 향해, 무엇으로, 어떻게 여행을 했는가를 알려 주는 내용이 모두 이 여정에 해당한다. '견문'은 말 그대로 여행에서 보고 들은 내용 전체이다. 앞서 밝힌 객관적인 정보뿐만 아니라 여행지에서 살펴본 대상을 통해 얻은 여러 정보가 비록 객관성을 갖지 않는다고 할지라도, 그것 모두가 견문에 포함될 수 있다. '감상'은 여행 중 여정과 견문을 통해 얻은 필자의 생각과 느낌 등을 정리한 것이다. 이러한 측면에서 결국 '감상'은 기행문의 핵심이라 할 수 있다.

기행문을 잘 쓰기 위해서 '여정'의 문제를 어떻게 다루어야 할지에 대해 우선 생각해 보도록 하자. 일단 기행문에서 여정과 관련한 내용이 분명하게 드러나도록 서술하는 것이 중요하다. 어디에 갔기에, 어떤 과정을 통해 갔기에 그러한 생각을 필자는 하게 되었을까에 대한 정보가 없거나 부족하다면 기행문을 읽는 독자의 흥미는 반감되고 그 느낌이나 감상에 대한 공감도 줄어들 수 있다. 따라서 여정에 대해 명확하게 설명할 필요가 있다. 이때 '명확하게'라는 말은 반드시 '구체적으로'라는 의미는 아니다. 구체적으로 몇 시에 어떤 교통수단으로 어느 길을 통해 어떻게 어디에 도착했다는 내용까지 하나하나 언급하는 것은 문제가 될 수도 있다. 하지만 최근에 답사나 여행에 대한 일반인들의 관심이 매우 높아진 것을 고려한다면 기본적인 여정 관련 정보는 그림이나 도표 등의 방법을 통해서라도 어느 정도 제시될 필요가 있다.

다음으로 '견문'의 문제를 기행문에서 어떻게 다루어야 할지에 대해 생각해 보자. 객관적인 보고서와 같은 성격이 일부 있는 것은 사실이지만, 기행문 자체가 보고서는 아니다. 그러므로 견문 관련 내용을 과도하게 객관성에 중점을 두고 서술하는 방식은 바람직하지 못하다. 여행은 본인이 있는 공간과 다른 공간으로, 자신 주변의 사람들이 아닌 다른 사람들을 만나기 위해 떠나는 것이다. 그렇다면 견문의 내용은 그러한 다름의 차이를 인정하고 그 차이를 이해하는 과정의 산물이어야 한다. 분석이나 비평의 대상이기보다는 이해와 수용의 대상이어야 한다. 그러므로 '견문'은 여행지에서 새롭게 알게 된 사실이나 내용에 우선 중점을 두어야 한다. 따라서 그 지역만의 특성도 기행문에 담길 수 있다. 또한 이미 잘 알려진 기존의 대상에 대해서도 당시 여행에서 새롭게 느끼게 되고 알게 된 것에 중점을 두어 서술해야 할 필요가 있다. 이러한 점에서 견문은 매우 주관적인 것일 수도 있다.

'감상'은 기행문에서 매우 중요한 요소이다. 이것이 빠진다면 기행문은 기행문일 수 없다. 그렇지만 감상을 기록하는 방식에서 유의할 것이 있다. 처음 기행문에 대해 배우고 써 보게 되는 학생 필자들이 범하는 오류 중의 하나가 바로 감상을 글 마지막에 독립적으로 제시하는 것이다. 사실

이러한 글에서는 감상뿐만 아니라 여정과 견문마저도 분리되어 문단별로 배치되는 경우가 있다. '여정'을 밝히면서도 그 준비 과정이나 각 여정의 과정에서 느끼는 소소한 '감상'이 있게 마련이며, '견문'에서 주관적으로 생각하게 된 내용에는 역시 나름대로 '감상'이 따라붙을 수밖에 없다.

3. 기행문 쓰기의 유의점 – 기행문의 준비 과정

모든 글이 마찬가지이겠지만 어떤 글을 작성하기 위해서는 나름대로의 준비 과정이 필요하다. 기행문 역시 일정한 준비 과정이 필요하다. 더욱이 기행문은 여행을 전제로 하기 때문에 그 과정이 여행의 준비 과정과 깊이 관련되어 있다고 할 수 있다. 무작정 여행을 떠나는 경우가 아니라면 일단 '여정'은 여행 전에 어느 정도는 여행의 목적이나 여행하고자 하는 지역을 미리 정하기 마련이므로 '견문'과 관련한 내용도 어느 정도의 예상이 가능하다. 여행 준비와 더불어 기행문 작성과 관련하여 준비해야 할 사항에 대해서 간단히 살펴보자.

1) 여행 관련 사전 조사

무작정 지금 당장 아무 곳이나 길을 떠나는 여행자가 없는 것은 아니지만, 우리는 여행을 가기 전에 여행과 관련한 여러 사항을 미리 정한다. 여행지를 정하고, 여행을 떠날 시기와 동반자를 결정하며, 그 여행지로 떠나는 방법과 여행지에서 돌아볼 곳을 사전에 미리 정하는 것이 일반적이다. 그래서 여행을 시작하기 전에 우리는 자연스럽게 여행과 관련한 사전 조사를 하게 된다. 이러한 사전 조사의 내용은 차후 기행문을 쓰는 데에도 좋은 자료가 될 수 있다.

사전에 조사하거나 알아봐야 할 내용을 몇 가지 정리하면 다음과 같다.

우선 여행지에 대한 정보이다. 자신이 가고자 하는 여행지에 대해서 어느 정도 알아 둘 필요가 있다. '아는 만큼 보인다.'란 말이 있듯이, 같은 지역에 도착하여 같은 유적이나 풍광을 본다 하더라도 사전 지식의 양에 따라서 그 감흥에 차이가 있을 수 있다. 경우에 따라서는 그 지역의 중요한 견문 내용을 놓칠 수도 있다. 예를 들어, 안동에 가서 간고등어만 먹고 왔다고 해 보자. 우리 역사에서 안동이라는 지역이 갖는 상징성을 무시하고 먹거리 여행만을 다녀왔다면 과연 안동에 대해 어떤 기행문을 쓸 수 있을까? 안동에 대한 기행문을 잘 쓰기 위해서는 도산서원이나 하회마을 등 안동에서 보고 확인해야 할 여러 우리 전통 문화적 요소들이 무엇인지에 대해 사전 조사를 하고 떠나야 할 것이다.

다음으로 여행지로 떠나는 교통에 관련한 정보이다. 최근에는 자가용과 내비게이션만 있다면 전국 어디라도 가지 못할 곳이 없다. 그렇지만 경우에 따라서는 완행버스나 기차를 타고 떠나는 것이 더 좋을 수도 있다. 동해를 달리는 동해선 기차 속에서 바라본 바다의 모습을 떠올린다면 늦은 밤 출발하는 기차는 우리에게 새로운 여행의 묘미를 전해 줄 수 있을 것이다. 교통수단뿐만 아니라 목적지까지 거쳐 가는 곳을 어떻게 잡느냐에 따라 일반적인 여행도 새롭고 흥미로운 여행으로 바뀔 수 있다. 시원스레 뚫린 넓은 고속도로로 여행지까지 단번에 달려가는 방법도 있겠지만, 국도를 따라가다 보면 미처 생각하지 못했거나 살펴보지 못했던 다양한 여행지가 중간에 나타날 수도 있고 이를 통해 새로운 여행이 시작될 수도 있다.

2) 여행 중의 자료 수집 및 정리

기본적으로 기행문에는 여행 중에 겪게 되는 사건뿐만 아니라 새롭게 알게 된 사실이나 그 지역 특성이 드러나는 다양한 소재가 등장하는 것이 일반적이다. 이러한 견문 관련 내용은 여행지마다 새로운 경험을 제공한다. 그리고 이러한 새로운 경험이 기행문에서 중요한 역할을 하게 되는데,

그 경험의 내용과 질은 매우 다양하다. 관련 내용이 매우 중요하고 대단한 대상에 대한 것일 수도 있지만 때로는 매우 사소하고 소소한 일상의 일부인 경우도 많다. 여행 중에 겪게 되는 소소한 감정이나 사건의 내용을 기행문으로 작성하고자 할 경우에는 이러한 문제에 대한 메모가 필요하다. 대개 여행을 마치고 기행문을 작성하게 되는데, 이 과정에서 자신이 경험한 사건과 그 경험의 장소나 시간이 잘못 기억되거나 제대로 기억나지 않아 문제가 발생할 수 있다. 메모는 이러한 문제점을 해결해 주는 중요한 기행문 쓰기의 과정이자 방법이라고 할 수 있다. 더욱이 순간순간 떠오르는 소소한 감정들을 하나하나 잡아 놓치지 않게 해 준다는 점과 순간적으로 떠오른 생각을 차후에 다시 정리할 기회를 제공해 준다는 점에서 메모는 매우 중요하다고 할 수 있다. 과거에는 주로 수첩이나 일기 등에 기록을 남기는 경우가 많았으나, 최근에는 순간적인 감정이나 상황을 바로 기록하기 위해 문자 언어가 아니라 음성 언어 그대로 음성기록장치에 입력하는 경우도 있다. 어느 쪽을 사용하든 큰 문제는 없으나 기록을 남기는 과정에서 그 기록과 관련된 기초적인 자료를 함께 저장하여 두는 것이 중요하다. 순간적인 생각을 기록하더라도 언제, 어느 곳에서, 왜 이러한 생각을 하게 되었는지를 함께 기록하는 것이 좋다.

여행 중에 자료 수집이나 기록과 관련하여 최근에 하나 더 주목해야 할 사항이 있다. 다양한 매체의 활용이 그것이다. 과거에는 주로 기록하고자 하는 대상에 대해 단순히 언어를 이용하는 방식만이 가능했으나 최근에는 다양한 기록 매체의 발달로 단순한 메모뿐만 아니라 사진, 동영상 등을 이용할 수 있게 되었다. 그리고 최근에는 기행문 작성과 발표의 과정에서도 이러한 매체가 글의 감동이나 사실성을 살리는 데에 매우 중요한 역할을 하고 있다. 글 속에 다양한 매체를 삽입하거나 보충함으로써 글에서 밝히고 있는 내용에 대해 사실성을 높이고 독자에게 또 다른 감동을 줄 수 있는 것이다. 그래서 최근에는 여행 작가의 기행문 제작 과정에 이러한 매체 자료만을 전문적으로 다루는 관련자가 함께 참여하는 경우도 늘고 있다.

4. 기행문 쓰기의 실제

실제 기행문을 쓰는 과정을 따라가면서 기행문 쓰기 과정을 정리해 보도록 하자.

1) 기행문을 위한 사전 준비

기행문 쓰기를 준비하기 위해서는 앞에서 이미 밝힌 바와 같이 여행을 준비해야 한다. 여행과 관련한 기본적인 사항에 대한 정보를 수집하고 여행에서 반드시 해야 할 일들을 확인해 둘 필요가 있다. 개인적인 여행이라면 여행지에 대한 사전 답사까지 계획하는 것은 무리지만, 계획한 여행에서 반드시 해야 할 일을 시간과 공간을 고려하여 정리해 두는 것은 필요하다. 다만 여행을 통해 우연히 만나게 되는 의외성의 묘미를 살리기 위해서는 너무 자세하고 촘촘하게 일정을 잡는 것은 바람직하지 못하다. 마치 수학여행처럼 시간 계획에 쫓겨 떠밀리듯 진행하는 여정보다는 중간마다 일정한 여유를 두고 핵심적인 일정만 조정해 보는 것이 도움이 될 것이다. 여행 중 기록하고자 하는 내용에 대해 메모할 준비를 하고 기본적인 여행 관련 계획을 마련한 후에 본격적으로 여행을 하고 기행문 작성을 준비해야 한다.

여행을 마치고 돌아와서는 여행 중에 얻은 다양한 감상과 견문의 내용을 정리하고, 메모를 통해 기록해 둔 소소한 내용과 전체 여정을 통해 느낀 중요한 문제가 잘 조화될 수 있도록 하면서 주요 여행지와 이야깃거리를 정리하고 배열하는 과정이 필요하다. 결국 이러한 결정 과정은 기행문의 내용 전개나 주제와 깊은 연관을 맺게 될 것이다. 또한 여행 중에 찍은 사진이나 동영상 자료 등 다양한 매체 자료를 다시 확인하면서 기행문의 내용이나 주제를 효과적으로 전달하는 데에 도움이 될 수 있는 자료를 선별하고 전체 글의 내용을 고려하면서 배치할 준비를 하는 과정도 필요하다.

2) 기행문 쓰기와 여정의 정리

기행문은 여행에 대한 개략적인 소개로 시작한다. 왜 이러한 여행이 시작되었는지, 그리고 언제 어디서 출발하고 끝낼 예정이었는지에 대해 간단하지만 명확하게 설명할 필요가 있다. 이 부분은 독자들에게 기행문에서 다루게 될 여행에 대한 기본적인 정보를 제공하면서 글에 대한 흥미를 유도하는 장치로서의 역할을 하게 될 것이다. 또한 글을 시작하면서 여행지에 이르는 여정도 소개하게 되는데, 글 속에서 여러 지역을 이동하게 된다면 글의 중간에도 이러한 여정이 나타날 수 있다.

과거와는 달리 최근에는 여정에 대한 설명을 매우 사실적이고 자세하게 다루는 기행문이 꽤 많이 등장하고 있다. 이는 여행에 대한 관심이 증가하고, 기행문을 통해 같은 장소를 여행하고자 하는 독자가 증가하는 것과도 관련이 있는 변화라고 생각한다. 필자와 같은 방법으로 자신도 그곳에 가고 싶은 독자가 늘고 있다는 것이다. 이러한 측면을 고려한다면 여정을 사실적으로 제시하는 것도 도움이 될 수 있다. 다만 이러한 여정의 비중이 글에서 많아지면 문학으로서 기행문의 성격이 희석될 가능성이 있다. 이러한 점을 고려하여 여정에 관련한 내용은 객관적인 정보를 간단히 제공하면서도 독자의 관심과 흥미에 도움을 줄 수 있는 방식으로 제시하는 것이 도움이 될 것이다. 글로 이러한 여정을 하나하나 설명하기보다는 글 속에 도표나 지도 등을 이용하여 유용한 정보를 간단하면서도 효과적으로 제공하는 방식도 고려해 볼 수 있을 것이다.

3) 여유와 빈틈을 통해 얻는 '견문'

기행문은 형식이나 내용이 철저하게 규정된 글이 아니다. 마치 여행에 대한 일정한 방식이나 틀이 존재하지 않는 것처럼 기행문의 형식 또한 매우 다양하다. 일반적인 사건을 서술하듯이 여행지에서 있었던 일을 서술하는 경우도 있고, 편지글처럼 여행지에서 있었던 일에 대해 전달 대상을 정해 놓고 이야기하듯 서술하는 경우도 있다. 때로는 여행지에서 쓴 한 편의 일기와 같은 형식으로 그날 있었던 일에 대해 기록하는 방식의 기행문도 가능하다. 기행문의 형식은 매우 다양하다고 할 수 있다.

기행문을 쓰는 필자에게서는 프로야구를 중계하는 아나운서의 말투에서 느낄 수 있는 치열함이나 긴박함을 느끼기는 어렵다. 여행 자체가 일상의 치열함이나 지루함을 피하고자 하는 인생의 여백 같은 의미가 있는 것이기에 이를 전제로 한 기행문도 마찬가지이다. 앞서 준비 과정에서 일정을 여유 있게 잡아야 한다는 얘기를 했는데, 그것도 기행문의 특성과 관련이 있다. 여행에서의 '견문'은 삶에 대한 통찰과 삶을 새로운 시각에서 바라볼 수 있는 여유를 통해 얻게 되는 것이다. 예를 들어 같은 대상이라 할지라도 여행이 아닌 일상의 일부에서 직면하게 된다면 느끼는 바는 전혀 다를 수밖에 없다.

또한 견문의 내용이 반드시 객관적이기만 할 필요도 없다. 여행에서 만난 이가 "비님이 오신다."는 말을 하였다고 해서 '비님'을 '자연 현상'에 대한 인간의 경외감과 존경의 표현으로만 분석할 필요는 없다. '비님'은 자식들 공부시키고 시집 장가보내는 역할을 한 밭둑의 작물을 길러낸 단비에 대한 지극한 고마움의 표현일 수도 있고, 많은 나이에도 건강하게 밭에서 작물을 가꾸며 느끼는 행복감에 거친 얼굴 위로 떨어지는 몇 방울의 빗물이 즐겁고 고마워서 하는 표현일 수도 있다.

4) 창의적인 '감상'에 주목하는 기행문

우리가 여행지로 선택한 지역이 인류의 손길이 쉽게 닿기 어려운 아마존이라든지, 사람들이 살 수 없는 극한의 지역이 아닌 다음에야 글 속에 등장하는 어떤 지역은 필자 자신뿐만 아니라 다른 누군가, 심지어는 글을 읽는 독자가 이미 다녀온 적이 있는 지역일 수도 있다. 그러므로 기행문은 새로운 장소에 대한 소개나 그 장소에 대한 묘사에 중점을 두는 '가 보고 싶지?' 형식의 기행문과는 차별화될 필요가 있다.

같은 장소도 다양한 변수에 따라 새로운 느낌을 제공하는 경우는 얼마든지 있다. 연인의 손을 잡고 바라본 노을과 그 연인과 헤어져 혼자 남아 바라보는 노을이 같은 느낌일 수는 없는 일이다. 따라서 기행문에서는 창의적인 시각과 안목에서 감상을 다루는 것이 중요하다. 창의적인 감상을 위해서는 여행에서 독자적인 견문을 얻는 것이 매우 중요하다. 전북 남원 실상사에 가서 문화재 관련 설명만 읽고 온다면 굳이 실상사까지 가야 할 이유가 없다. 집에서 인터넷이나 백과사전만 확인해도 필요한 정보를 모두 얻을 수 있다. 그러나 그곳에 직접 간다면 뭔가 새로운 내용을 더 알게 될 수도 있다. 보광전 범종의 당좌(망치가 종을 치는 자리)에 일본 지도 비슷한 문양이 있어 일제 강점기에는 이 종을 치지 못하게 했다거나, 그런데도 일부러 어떤 스님은 더 종을 쳤다거나 하는 등의 이야기를 듣게 될지도 모른다. 이러한 내용들을 중심으로 독특한 '감상'을 떠올릴 수 있을 것이다.

5) '사람'이 있는 기행문

기행문을 보다 보면 복잡한 여정과 여행지의 이국적인 풍광만을 잔뜩 묘사해 놓은 것을 가끔 보게 된다. 그렇지만 기행문이 문학적인 글이 되기 위해서는 무엇보다도 그 속에 사람 냄새가 나는 우리들 주변의 이야기가 포함되어야 한다. 기행문 속에 등장하는 다양한 대상들 모두는 결국 과거와 현재의 누군가에 의해 이루어진 것이다. 인공물이 아닌 자연의 풍광을 접하게 된다고 하더라도 거기에서 느끼는 감정은 사람과 관련한 문제와 분리되기 어렵다. 기행문이 일반적인 보고서나 탐사 보고서, 학술 보고서와 다른 점이 바로 이것이다.

사람이 쓰는 모든 글은 사람에 대한 내용이라고 할 수 있다. 물론 소재는 사람 자체가 아닌 경우가 있기는 하다. 그렇다고 해도 그 내용이 사람과 전혀 관련이 없는 것은 아니다. 기행문은 여행지의 새로운 사건이나 대상을 다루지만, 결국 여행을 떠난 어느 한 사람의 이야기인 셈이다. 그 사람은 왜 여행을 떠났는가, 그리고 무엇을 보고 느꼈는가, 그래서 이제 과거의 그와 현재의 그는 어떻게 달라졌고 독자에게 무엇을 말하고자 하는가를 알려 주는 것이 결국 기행문이다. 독자가 자신도 그곳에 가고 싶다고 느끼도록 하는 것이 좋은 기행문이 갖춰야 할 조건일 수도 있겠지만, 결국은 여행이 필자에게 남긴 여운을 통해 독자도 새로운 세상을 바라볼 수 있는 안목을 갖게 하고 그러한 기회의 소중함에 대해 공감하게 하는 것도 기행문이 담아야 할 중요한 요소라고 할 수 있다.

또한 사람이 있는 기행문에 '나'만 존재해서는 안 된다. 개인적인 감상에만 치우쳐 여행과 관련된 내용은 빠진 채로 공감할 수 없는 느낌으로만 가득한 기행문에는 다른 이는 없고 오로지 '나'만 존재한다. 마치 보고서처럼 가서 매우 좋았고, 또 가 보고 싶고, 독자들도 꼭 가 봤으면 좋겠다는 것으로 마무리되는 내용의 기행문이 바로 그것이다. 기행문 역시 누군가에게 읽힐 목적으로 쓴 것이므로 기행문에 담겨야 할 사람은 나뿐만 아니라 이 기행문을 읽을 독자임을 잊지 말아야 한다.

모범적인 글과 수정이나 보완이 필요한 글

지금까지 기행문의 개념과 기행문이라는 글이 갖는 성격, 기행문 작성에서 유의해야 할 몇 가지 사항과 실제 기행문 작성 과정과 관련하여 중요한 내용을 살펴보았다.

기행문은 사전에 글쓰기를 준비하는 과정이 본격적으로 기행문을 쓰는 과정만큼이나 중요한 역할을 한다는 점에서 일반적인 글쓰기와 차이가 있다고 할 수 있다. 또한 기행문은 일정한 형식이 존재하지 않는다는 면에서 매우 자유로운 글이어서 일반적인 글쓰기의 평가 기준을 적용하는 것은 적절하지 않을 수 있다. 앞서 밝힌 내용을 중심으로 기행문과 관련한 평가 요소를 제시하여 정리하면 다음과 같다.

평가 요소

• 기행문을 쓰기 전에 사전 준비 과정은 비교적 적절하게 진행되었는가?

• 기행문의 구성 요소 간의 관계와 전개 과정은 적절한가?

• 기행문이 제공하는 정보는 독자들의 흥미를 유발하고 안내하기에 충분한가?

• 기행문의 여정은 명확하게 드러나고 견문과 감상은 조화롭게 구성되었는가?

• 기행문의 감상 내용은 창의적이고 독자에게 여운을 주기에 충분한가?

▶ **모범적인 글** ···

하동에서 반드시 들려야 할 곳은 바로 악양 평사리였다. 소설가 박경리 씨가 쓴 『토지』가 시작되고 끝나는 중심 무대가 바로 이곳이다. 『토지』를 읽은 사람이라면 누구나 이 평사리에 한 번쯤 가 보고 싶다는 생각을 하게 될 것이다. 그 맵고도 올곧

찬 어린 '서희'가 악을 쓰는 모습을 그려 보기 위해서도, 섬진강 자락의 둑길에서 두루마기와 모자는 어디 갔는지 모두 던져 버리고 동저고리 바람에 "만세! 우리나라 만세! 아아 독립 만세! 사람들아! 만세다!"라고 눈물을 흘리면서도 소리내어 웃으며 덩실덩실 춤을 추고 있는 '연학'의 모습을 떠올릴 때도 우리에게는 이곳 평사리라는 장소가 필요하다. 그래서 나도 평사리에 도착해서는 마을 어른들께 최 참판이 살던 곳이 어디냐고 무작정 여쭤 보았었다. 하지만 소설 속의 공간에서 소설 속의 모든 인물들을 그대로 만난다는 것은 실화가 아닌 이상 불가능하다. 이곳 평사리에서도 마찬가지였다. 실제 그곳에는 '최 참판'이란 사람이 산 적은 없으며, 물론 '최서희'란 인물도 존재하지 않았다. 1년에도 이렇게 아둔한 질문을 하는 사람들이 수백 명에 이른다고 하니 이 마을 분들은 마을 앞에 '토지마을'이란 표지판 외에 '최 참판 없음'이라고 하나 더 내걸어야 할 실정이었다. 하지만 이는 허구와 현실을 구별 못하는 혼란이라기보다는 소설이 주는 현실보다도 오히려 더 현실 같은 작품의 감동이라고도 해석할 수 있을 것 같다. 또한 그곳에서 살아가는 사람들이 소설 속의 그들과 너무 닮아 있기 때문인 것 같다. 이 평사리에 최 참판 댁 정자라도 어느 언덕에 하나 세우면 어떨까 하는 생각이 들었다. 그 정자에서 파랗게 일렁이는 저 보리밭을 보면서 그 고난을 이겨온 우리 민족에게 스스로 칭찬과 위로의 말이라도 전하면 어떨지.

● 평가

이 글의 저자는 박경리의 소설 『토지』의 배경이 되는 하동의 평사리를 여행지로 삼았다. 사전의 준비 과정에 대한 내용을 자세히는 알 수 없으나 기본적으로는 『토지』의 내용을 중심으로 기행문이 진행되고 있다. 구체적으로 여정이 나타나지는 않으나, 그곳에서 만난 사람들의 이야기, 그리고 소설과의 관계 속에서 '토지 혹은 서희의 부재'라는 견문 내용을 끌어내고 있다. 감상을 살펴보면 역시 소설의 내용과 관련하여 그 터전을 버티고 살아온 사람들에 대한 대견함이 묻어 있다. 허구라는 소설이 현실보다도 더 현실적인 이유, 최 참판 댁이 없는 것을 알면서도 최 참판 댁을 물어야 하는 이유는 결국 시련과 고난 속에서도 그 터전을 지켜 온 우리 자신을 그곳에서 발견했기 때문이다. 필자는 그래서 자신과 우리 민족을 스스로 위로하고 칭찬하면서 하동 평사리에서의 감동을 전하고 있다.

우리는 다음으로 전구형왕릉이란 곳을 찾아 갔다. 전구형왕릉이란 장소는 가락국 최후의 왕인 구형왕의 능이라고 전해오는 석총이다. 가락국의 왕릉은 한 번도 본 일이 없어서 고등학교 시절에 경주에서 본 커다란 흙더미의 분묘를 상상했었는데 실상은 내 예상과 상당한 차이가 있었다. 우선 구형왕릉은 그 위치가 일반 평지가 아닌 산기슭에 비스듬히 위치하고 있었다. 그리고 무엇보다도 이 무덤은 높이 8m가량, 가로는 10m 이상이나 되는 커다란 석총이었다. 그렇다고 해서 고구려의 장군총처럼 돌을 마르고 다듬어서 쌓아 올린 것이 아니라 주변의 큰 돌을 그냥 열을 맞춰서 쌓아 놓은 듯이 보였다. 또한 그 모양은 단의 형태를 이루고 있는데 피라미드처럼 위로 올라가면서 단은 점차 좁아지고, 전체 7단으로 한 단이 1m 정도 되었다. 그리고 주위는 석총과 같은 돌로 돌담을 둘러 두었다.

사실 이 분묘가 가락국의 마지막 왕인 구형왕의 능이라는 증거는 없는 것 같았다. 그러므로 이 분묘의 앞에는 '傳'이라는 말이 따라 붙고 있는 것이다. 지금의 모습을 갖추게 된 것은 1793년 김해 김씨 문중에서 여기에 '가락국양왕릉(駕洛國讓王陵)'의 비석과 각종 석물을 신설하면서부터라고 한다.

● 평가

이 글이 한 편의 기행문 전체가 아니라는 점을 고려하더라도 이 글에서는 '감상'과 관련한 내용이 거의 나타나지 않고 있다. 대부분 사전 조사한 내용이거나 견문에 해당하는 내용으로 글이 진술되고 있다. 또한 그 견문의 대부분은 매우 객관적인 서술 위주로 이루어져 문학적인 기행문으로서의 느낌보다는 관련 유적에 대한 보고서나 안내문과 같은 느낌을 주고 있다. 이 글이 기행문이라는 것을 알 수 있는 것은 첫째 줄에 등장하는 간단한 여정의 내용 정도이다. 이런 부분에서 독자에게 흥미로운 요소를 제공하지 못하고 글의 여운을 남기기에도 부족한 면이 있다. 보다 기행문답게 구성하고자 한다면 여행 중에서 알게 된 '구형왕'에 관한 내용이라든가, 왜 이렇게 이상한 분묘의 형태가 존재하는 것인지 등 독자가 흥미를 느낄 만한 견문의 내용을 추가하고 그 과정에서 느끼게 된 개인의 감상을 적는 것이 필요하다.

01 다음 기행문을 읽고 '여정, 견문, 감상'의 내용을 확인하고, 그 각각의 내용이 기행문에서 어떻게 기능하고 있는지 평가해 보자.

동해안을 보고 죽자. 프랑스 문호 도데는 북해의 고래가 되고 싶다고 했다. 나는 동해의 고래가 되고 싶다. 늘 푸른 동해를 나의 마당으로 삼아 금강산에 빗긴 달을 언제나 바라본다면 그보다 더한 기쁨은 없을 것이다. 내 마음은 항상 노래를 잊은 카나리아였다. 그러나 오늘 저녁만은 다시 한 마리 새가 되어 이 해변을 날 듯하다.

이 동해선은 어디나 산 아니면 물이요, 숲이요, 바다이다. 더구나 머릿결 좋은 처녀같이 솔밭이 울창하다. 차는 해만(海灣)이 꼬부라져 들어온 곳으로 다리를 건넌 좌우에 바다를 끼고 시원하게 돌진한다. 스티븐슨의 '보물섬'을 찾아가는 듯한 즐거운 심정! 아, 내 마음의 새여! 너는 푸르름 날개를 치며 잊었던 옛노래를 다시 부르자!

차는 어느덧 솔밭 사이로 질주한다. 10리 송전(松田)에 흰 모래가 곱게 깔려 남의 발자국을 기다리는 듯하다. 솔밭 사이에는 집들이 있어 방에 누워서라도 소나무 가지를 잡아 흔들 수 있을 것 같고, 솨솨 하는 소나무 바람에 졸음까지 절로 올 것 같다. 솔밭을 지나 해변으로 나가면 범선들이 석양에 돛대를 빛내고 있고, 잔잔한 물결이 여름의 인어들을 부르고 있다.

송전역을 지나고 고저항(庫低港)을 지나 총석정을 보고자 하였으나 차 안에서는 그림자조차 볼 수가 없다. 통천역을 지나 얼마를 달리니

다시 시원한 해안이 펼쳐지고 기암괴석 사이로 갈매기가 날고 있다. 갈매기는 바다의 처녀이다. 사자같이 머리를 내민 기암에 잠시 앉았다가 다시 풍덩 바다로 들어간다. 그리고 물결에 제멋대로 흘러간다.

님의 품을 바다 같다고 누가 말하였습니까
별들이 내리고 산호가 가지 치는
그 넓은 바다 그 푸른 바다!

님의 품은 열과 매력의 산호가 그늘진
장밋빛 바다, 청옥(靑玉)의 바다!
그 품을 누가 바다 같다고 말하였습니까

바다를 못 잊어 떠도는 갈매기
아, 나도 바다 같은 님의 품이 그리워
애닲게 헤매고 떠도는 한 마리 갈매기입니다

가파른 바닷가에서는 온갖 모양의 바위들이 병풍처럼 펼쳐져 있고 그 위에는 갈매기 떼들의 소리가 소란하다. 물속에 발을 담그고 동해를 뛰어넘을 듯한 백마 모양의 기암, 혹은 용, 혹은 새, 혹은 사슴 같은 모양의 암석이 줄줄이 열을 지어 머리로 혹은 가슴으로 달려오는 물보라를 반격하고 있다.

차는 장진항에 임립한 범선들을 본 체도 않고 금강산 입구인 외금강으로 숨찬 걸음을 계속한다. 여기서부터는 모든 산이 다 기묘한 봉우리들인데, 석양빛을 받아 무지개같이 빛나고, 그 위로 이따금 은빛 뱀꼬리같이 구불거리는 것은 저녁달에 비친 흰구름 조각이다. 차가 달리고 새로운 풍경이 전개될 때마다 고운 양이 머리를 숙이고, 빛나는 독수리 날개 펼치고, 돌병풍 가로 둘러치고, 신성이 자리에 누워 묵상하는 듯한 만상기암(萬象奇嚴)이 자연의 작품전시회를 열고 있는 듯하다. 그 장엄한 아름다움이 하나님의 걸작품이라 하지 않을 수 없다.

금강산 관문이 이와 같을진대 금강산 속이야 얼마나 아름다우랴! 중국사람들이 예로부터 "고려 땅에 태어나 금강산 한번 보는 것이 소원(願生高麗國 日見金剛山)"이라고 한 것도 과장이 아닐 듯하다.

해는 떨어지고 사방에는 포도색 저녁빛이 차츰 짙어진다. 차는 외금강역을 지나고 다시 관동팔경의 하나인 삼일포역을 지난다. 급급한 길손이 아니면 삼일포의 승경을 한번 보련마는, 여기서 5리밖에 안 된다는 삼일포를 그만 지나치게 되어 여간 섭섭한 것이 아니다. 차는 고성에서 멈추고 나더러 하룻밤을 묵으라 한다.

— 노자영·윤석달·이남호 편저, 『금강기행문선』,

작가정신, 1999.

02 다음 '유의사항'을 고려하여 최근에 자신이 다녀온 여행을 대상으로 기행문을 써 보자.

〈유의사항〉

1) 여행과 여행지에 대한 자료는 충분히 수집했는가?

2) 여행지에서 새로운 느낌을 준 장소와 대상은 무엇인가?

3) 여행을 통해 만난 독특한 사람이나 색다른 경험은 무엇인가?

4) 여행을 통해 새롭게 생각하게 된 사항이나 내 주변의 일은 무엇인가?

수필은 현실에서 필자가 직접 겪은 일을 전달함으로써 독자에게 친근히 다가가는 글이다. 자신의 감정을 자유롭게 표현하면서 좋은 수필을 쓰기 위해 고려해야 할 요소를 알아보자.

1. 수필이란 무엇인가?

"그리워하는데도 한 번 만나고는 못 만나게 되기도 하고, 일생을 못 잊으면서 아니 만나고 살기도 한다. 아사코와 나는 세 번 만났다. 세 번째는 아니 만났어야 좋았을 것이다."

이 유명한 구절은 피천득의 「인연」에 나오는 글귀로, 누구나 한 번쯤은 이 글귀를 접해 본 적이 있을 것이다. 윤오영의 「방망이 깎던 노인」이나 법정의 「무소유」 등도 우리가 익히 알고 있는 유명한 수필 작품이다.

피천득의 「인연」은 세월이 흘러도 여전히 많은 독자에게 사랑을 받는 수필 작품인데, 이 작품은 필자가 자신의 첫사랑 아사코를 세 번 만나는 과정에서 느낀 자신의 감정을 진술하게 표현하였다. 필자가 첫사랑과 대면하면서 느낀 마음은 실제 그러한 경험이 있다면 누구나 가졌을 법한 감정이어서 이 작품을 읽는 독자는 이 작품에 공감을 느끼고 감동을 받는다. 수필은 허구의 세계가 아니라 현실에서 필자가 직접 겪은 일을 소재로 한다는 점 때문에 독자에게 더 깊은 감동을 줄 수 있다.

원래 수필은 한자어로 '隨筆'인데, 이는 '붓이 가는 대로 쓴다'는 뜻이다. 붓이 가는 대로 쓴다는 것은 필자의 생각을 표현하기만 해도 수필이 된다는 뜻이라기보다는 특정한 형식이나 얽매임이 없다는 뜻이 더 강하다. '隨筆'의 의미 그대로, 수필은 형식에 얽매이지 않고 필자가 자신의 생각을 자유롭게 쓰는 장르이다.

수필은 두 가지 큰 특징이 있다. 첫 번째 특징은 수필이 '필자의 실제 이야기'를 표현한 장르라는 점이다. 소설에는 작가가 의도적으로 내세운 인물이 등장한다. 이 등장인물은 현실 속에 존재하는 인물이라기보다 작가가 작품을 통해 드러내고 싶은 주제를 가장 잘 부각시킬 수 있는 인물이다. 그래서 소설 속의 등장인물은 과장된 말과 몸짓을 하기도 하고 심리를 표현하기도 한다. 이에 비해 수필은 필자가 직접 드러난다. 수필은 어느 누구도 아닌 '필자'가 겪은 일을 바탕으로 하기 때문에 수필에는 언제나 '나'가 등장한다. 쓰려는 내용의 소재가 되는 것이 필자이면서 동시에 그 이야기를 쓰는 주체도 필자가 된다. 따라서 수필은 독자와 저자 사이에 존재하는 '등장인물'을 매개하지 않고 직접 독자와 대면하는 문학 장르라고 할 수 있다.

수필의 두 번째 큰 특징은 수필 작품에 표현된 이야기가 허구의 이야기가 아니라 '사실'이라는 점이다. 소설은 허구의 인물이 허구의 이야기를 현실 속에서 일어난 일처럼 그럴듯하게 꾸민 이야기이다. 이에 비해 수필은 필자가 실제 겪은 일을 겪은 그대로 표현한다. 다시 말하면, 수필은 필자가 어떤 일을 겪으면서 가지게 되었던 느낌을 고백하는 문학 장르이다. 이러한 점에서 볼 때 수필은 필자의 삶에서 표현된 이야기라고 할 수 있다. 따라서 수필은 다분히 자기 성찰적이며 자기표현적인 성격이 강하다.

그렇다고 해서 수필이 전혀 허구의 이야기를 하지 않는 것은 아니다.

수필도 문학의 한 장르이기 때문에 허구의 이야기를 할 수 있다. 수필이 허구의 이야기가 주를 이루는 소설과 다른 점은, 소설은 그것이 허구임을 밝히지 않지만 수필은 그것이 허구임을 밝힌다는 데 있다. 또한 허구의 이야기가 차지하는 비중도 소설과 수필이 다르다. 즉, 소설은 그 전체가 허구의 이야기이지만 수필은 허구의 이야기가 한 부분으로 삽입될 뿐이다.

수필은 그 성격에 따라 크게 경수필과 중수필로 나눌 수 있다. 경수필은 필자의 체험을 바탕으로 한 주관적인 성격을 지니지만, 중수필은 필자의 체험을 배제한 채로 객관적인 성격을 지닌다. 또 수필은 개인 수필, 비평 수필, 사회 수필로도 나눌 수 있다. 개인 수필은 자기 자신의 이야기를 독자에게 진솔하게 풀어 가는 형식의 수필로, 수필 작품에서 가장 많이 볼 수 있는 형식이다. 비평 수필은 공동의 선을 위해 시비나 선악을 가리는 형식이고, 사회 수필은 글 속에 시사성을 담은 수필 형식이다(이정림, 2007: 27~40).

2. 수필을 잘 쓰려면

수필은 특정한 형식이 없는 만큼 필자가 자유롭게 자신의 감정을 표현할 수 있다는 이점이 있다. 그렇다고 해서 아무렇게라도 쓰기만 하면 수필이 되는 것은 아니다. 수필 역시 문학 장르이기 때문에 문학적 정서에 기반을 둬야 하는데, 그것은 문학적 감수성을 자극할 수 있는 내용과 표현이 담겨 있어야 한다는 뜻이다.

1) 주제 정하기
어떤 문학 장르이건 문학에서 핵심은 주제이다. 주제가 없는 문학 작품은 그저 개인적인 이야기이거나 넋두리에 불과하다. 특히 수필은 필자가 겪은 일을 표현하는 장르이기 때문에 주제가 없다면 신변잡기를 늘어놓았다는 평가를 받게 된다. 수필에서의 주제는 여러 사람이 공감할 수 있으면서 인생과 결부하여 의미를 부여할 수 있는 것이 좋다(정목일 외, 2000: 198). 다음 글을 읽어 보자.

인연

5년 전 4월. 그 당시 나는 삶의 목적도 의미도 두지 못하고 있었다. 어떠한 의미도 되지 못하는 농담과 예의상의 웃음, 무슨 말을 해야 할지 몰라 서로 커피잔만 바라보던 소개팅. 이런 식은 아니다 싶어 '더 이상 이런 무의미한 만남은 갖지 말아야지.' 하고 생각하던 무렵이었다.

어느 날 친구의 부탁으로 어쩔 수 없이 마지막이라고 생각하며 나간 소개팅 자리. 그곳에서 그를 만났다. 순수해 보이는 눈웃음이 나를 들뜨게 만들었고 내 기준에서는 첫 만남의 선을 잘 지켰으며 자신을 시원스레 오픈하는 모습이 보기 좋았다. 그런 작은 호감에서 시작한 우리는 벌써 5년 동안 만남을 유지하고 있다.

— 학생 글

이 글은 남자친구를 만난 일을 소재로 하여 쓴 수필이다. 이성 친구를 만난다는 것은 성인이라면 누구에게나 있음 직한 일이다. 그래서 이 소재는 독자에게 참 친숙하다고 볼 수 있다. 그런데도 이 글이 독자의 공감을 얻지 못하는 것은 이 글을 통해 필자가 드러내고자 하는 주제가 분명하지 않기 때문이다.

이 글의 필자는 남자친구를 어떻게 만났는지, 왜 그 사람에게 끌렸는지 등에 대해 써 나가고 있다. 그런데 필자 자신의 개인적 감상에만 머무르고 있다. 다시 말해 처음 보는 이성 친구에게 호감을 느끼게 되었다는 내용을 풀어내는 과정에서 독자와 느낌을 공유할 만한 어떤 요소도 소재로 활용하지 못하고 있다. 이 글의 필자는 이성 친구를 처음 만나는 장면을 통해 독자가 느낄 수 있는 공통된 이야기를 끌어내거나, 이성 친구와의 만남을 통해 우리의 삶을 반추해 볼 수 있는 여지를 남겨 두었어야 한다. 공감할 수 있는 부분이 없기 때문에 독자는 이 글을 읽고 필자의 이야기를 궁금해하지도 않을 것이고, 감동을 느끼기도 어려울 것이다.

수필이 자기표현적 성격이 강하다고 하여도 수필 역시 문학 장르이기 때문에 많은 사람들이 공감할 수 있는 주제를 토대로 표현하는 것이 필요하다.

2) 소재 정하기

수필은 필자가 겪은 일을 표현하는 장르이다. 따라서 좋은 수필을 쓰기 위해서는 필자의 경험을 되짚어 보는 것이 필요하다. 경험에는 직접 경험도 있지만, 독서 등을 통해 얻게 되는 간접 체험도 있을 수 있다. 경험의 폭을 넓히면 우리 생활에서 일어나는 자잘한 일들이 모두 수필의 소재가 될 수 있다. 그렇다고 해도 그 모든 것을 수필의 소재로 삼을 수는 없다. 따라서 자신이 직접 겪은 일이나 주변에서 많은 사람들이 흔히 겪고 있는 일들 가운데서 표현하고 싶은 내용을 찾아내는 작업이 필요하다.

그런 다음 필자가 가진 여러 가지 경험 중에서 어떤 경험을 어떻게 형상화할 것인가를 정리해 볼 필요가 있다. 예를 들어 나무라는 소재로 수필을 쓸 경우 나무라는 대상만을 생각할 것이 아니라 나무와 나, 나무와 사계절, 나무와 해, 나무와 삶, 나무와 인생 등으로 연관시켜 시야를 넓혀 가야 한다. 즉 대상으로서의 소재를 선택한 후, 그 소재를 나와 연관시키거나 그 소재를 나의 인생 혹은 사람의 인생과 관련시키는 작업이 필요하다

(정목일 외, 2000: 212). 다음 글을 살펴보자.

나의 존재

　나는 정말 무난하고 평탄하게 살아왔던 것 같다. 우리 부모님은 날 지나치게 자유롭게도 키우지 않으셨고, 그렇다고 온실 속의 화초처럼 키우지도 않으셨다. 그래서 그냥 다른 집 아이들처럼 그냥 그렇게 자라왔던 것 같다. 그래서인지 나는 무언가를 새롭게 도전하는 것을 두려워한다. 위험한 일은 최대한 피하면서 가장 안정된 길을 택하며 살아왔다.

　또 나는 무언가를 얻기 위해 최선을 다해봤던 경험이 별로 없다. 사실 그렇게까지 얻고 싶은 것이 없었던 탓도 있지만 어느 정도에 다다르면 만족스러웠다. 이런 나에게 엄마는 노력하지 않아서 많이 아쉽다고 하셨다. 그렇지만 나는 엄마의 그런 말씀도 잘 이해가 되지 않는다.

— 학생 글

　이 글에서 필자는 자신의 굴곡 없는 삶을 소재로 삼고 있다. 수필이 되려면 필자는 자신의 굴곡 없는 삶을 통해 독자가 흥미를 느낄 만한 주제를 표출해야 한다. 그러나 이 글은 자신의 굴곡 없는 삶을 문학적으로 형상화하지 못하고, 그 삶을 '자신의 삶이 그저 이러저러하였다.' 형식으로 나열하는 것에 머무르고 있다. 그래서 이 글을 읽는 독자는 필자가 말하고자 하는 바를 이해하기 힘들고 작품의 소재와 독자의 삶을 연관지어 자신의 삶을 반추해 보기 어렵기 때문에 글을 다 읽어도 감동을 얻을 수 없게 된다.

　수필이 그저 붓 가는 대로 쓰는 문학 형식이라고 하여도, 그것이 문학적 형상화를 필요로 하지 않음을 의미하지는 않는다. 수필은 필자가 겪은 일이 실제 우리 주변에서 접할 수 있는 현실적인 것이어서 독자에게 감동을 줄 수 있는 요소를 가지고 있는 것이지, 넋두리하듯 그냥 써 나가는 글의 유형은 아니다. 따라서 소재를 형상화하는 작업을 통해 다른 문학 작품을 구상하는 것과 같은 과정을 거쳐야 제대로 된 수필이 탄생할 수 있다.

3) 수필 구성하기

수필은 대체로 하나의 소재를 가지고 작품의 처음부터 끝까지 이야기를 이끌어 가는 경우가 많다. 하나의 소재가 이야기 전체를 아우르기 때문에 끝까지 이야기의 재미를 유지하기 위해서는 수필의 구성을 탄탄히 해야 한다.

수필의 구성에는 특별한 형식이 있는 것은 아니지만, 일반적으로 3단 구성, 4단 구성, 5단 구성이 있다. 3단 구성은 '서두-전개-마무리', '서론-본론-결론', '현재-과거-현재' 등으로 이루어지고, 4단 구성은 '발단-발전-절정-결말'로 이루어진다.

여기서는 4단 구성을 좀 더 살펴보도록 한다. 발단은 서론에 해당하는 부분으로, 말하고자 하는 문제를 제기하고 주제를 암시한다. 독자들에게 앞으로 전개할 내용이 어떤 것인지를 안내를 해 주는 부분도 발단 단계에서 제시되어야 한다. 발전 단계에서는 발단에서 제기했던 문제를 이어받아 좀 더 깊이 있게 사건을 발전시켜 나간다. 절정은 이제까지 끌어오던 이야기의 극적 반전을 가져오기도 하고, 가장 높은 곳까지 이야기를 끌고 나아가기도 한다. 결말은 여태까지 이끌어 온 주제에 대해 논지를 마무리 짓는 단계이다. 여기에서는 이야기의 흐름을 정리하여 필자의 입장을 뒷받침하고, 목표한 주제를 인상 깊게 남겨야 한다(정목일, 2000: 234~235). 다음은 대학교 3학년 학생이 쓴 수필이다.

건강

건강검진을 받는 것은 번거로운 일일 뿐만 아니라 너무 형식적인 일이라는 생각에 별로 하고 싶지 않은 일이다. 이번 건강검진도 날짜를 한번 미룬 끝에 겨우 검사를 받게 되었다.

검사 당일, 복부 초음파 검사를 하던 의사가 "어 신장에 뭐가 있습니다. 검사결과가 나오는 날 진료실에 와서 상담을 받으세요."라고 말했고, 검사결과가 나오는 날 신랑과 함께 상담을 받으러 진료실을 찾게 되었다. 의사는 우리에게 걱정스런 얼굴로 빨리 큰 병원에 가서 정밀 검사를 해야 한다고 말했다. 나는 나이도 젊고 담배나 술도 하지 않는 터라 별일 아닐 거라고 생각했지만 의사의 권유대로 집 근처 아주대학교병원에서 정밀검사를 받았다. 검사결과는 충격적이었다. 초음파에서 발견된 혹이 신장암으로 진단되었고 설상가상으로 혈관이 많은 위치에 암이 자라고 있어서 전이가 의심되는 상황이라고 하였다. 정말 하늘이 무너지는 것 같았다. 왜 이런 일이 나에게 일어났는지 세상이 원망스러웠고 이런 상황을 받아들이기가 너무 힘들었다. 드디어 수술날짜가 잡히고 12월 24일 입원을 하게 되었고 크리스마스와 새해를 병실에서 맞이하게 되었다.

병원에서 지내는 동안 나는 나의 삶을 돌아보게 되었다. 수술을 마치고 심한 통증이 밀려오고 경과가 좋지 않아 한동안 움직일 수도 물을 먹을 수도 없었던 순간 나는 이런 생각을 하게 되었다. 이렇게 아픔을 느끼는 것도 내가 살아 있기 때문에 가능한 것이리라. 그래서 아픔을 느낀다는 것이 행복일 수 있다. 드디어 물을 마셔도 된다는 지시가 떨어졌다. 그런데 물이 목에서 넘어가질 않았다. 한동안 물을 먹지 않아 목 근육이 제대로 움직이지 않았기 때문이었다. 그때서야 나는 그동안 내가 아무렇지 않게 움직이고 살아왔던 것이 얼마나 큰 축복이고 감사한 일이었는지 깨닫게 되었다.

또한 삶과 죽음은 멀리 떨어져 있지 않고 언제나 찾아올 수 있다는 생각을 하게 되었다. 이렇게 다시 살게 되었지만 언제 나에게 죽음이 찾아올지는 알 수 없는 노릇이었다. 그래서 앞으로 남아 있는 나의 삶을 보다 의미 있게 보내기 위해 어떻게 할 것인가를 고민하게 되었다. 지금까지 나는 앞만 보고 달려왔다. 계절이 어떻게 바뀌는지도 모르고 실험실에서 열심히 살아온 13년은 온전히 나 자신만을 위한 삶이었다면 이제는 가족도 살피면서 살아야겠다고 생각했다.

우리는 언젠가 한번 죽음을 맞이할 것이다. 그때까지 내가 할 수 있는 만큼 삶을 사랑하고 내 가족과 내가 해야 할 일을 사랑하고 열심히 살아간다면 그것이 의미 있고 행복한 삶이 아닐까 생각해본다.

— 학생 글

이 학생의 글이 정확히 4단 구성이라고 할 수는 없다. 그러나 번거로운 건강검진을 미루다가 받게 되었다는 발단, 건강검진으로 신장암이라는 충격적인 결과를 받게 되었다는 발전 및 절정, 그것으로 말미암아 삶에 대해 되돌아보게 되었다는 결말에 이르는 과정이 잘 표현되어 있다고 할 수 있다. '건강검진으로 신장암을 발견하여 치료받고, 삶을 되돌아보게 되었다'는 이야기를 짜임새 있게 구성하여 독자에게 그다음 이야기를 궁금하게 만들면서 동시에 독자의 삶에 대한 반추를 가능하게 하고 있다.

수필은 시간의 흐름에 따라 구성하는 경우도 있고, 시간의 흐름에 역행하여 구성하는 경우도 있다. 또한 비슷한 경험이나 사상(事象)을 몇 개 소개하면서 그것을 동질하게 열거하여 의미를 부가하거나, 두 가지 사상을 비교하여 이질성을 열거하는 형식으로 전개할 수도 있다.

4) 제목 붙이기

제목은 작품의 내용과 의미를 가장 함축적으로 담고 있다. 매력적인 제목은 독자에게 호기심을 불러일으킬 뿐만 아니라 작품의 내용을 오랫동안 기억하게 만드는 요소가 되기도 한다.

다른 문학 장르와 마찬가지로, 수필에서의 제목도 독자의 호기심을 얼마나 자극하는가를 결정하는 요소가 된다. 제목은 크게 주제를 집약적으로 표현하거나, 소재를 표현하거나, 중심인물을 표현하거나, 인상적인 것을 표현하거나, 글의 분위기 등을 고려하여 표현할 수 있다.

예시글

시골집에 대한 추억

멋진 드라마나 많은 영화들은 저 멀리 보이는 나지막한 산 가운데 오롯이 있는 집 한 채를 아주 아름답게 묘사한다. 그래서 사람들은 시골집을 꽤 낭만적이거나 혹은 자연적 아름다움을 지닌 공간이라고 생각한다. 하지만 나에게 시골집은 쓸쓸한 공간이다.

나는 어릴 적 사람이 거의 살지 않은 곳에 살았다. 학교를 마치고 집으로 돌아오는 길도 꽤나 멀었을 뿐만 아니라 우리 마을까지 같이 올 만한 친구도 없었다. 내가 보는 것은 논과 밭, 그리고 산뿐이었다. 외로운 우리 집에 살던 가족들 역시 강아지, 고양이들이 다였다.

가난했던 우리 부모님은 항상 일에 바빴다. 그래서 나는 부모님보다 나와 같이 시골집에 맡겨진 오빠와 할머니가 더 친근했다.

동네 친구도 없어서 오로지 오빠를 기다리는 일을 하거나 마당에 풀 뽑는 일로 하루를 보냈다. 나에게는 그것이 하루를 보낼 수 있는 유일한 방법이었다.

— 학생 글

이 글의 제목은 '시골집에 대한 추억'으로, 필자는 자신이 어릴 적 살았던 집에 대한 기억으로 이야기를 풀어내고 있다. 이 글의 필자가 글에서 드러낸 것처럼 대부분의 독자는 외딴집에 대해 아련한 기억을 가지고 있다. 그래서 이 글의 제목을 보고 대체로 아름다운 추억 속에 머무른 시골집에 대한 이야기를 예상할 가능성이 크다. 이 글의 주요 소재와 내용을 고려하였을 때 '내 유년시절의 쓸쓸했던 시골집' 정도로 표현해도 좋을 것이다.

3. 수필 문장 쓰는 법

수필은 일상생활 속에 있었던 소재로 이야기를 구성하기 때문에 독자가 친숙하게 다가설 수 있다는 이점이 있다. 이러한 수필의 성격을 더 강화해 주는 것이 바로 수필의 문체이다. 따라서 필자 자신만의 개성 넘치는 문체를 가지는 것뿐만 아니라 독자에게 호기심을 불러일으킬 수 있는 문체를 구사하는 것이 필요하다. 여기에서는 수필을 잘 쓰기 위한 문장 쓰기 방법에 대해서 살펴보도록 하겠다.

첫째, 수필은 쉬운 문장으로 쓰되 솔직하게 써야 한다. 수필은 필자가 겪은 일을 소재로 한다. 그래서 우리 주변에서 있는 일, 혹은 볼 수 있는 일이 그 소재가 된다. 필자는 자신의 진솔한 느낌을 담아 소재를 표현한다. 수필의 가장 큰 매력은 바로 이것이다. 따라서 수필에서 문장은 진실해야 하며, 특히 어려운 말을 많이 넣어 문장을 읽기 어렵게 만드는 일은 없도록 해야 한다.

둘째, 문장이 간결해야 한다. 감동은 소박한 곳에서부터 비롯된다. 미사여구가 많이 쓰인 문장이 아름답다고는 할 수 없다. 수필에서의 감동은 꾸며 내는 것이 아니라 진실한 것에 있으며, 형용사나 부사를 많이 쓰는 것은 꾸며 내는 아름다움을 만들어 내기 때문에 오히려 감동이 덜해진다.

셋째, 개성적인 문체를 사용할 수 있어야 한다. 『로마인 이야기』를 쓴 시오노 나나미는 독특한 문체를 가지고 있는데, 이 문체는 필자의 개성을 부각하는 역할을 한다(서종남, 2004: 133). 필자만의 특성, 독자성이 깃든 문체를 개발하는 것은 독자의 기억에 오래 남을 수 있는 여운을 남기기 위해 필요한 일이다.

넷째, 명확하게 표현해야 한다. 이것은 무분별한 생략과 비약을 삼가야 함을 뜻한다. 문장 성분을 생략하면 문장의 내용을 파악하기가 쉽지 않다. 또한 연결어를 되도록 적게 사용하면서 의미를 이어 나갈 수 있도록 하는 것이 좋다. 특히 문장의 의미를 충실히 나타내지 못하는 표현이나 이중 수식 등으로 의미가 명확하게 드러나지 않는 표현은 좋지 않다.

다섯째, 품위 있는 문장을 써야 한다. 수필은 필자의 이야기를 담고 있지만, 그렇다고 필자의 자랑 혹은 과시를 담아내는 글은 아니다. 무의식중에라도 자신의 과시가 나타난다면 독자의 공감은 반감될 것이다. 수필은 생활 속에 있는 일을 토대로 독자의 공감을 얻어 내는 장르이기 때문에, 무엇보다도 필자가 독자를 훈계하려 하거나 교훈을 주려는 표현은 피하는 것이 좋다. 수필은 간접적이고 은근하게 접근하는 문장을 사용해야 더 효과적이다.

4. 수필 쓰기의 실제

여기에서는 과정 중심 글쓰기 방법으로 수필 쓰기의 실제를 마련하고자 한다.

1) 쓸 내용 마련하기

주변에서 겪었던 일이나 보았던 일 중에서 소재가 될 만한 일을 떠올려 본다. 집에서 기르는 애완동물을 통해 우리의 삶을 반성해 볼 수도 있고, 계절의 변화를 통해 적절한 때에 적절히 변화하는 것의 중요성을 소재로 삼을 수도 있다. 다음은 우리 삶과 연관 지을 수 있는 소재의 예이다.

소재	소재와 우리 삶의 연관성
낙엽	시간이 지나면 떨어지는 잎들처럼 순리대로 따르는 삶에 대한 예찬
고추	한여름에 땡볕에서 자신을 성숙시키는 고추처럼 고난을 극복하며 자신을 단단히 다지는 리더의 모습에 대한 감탄
모기 소리	잠자리에 들었을 때 귓가에 앵앵거리는 모기 소리가 작지만 신경을 거슬리게 하는 것처럼 나의 생각 없는 행동이 타인에게 불편함을 주지 않았을까 하는 것에 대한 반성

2) 얼개 작성하기

내가 표현하고자 하는 주제가 가장 잘 드러나게 하기 위해서는 수필의 구성을 탄탄히 해야 한다. 수필의 구성에는 앞서 살펴본 바와 같이, 3단 구성, 4단 구성, 5단 구성 등이 있다. 수필의 구성은 이처럼 크게 몇 단으로 구성할 것인지, 세부적으로 시간상으로 배열할 것인지, 2개 이상의 소재를 동질적으로 배열할 것인지 아니면 이질적으로 배열할 것인지 등을 통해 얼개를 마련할 수 있다.

3) 쓰기

문맥이 잘 통하도록 글을 쓰는 것이 세 번째 단계이다. 처음부터 완벽한 글을 쓰려고 하기보다 의미가 잘 통하고 자신이 말하고자 하는 바가 잘 드러나도록 쓰는 것이 중요하다. 쓰기 단계에서는 문장 간의 연결 관계, 문장의 호응, 문장의 길이 등을 고려하면서 주제가 잘 드러날 수 있도록 내용을 구성해야 한다.

4) 퇴고하기

글을 쓴 뒤에는 주제가 잘 드러나는지, 문단 간의 연결은 자연스러운지, 형용사나 부사 등을 많이 사용하거나 미사여구를 사용하여 억지로 꾸미는 문장을 만들지는 않았는지, 알맞은 어휘를 사용하였는지, 은연중에 나를 자랑하거나 과시하려는 문장은 없었는지, 글의 분위기가 자연스럽게 연결되는지 등을 점검하면서 작품을 다듬어야 한다. 퇴고할 때에는 눈으로 훑어 읽는 것도 좋으나, 될 수 있으면 소리 내어 읽어 보는 것이 좋다. 소리 내어 읽다 보면 문맥에 어긋나거나 문장 호응이 맞지 않는 부분 등을 발견할 수 있게 된다.

모범적인 글과 수정이나 보완이 필요한 글

여기에서는 대학생들이 쓴 수필 중에서 좋은 작품과 그렇지 못한 작품을 비교하여 살펴보고자 한다.

▶ **모범적인 글** ···

보이기 시작하는 아름다움의 세계

이전의 나는 성공한 인생은 사회적으로 인정받는 삶이라고 생각했다. 그렇기 때문에 사회적으로 성공한 삶을 생각하면서 노력해 왔다. 어떤 일을 할 때에도 나의 취미나 생각보다는 다른 사람들이 어떻게 생각하는지에 대해서 생각하게 되었다. 그러다 보니 나는 공부를 열심히 하는 학생이어야 했고, 모범적이고 예의 바른 학생이 되어야 했다. 어느 하나라도 빠지면 안 되는 학생이 되어야만 했다. 사회적으로 성공한 삶은 결국 자신에 의해서 규정지어지는 것이 아니라 타인의 시각에서 규정지어지는 삶이라 할 수 있다. 진짜 나는 사라진 채 다른 사람들의 시각 속에서 살고 있는 가짜의 내 모습만 남게 되는 것이다. 그렇게 거의 20년간을 살아왔다. 대학에 진학하면 좀 더 편안해질까 싶었는데, 고등학교와 달리 과제의 정답도 없고 분량도 없었기 때문에 다른 사람들보다 더 뛰어난 과제를 하기 위해서 훨씬 더 많은 노력을 기울여야 했다. 동아리 활동도, 아르바이트도, 대외 활동도 부족하지 않도록 하려다 보니 너무 힘이 들었다.

변화는 생각보다 빨리 찾아왔다. 지난 겨울, 학교 친구들과 함께 떠난 기차여행에서, 그것도 얼떨결에 잠시 들린 경주에서였다. 첨성대를 가던 길에 대릉원을 지나가게 되었다. 대릉원에 있는 사람은 무덤 크기로 보아 그 시대에 엄청나게 권력과 부를 가진 사람이었을 것이다. 누구보다도 사회적으로 인정받는 사람이었을 것이다. 그 사람이 여기 누워 있다. 그는 과연 행복했을까? 무덤의 무게만큼, 그 사람의 삶의 무게도 무겁지 않았을까? 지금 그 사람에게 자신이 소유했던 많은 것들은 과연 어떤 의미를 가지고 있을까? 그 생각을 하니 모든 것이 너무 허무해졌다. 3분도 안 되는 짧은 시간이었지만, 그것은 나의 삶에 있어서의 우선순위를 바꾸어 놓았다.

여행 이전의 하루는 나에게 있어서 미래를 위해 희생해야 하는 고난의 하루였지만, 지금의 하루는 오늘 자체가 너무나 소중한 감사함의 하루가 되었다. 하지만 그동안 살아온 기간이 있어서 그런지, 한순간에 모든 것이 쉽게 변화되지는 않았다. 아직도 뭐든지 완벽하게 마치려고 하는 욕심은 남아 있다. 그러나 욕심이 나를 이전처럼 강하게 채찍질하지는 않는다. 무엇이든지 잘해야 한다는 압박감에서 벗어나고 보니, 내 주위에 있는 '아름다움'이 보이기 시작했다. 요즘은 대학교에 2년간 다니면서 느끼지 못한 많은 것들을 느끼고 있다. 즐겁게 뛰어다니는 청설모 커플도 보고, 학내 여기저기 피어 있는 아름다운 꽃도 알게 되었고, 길을 지나다니면서 꽃비도 맞아 보고, 꽃향기도 맡을 수 있게 되고, 우리 학교에서 보는 밤하늘이 얼마나 아름다운지, 얼마나 많은 별들이 색색의 빛을 발하며 나를 바라보고 있는지도 알게 되었다. 무엇보다도 내 주위에 너무나 아름다운 사람들이 많다는 점도. 하나를 내려놓으니 많은 것들을 얻게 되어 행복한 요즘이다.

● 평가

이 작품은 대릉원을 통해 삶의 진정한 의미가 무엇인지를 깨닫게 되었다는 내용을 담고 있다. 이 학생은 대릉원을 여행하기 전에는 다른 사람의 눈에 비친 자신의 모습이 행복의 평가 기준이라고 생각하였으나, 대릉원을 통해 결국 행복이란 자신의 마음이라는 내용을 글로 표현하고 있다. 이 작품은 3단 구성으로 되어 있으며, 시간적 흐름으로 구성되어 있다. 특히 문장에 미사여구를 많이 넣지 않았으나, 자신의 마음을 진솔하게 표현하였다는 점에서 독자에게 감동을 주고 있다. 그러나 만연체가 중간 중간 나타나고, 문장의 호응이 잘 이루어지지 않는 점, 또한 수필의 구성 중 절정에 해당하는 내용이 잘 드러나지 않는다는 점에서 아쉬움이 남는다.

나의 미래

나는 초등교사가 되겠다는 꿈을 가지고 있다. 그 꿈을 정하기까지 참 많은 일들이 있었다. 그 일들은 나에게 깊은 통찰력을 남겨 주었고, 그 사건들을 통해 지금의 가치관이 형성되었다.

나에게 영향을 주었던 사건 중의 하나는 2학년 여름방학 때 했던 어린이집 실습이었다. 한 달간의 실습 동안 나는 부모들의 태도와 행동에 상당히 큰 의구심을 가지게 되었다. 나는 대체로 마중을 나올 때만 그 부모들을 대하였는데, 그들은 기본적인 상식을 모르는 것인지 알면서도 그러한 것인지 알 수 없을 정도로 옳지 못한 교육 방법을 지니고 있었다. 나는 처음으로 부모를 제대로 가르쳐야 이 사회가 바르게 서겠구나 하는 생각을 하였다. 그래서 부모들의 의식을 일깨워 올바른 교육관을 가지게 하고 정확한 양육지식을 가지도록 하는 것이 얼마나 중요한 일인지 생각해 보게 되었다.

또 다른 사건은 작년에 나갔던 실습이었다. 아이가 문제가 있어 부모와 면담을 하면 정작 부모들은 내 앞에서 눈물을 쏟으면서도 자신이 가지고 있는 문제를 제대로 보려고 하지 않았다. 그런 부모 밑에서 어떻게 아이가 바르게 자라날 수 있을 것인가!

나는 아이들을 정상적으로 지도하고 싶다. 각종 시험과 입시, 부모들의 지나친 기대로 아이들이 기댈 수 있는 곳이 없어진다는 것은 나에게 많은 생각을 하게 된다. 나는 무너져 가는 아이들을 위해 노력할 것이다.

● 평가

'나의 미래'는 자신의 삶을 되돌아보고 왜 자신이 그러한 선택을 하였는지에 대한 이야기를 담고 있다. 이 글의 가장 큰 문제점은 내용이 대부분 훈계조라는 것이다. 실습을 통해 잘못된 양육을 하는 부모에게 '그것이 잘못 되었다'고 문제점을 지적하고 그렇게 해서는 안 된다는 훈계의 내용을 표면에서 언급하고 있다. 그래서 독자에게 필자의 생각을 강요받고 있다는 느낌을 주며 읽는 내내 불편한 마음을 가지게 한다. 두 번째는 필자의 자랑 혹은 과시욕이 드러나는 문장이 곳곳에 있다는 점이다. 필자가 어떠한 과정에서 현재의 진로 선택을 하게 되었는지를 언급하면서 필자가 옳은 생각을 하고 있음을 곳곳에 드러내고 있다. 이런 글은 독자의 공감을 끌어내기 어렵다. 세 번째는 문장의 길이가 대체로 길다는 점이다. 문장의 길이가 길더라도 주술의 호응이 적절하고 표현이 간명하면 이해하기 쉬울 수 있다. 그러나 대체로 문장의 길이가 길면 표현이 선명하지 못하다는 단점이 있다. 문장의 길이가 두 줄이 넘지 않도록 하면서 말하고자 하는 바를 분명하게 표현하고 있는지를 생각해 보는 것이 필요하다.

01 다음 소재를 이용하여 수필의 개요를 작성해 보자.

1. 소재: 계절, 바다, 연필, 버스정류장, 유리

2. 소재와 나의 삶의 관련성

소재	나의 삶의 관련성
예) 계절	– 때가 되면 자연을 거스르지 않고 순응하며 변화하는 것

3. 수필의 구성

흐름에 따라	
시간에 따라	
소재의 배열에 따라	

4. 수필의 개요

02 다음 수필을 읽고, 이 수필에 대해 평가해 보자.

나의 하루

기차를 타면 나는 언제나 내 기억이 사라지는 느낌을 받는다. 차창 밖의 풍경이 빠르게 사라지듯 내 기억도 그렇게 사라지는 느낌이다. 그런데 어느 순간인가 기차를 타지 않아도 그런 비슷한 생각을 한다. 내가 보낸 하루가 정말 하루였던가 하는 생각, 아련히 사라지는 기억 속에 오늘 내가 무엇을 하였던가 하는 생각을 하게 된다.

매일 학교를 다니고 주말에는 아르바이트를 하고 그런 생활을 이 년 넘게 하다보니 내 삶의 안정된 것이 무엇인가 하는 생각이 든다. 그래서 가끔은 나를 가만히 내버려두고 싶다. 하지만 장수생의 원죄가 나를 가만히 두지 않는다. 쉴 새 없이 할 일이 생긴다.

할 일이 생기는 것은 참 좋은 일이다. 그것은 내가 그만큼 필요한 사람이라는 뜻이기도 하기 때문이다. 하지만 요즘처럼 여러 가지 일로 머리가 복잡할 때에는 그냥 날 내버려 두었으면 좋겠다. 바빠야 인생이라지만 나의 하루는 정말 너무 바쁘다.

참고문헌

강신재 외(1993),『좋은 글, 잘된 문장은 이렇게 쓴다』, 문학사상사.

교육과학기술부(2007),『중학교 교육과정 해설(II)−국어, 도덕, 사회』, 교육과학기술부.

교육인적자원부(2001),『고등학교 교육과정 해설』, 대한교과서.

김문오(2005),『좋은 글의 요건』, 연구보고서(2005-1-13), 국립국어원.

김봉군(1999),『문장 기술론』, 삼영사.

김영부(2015), "초등 국어 교과서 주제 중심 통합 단원 구성 방안", 한국교원대학교 석사학위논문.

김재봉(1999),『텍스트 요약 전략에 대한 국어교육학적 연구』, 집문당.

남기심·고영근(1993),『표준 국어문법론』, 탑출판사.

남상진 편저(2008),『서술, 논술형 답안 작성법』, 북타운.

박갑수(1985), "문장의 길이,"『현대 국어 문장의 실태 분석』, 한국정신문화연구원.

목포대 교수학습지원센터 홈페이지, http://www.mokpo.ac.kr

박동규(1997),『글쓰기를 두려워 말라』, 문학사상사.

박영목·김상호·허익(2003),『고등학교 작문』, 교학사.

서수현(2011), "대학생의 보고서에 대한 동료 반응과 그 수용 양상,"『국어교육학연구』제 41집, 국어교육학회.

서정수(1991),『생각하는 힘을 기르는 문장력 향상의 길잡이』, 한강문화사.

_____(2008),『작문의 이론과 방법』, 새문사.

손동현·원만희·박정화·배식한·박상태·이승희·이지영(2007),『학술적 글쓰기』, 성균관대학교 출판부.

송기중(1985), "문장 구조의 문제,"『정신문화연구』23, 한국정신문화연구원.

송민주(2015), "자기주도 학습을 위한 국어 교과서 모형 개발에 관한 연구", 한국교원대학교 석사학위논문.

신헌재·박태호·이주섭·김도남·임천택 역(2004), 구성주의와 읽기·쓰기(개정판), 박이정./ Spivey, N. N.(1997), *The Constructivist Metaphor: Reading, Writing, and the Making of Meaning*, NY: Academic Press.

신헌재·권혁준·김선배·류성기·박태호·염창권·이경화·이재승·이주섭·천경록·최경희(2008),『초등 국어과 교수 학습 방법』, 박이정.

沈在箕·尹用植(1990),『文章實習』, 韓國放送通信大學出版部.

안병희·이희승(2004),『새로 고친 한글맞춤법 강의』, 신구문화사.

語文研究室 編(1985),『現代 國語 文章의 實態分析』, 韓國精神文化研究院.

에듀피아 백과사전, http://newdle.edupia.com

우한용 외(2003),『고등학교 작문』, 민중서림.

원진숙·황정현 역(1998),『글쓰기의 문제 해결전략』, 동문선./ Flower, Linda(1993), *Problem-Solving Strategies for Writing*.

윤모춘(1989),『수필문학의 이해』, 미리내.

윤준채(2009), "요약하기 전략 지도가 독해에 미치는 영향: 메타 분석적 접근,"『새국어교육』제81호, 한국국어교육학회.

이경화(2003),『읽기 교육의 원리와 방법(개정판)』, 박이정.

이경화·박영민·박형우·안부영(2010),『교실친화적 교사 양성을 위한 좋은 글쓰기 첫걸음』, 한국교원대학교 정책연구보고서.

이대규(1995),『수사학: 독서와 작문의 이론』, 신구문화사.

이미경(2015), "교사의 서면 피드백에 대한 초등학생의 수용 양상 연구: 연설문 쓰기를 중심으로", 한국교원대학교 석사학위논문.

이성준(2011),『글쓰기의 이해와 활용』, 태학사.

이인재(2008), "대학에서의 글쓰기 윤리 교육,"『작문연구』제6권, 한국작문학회.

이재승(1997),『국어교육의 원리와 방법』, 박이정.

_____ , (2002),『글쓰기 교육의 원리와 방법』, 박이정.

이정림(2007),『인생의 재발견 수필 쓰기』, 랜덤하우스.

임성규(1999),『글쓰기 전략과 실제』, 박이정.

임영환 외(1998),『작문의 이론과 실제』, 집문당.

임재춘(2009),『한국의 이공계의 글쓰기가 두렵다』, 북코리아.

정목일·전영숙·신상성(2000),『알기 쉬운 수필 쓰기』, 양서원.

조선민주주의인민공화국국어사정위원회(1988),『조선말규범집』, 사회과학출판사.

최현섭·이현복·박인기·문광영·이창덕·김창원·최영환(2001),『삶과 글쓰기』, 삼영사.

탁석산(2005),『핵심은 논증이다』, 김영사.

_____ ,『탁석산의 글쓰기 4-보고서는 권력 관계다』, 김영사.

트레이시 보웰·게리 캠프 저, 하상용·한상일 역(2007),『비판적 사고, 논리를 잡아라』, 모티브.

패트릭 하트웰 저, 이을환·김정자·이주행·이석규·최재희·민현식 역(1996),『글을 어떻게 쓸 것인가』, 경문사.

하근희(2013), "문학 교육에서의 태도 교육 내용 연구: 초등에서의 서사 텍스트를 중심으로", 한국교원대학교 박사 학위 논문.

하병학(2005), "기초학문으로서 비판적 사고의 개선방향-비판적 글쓰기를 중심으로,"『범한철학』제38집, 범한철학회.

한국교원대학교부설한국어문연구소(1990),『문장의 이론과 논문 작성』, 장학출판사.

한국교육과정평가원 교수학습개발센터 사이트, http://classroom.re.kr/view.

jsp?mcode=111410

한원균(2007), 『하룻밤에 A학점 받는 논문 리포트 쓰기』, 랜덤하우스 출판사.

한철우·박진용·김영순·박영민 편저(2001), 『과정 중심 독서 지도』, 교학사.

한철우·성낙수·박영민(2003), 『한사고와 표현–작문 워크숍과 글쓰기』, 교학사.

한효석(1998), 『너무나도 쉬운 논술』, 한겨레 신문사.

홍윤표(2010), "띄어쓰기는 언제부터 왜 하기 시작했을까요?," 국립국어원 온라인 소식지 이름 『쉼표, 마침표』 57호, http://www.korean.go.kr/09_new/data/on-letter_list.jsp

황성근(2008), "대학생의 글쓰기 윤리와 표절 문제," 『사고와 표현』 제1권 제1호, 한국사고와표현학회.

Baumann, J. T.(1984), The effectiveness of a direct instruction paradigm for teaching main idea comprehension, *Reading Research Quarterly*, 20.

Brown, A. L., Day, J. D., & Jones, R. S.(1983), The development of plans for summarizing texts, *Child Development*, 54(4), 968-979.

DeFord D. E.(1981), Literacy: Reading, writing and other essentials, *Language Arts*, 58(6), 652-658.

Duke, N. K. & Pearson, D.(2002), Effective practices for developing reading comprehension, In A. E. Farstrup & J. Samuels(eds.), *What Research Has to Say About Reading Instruction*(3rd ed.), Newark, DE: IRA.

Harris, K. R., Graham, S., Mason, L. H., & Friedlander, B.(2008), *Powerful Writing Strategies for All Students*, Baltimore, ML: Paul H. Brookes Publishing Co.

Kintsch, W. & van Dijk, T.(1978), Toward a model of text comprehension and production, *Psychological Review*, 85.

Moffett J. & Wagner J. F.(1983), *Student-centered language arts and reading k-13*, Boston: Houghton Mifflin

Noyce R. M. & Christie J. F.(1983), Effects of an integrated approach to grammar instruction on third graders' reading and writing, *Elementary School Journal*, 84, 63-69.

Spandel, V.(2009), *Creating Writers Through 6-Trait Writing Assessment and Instruction*, Boston, MA: Pearson Education, Inc.

Stotsky, S.(1983), Research on reading/writing relationships: A synthesis and suggested directions, *Language Arts*, 60, National Council of Teachers of English.